漢高祖

皇矣高祖
天錫神武
一劒興戎
光登九五
坦乎其真
廓乎其容
包括英豪
範圍之中

集古象赞 明 孙承恩编撰 嘉靖十五年刊本

王立群读史记

布衣天子

汉高祖刘邦

王立群 著

下册

東方出版社

目录

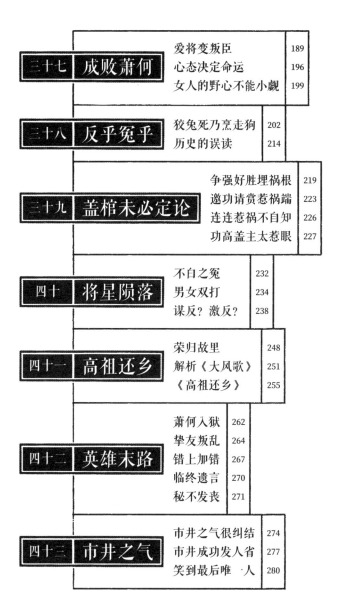

并峙双雄

二十四

继高祖六年（前201）十二月分封了十位列侯后，刘邦很快又封了十九位列侯。这次分封的列侯之中，有两位常常被史书对举并称。譬如《史记》中写“绛灌等”人在刘邦面前称陈平“盗嫂受金”，在“绛灌”之后用了一个“等”字，可见攻讦陈平的还有其他人。但是，其他人可以用一个“等”字一笔带过，“绛灌”两人却是必须明确标出。这种例子在《史记》和《汉书》中非常多。那么，这里的“绛灌”指的是哪两位列侯呢？为什么史书会对这两位列侯如此礼遇呢？

他办事我放心

这里所说的"绛灌"，一位是绛侯周勃，一位是颍阴侯灌婴。《史记》《汉书》和《资治通鉴》等史书都沿用了西汉时期对他们二人最流行的称呼——"绛灌"。

我们先说绛侯周勃。

周勃的祖籍并不是沛县，但他本人出生在那里，跟刘邦也算是半个老乡。

别看只是半个老乡，关键时刻它的作用就大了。刘邦有严重的"故乡情结"，所以汉军中沛县籍的元老在高祖早期"封赏列侯"的活动中占有很大比重，首封的十位列侯之中就有五位是沛县人。在后来的第二次分封中，周勃的沛县籍可是让他占据了很大的优势。

勃以织薄曲为生，常为人吹箫给丧事，材官引强。——《史记·绛侯周勃世家》

周勃这个人呢，有三大本领：一是编织芦席苇箔，这是他主要的谋生手段。二是吹箫，他常给办丧事的人家吹箫来赚点外快。三是预备役军中善拉强弓，这对他日后平稳的军中仕途有很大的作用。

勃为人木强敦厚，高帝以为可属大事。勃不好文学，每召诸生说士，东乡坐而责之：『趣为我语。』其椎少文如此。——《史记·绛侯周勃世家》

周勃是典型的武夫，为人憨厚刚直，不善言辞，但缺少文化修养，还有点看不起文人。每次找文人议事，他总是一屁股坐在尊位上，然后再一顿训斥，最后急不可耐地嚷嚷说：有什么话快说！以现在的眼光来看，周勃应该算是一个情商很低的武夫。即便如此，刘邦仍然很看重他，认为他是可以嘱托大事的人。

周勃追随刘邦东征西讨，战功赫赫。从沛县起兵反秦，艰难转战，胜败交错，跟随刘邦一直打到关中；楚汉战争期间，平定三秦、巩固关中、打败项羽，几乎每一场重要的战役中都能见到周勃的身影，他是除韩信、彭越、黥布之外的第二梯队功臣。刘邦称帝后，异姓诸侯王纷纷叛乱，周勃作为樊哙的替补，临危受命，出任统帅，最终不负重托，圆满完成任务。虽然返朝复命时刘邦已经病逝，但这恰恰是周勃人生中最得意的一段时间。他得意什么呢？当然得意刘邦对他异乎寻常的信任。

刘邦临终之际和吕后有一段著名的对话，对话的主题就是相国的人选。吕后问：萧相国如果过世，让谁来继任呢？刘邦答：曹参可以。吕后又问：那接下来呢？刘邦说：王陵可以，但是王陵耿直莽撞，陈平可以协助他。陈平聪明过人，但难以独当一面。周勃没什么文化，但为人忠诚、重情重义，是安定刘氏江山的可靠人选，可任命为太尉。吕后继续问：这几位之后可以用谁？刘邦说：此后的事情你就不用知道了。

在这段著名的对话中，吕后连问了三任相国人选，刘邦回答了两任，其中涉及周勃的话一共有三句：“周勃厚重少文，然安刘氏者必勃也，可令为太尉。”这三句话是刘邦对周勃的总体评价，而“可令为太尉”更是

吕后问曰：『陛下百岁后，萧相国即死，令谁代之？』上曰：『曹参可。』问其次，上曰：『王陵可。然陵少戆，陈平可以助之。陈平智有余，然难以独任。周勃重厚少文，然安刘氏者必勃也，可令为太尉。』吕后复问其次，上曰：『此后亦非而所知也。』——《史记·高祖本纪》

指明让周勃掌管军权，表现出刘邦对周勃的绝对信任。

高祖刘邦去世后的十五年，可以分为两个阶段。前七年，惠帝执政，但实权都在吕后手中。这个时期，因为是自己的独生子刘盈当皇帝，吕后的心态还比较正常。此后八年，虽然有前、后少帝相继在位，但吕后的心理还是迅速走向失衡。越是接近生命的终点，吕后心里越是焦虑不安。终于，吕后公然违抗刘邦的“白马盟誓”，大封诸吕为王，连续杀戮三位皇子，大大激化了吕氏外戚派与皇族派、功臣派的矛盾。吕后下世后两个月，周勃、陈平、灌婴等人联手诛灭吕氏全族。周勃确实安定了刘氏江山，应验了高祖刘邦“安刘氏者必勃也”的临终遗言。

小贩也疯狂

再说灌婴。灌婴原是睢阳（今河南商丘市南）卖丝绸的小贩。秦末大起义爆发后，他踊跃地报名参加了义军。当时，秦将章邯刚刚杀了项梁，项羽、刘邦全部退回彭城地区。刘邦正驻守砀县（今河南夏邑县东南），灌婴以“中涓”的身份加入了刘邦集团。“中涓”按照现在的说法其实就是负责打扫卫生的随从，在军中地位很低，但也很重要。为什么这么说呢？想想看，要不是能信得过的人，刘邦怎么能让他在身边打杂？从刘邦身边的“中涓”中

颍阴侯灌婴者，睢阳贩缯者也。高祖之为沛公，略地至雍丘下，章邯败杀项梁，而沛公还军于砀，婴初以中涓从。——《史记·樊郦滕灌列传》

产生了许多列侯，如平阳侯曹参、信武侯靳歙、清阳侯王吸、广严侯召欧、绛侯周勃、颍阴侯灌婴。刘邦最初分封的二十九位列侯中，有六位是从“中涓”做起的。

灌婴这位卖丝绸的小贩，赶上了秦末大起义的好时机，也抓住了这次改变命运的历史机遇。每一次社会大震荡，特别是改朝换代的大变革，都是一次社会各方势力的大洗牌。有人在这样的洗牌中由底层成功翻身歌唱做主人，有人则从高处落下直接跌进地狱。灌婴在这次秦汉交替的社会大洗牌中，依靠赫赫战功，幸运地进入了上层社会。关于灌婴的战功，有这么三点非常值得注意。

第一，挫败项羽骑兵军团。

项羽的骑兵军团异常凶猛，刘邦彭城大败就是败给了项羽的三万骑兵军团。当时项羽指挥着他精锐的骑兵军团，一路追杀，直至荥阳，着实让刘邦捏了一把汗，只恨自己没有骑兵军团相抗衡，才变得这么被动。此后，刘邦决定组建精锐骑兵军团，但他在军中选来选去，发现擅于骑兵作战的两位将领都是秦军降将。这两位秦军降将倒是颇有自知之明，一致要求刘邦另选一位亲信做主帅，他俩愿当副手。那么谁来做主帅呢？刘邦最终选中了灌婴。

那时候，刘邦身边的将领中就数灌婴最年轻有为，作战勇猛，战功卓著。被刘邦选中之后，灌婴凭借着年轻、可靠、善战的优势，一跃成为刘邦集团的骑兵司令。这之后，灌婴不负众望，率领新组建的汉军骑兵军团大败项羽骑兵军团，有效地阻止了项羽的西进，帮助刘邦在荥阳一线建立起阻挡项羽的防线。

复以中谒者从降下砀，以至彭城。项羽击，大破汉王。汉王遁而西，婴从还，军于雍丘。王武、魏公申徒反，从击破之。攻下黄，西收兵，军于荥阳。楚骑来众，汉王乃择军中可为骑将者，皆推故秦骑士重泉人李必、骆甲习骑兵，今为校尉，可为骑将。汉王欲拜之，必、甲曰：『臣故秦民，恐军不信臣，臣愿得大王左右善骑者傅之。』灌婴虽少，然数力战，乃拜灌婴为中大夫，令李必、骆甲为左右校尉，将郎中骑兵击楚骑于荥阳东，大破之。——《史记·樊郦滕灌列传》

第二，大规模破袭楚军后方。

韩信攻下整个齐国后，于汉四年（前203）二月至汉五年十月，派灌婴对项羽的大后方进行了一次规模空前的大扫荡。灌婴率领精锐骑兵，摧毁了西楚国的北境粮仓与南境粮仓，俘虏了一大批高官重将，攻占了国都彭城（今江苏徐州市），致使项羽集团后方全线崩溃。这是项羽被迫同意“鸿沟议和”的根本原因。灌婴的这次出击，对刘邦最后能歼灭项羽至关重要，不过《史记》的《项羽本纪》和《高祖本纪》中都没有记载此事，只有《史记·樊郦滕灌列传》中的《灌婴列传》里有较为详细的叙述。

齐地已定，韩信自立为齐王，使婴别将击楚将公杲于鲁北，破之。转南，破薛郡长，身虏骑将一人。攻傅阳，前至下相以东南僮、取虑、徐。度淮，尽降其城邑，至广陵。项羽使项声、薛公、郯公复定淮北。婴度淮北，击破项声、郯公下邳，斩薛公，下下邳，击破楚骑于平阳，遂降彭城，虏柱国项佗，降留、薛、沛、酂、萧、相。攻苦、谯，复得亚将周兰。与汉王会颐乡。从击项籍军于陈下，破之，所将卒斩楼烦将二人，虏骑将八人。——《史记·樊郦滕灌列传》

第三，追杀项羽于乌江边。

项羽垓下兵败后，突围而逃。灌婴率五千骑兵追至乌江江边，迫使项羽自刎，同时也标志着刘邦的完胜。

项籍败垓下去也，婴以御史大夫受诏将车骑别追项籍至东城，破之。——《史记·樊郦滕灌列传》

灌婴的这三大功绩为他赚足了割地封侯的资本，更值得称道的是，他在之后诛除诸吕的政变中也做出了巨大的贡献。

吕后下世后，吕禄时任上将军，吕产为相国，两人同时还掌控着京城的南北二军。齐王刘襄在其弟刘章的策动下，率先举兵，讨伐吕氏。吕产、吕禄不敢离京亲征，只好任命貌似最可以信任的灌婴为大将军，出兵镇压刘襄。灌婴因此得以率重兵进驻荥阳。他到了荥阳之后，立即与齐王刘襄联手，约定共同诛除诸吕。得到灌婴倒戈的消息，周勃、陈平这才敢放手一搏，在京城发动政变。单从史料记载的情况来看，这次政变的首功是太尉周勃，其次是右丞相陈平，再次是齐王刘襄、朱虚侯刘章。但是我们不可否认，灌婴在铲除诸吕的事件中起到了不可替代的作用。

太后崩，吕禄等以赵王自置为将军，军长安，为乱。齐哀王闻之，举兵西，且入诛不当为王者。上将军吕禄等闻之，乃遣婴为大将，将军往击之。婴行至荥阳，乃与绛侯等谋，因屯兵荥阳，风齐王以诛吕氏事，齐兵止不前。绛侯等既诛诸吕，齐王罢兵归，婴亦罢兵自荥阳归，与绛侯、陈平共立代王，为孝文皇帝。——《史记·樊郦滕灌列传》

有哪些作用呢？

第一，有兵更有立场。灌婴在吕后掌权的十五年中始终独善其身，逐渐赢得了吕产、吕禄的信任。正因为如此，当刘襄举兵时，吕产、吕禄才会放心地让灌婴率重兵出征。灌婴能够取得吕产、吕禄的信任不是靠趋炎附势、出卖功臣派的利益，他巧妙地以平静的生活状态让吕氏集团感到放心。至于他具体是怎么做的，史书中没有记载。但他率兵出征时，周勃、陈平肯定是没搞明白他的政治态度的，只是在得到灌婴倒戈的消息后才幡然醒悟——原来都是自己人。灌婴手握重兵，功臣派的实力顿时增强不少。

第二，政变的支柱。曹参的儿子平阳侯曹窋第一时间得知灌婴倒戈的消息，连忙告诉了周勃。周勃、陈平等人这才壮着胆子在京城发动政变。若是没有灌婴率重兵驻守荥阳，支持政变，铲除诸吕的行动恐怕很难实现。

第三，新君有他才安全。灌婴不仅在铲除诸吕的政变中立下了大功，而且，在之后迎立新君的过程中也扮演了定海神针的角色。灌婴扼守了军事重镇荥阳，让铲除诸吕后一心想当皇帝的齐王刘襄无法率大军进入西京。齐王刘襄被挡在了函谷关外，周勃、陈平等人才能从容地选择新君。若是刘襄率先起兵，又重兵进驻京城，再立新君的计划肯定要大受阻碍。如果刘襄坚持称帝，抢班夺权，会不会引发又一场流血冲突？这些可能性都因为灌婴扼守荥阳而成为历史的伪命题。

汉文帝继位后，相继任命周勃、陈平为相，灌婴后来被任命为太尉，执掌军权。汉文帝继位的当晚，彻夜未眠，一夜连发三道诏书，其中第一道也是最重要的一道很值得关注。

乃夜拜宋昌为卫将军，镇抚南北军。以张武为郎中令，行殿中。——《史记·孝文本纪》

这道诏书任命自己的亲信为卫将军，统率京师的南北两军，意在控制京城的全部兵力，确保京城和自己的安危。汉文帝不动声色地夺了太尉周勃的军权。因为他清醒地认识到，军权是权中之权！

周勃虽然是拥立汉文帝的第一功臣，但在汉文帝的眼里，他也是必须严加防范的第一位重臣。这就注定了周勃在文帝朝无法得志。汉文帝前元元年（前179），周勃由太尉改任右丞相，太尉一职由灌婴担任。看来汉文帝也很认同灌婴，觉得由他掌管军权，放心！此后，陈平离世，周勃免官。汉文帝前元三年，灌婴继周勃为相，第二年故去。

灌婴是个值得信赖的人！刘邦信任他，让他当了骑兵军团的总指挥；惠帝信任他，一即位就派他镇守荥阳；吕产、吕禄信任他，危难之时派他率重兵“平叛”；文帝信任他，让他先任太尉，再任丞相。相比之下，周勃似乎就没那么幸运了。从迎立代王刘恒到故去，总共十一年，周勃担任右丞相的时间才短短九个月，独任丞相一年零一个月。文帝之世的十一年中，大多数时候，周勃都是在绛县度过的，被孤立于政治中心之外。

双雄震寰中

绛侯周勃与颍阴侯灌婴在史书中常常被对举并称，犹如一对孪生兄弟。我们来看几个例子：

例一，陈平归汉，立即得到刘邦的高度信任，但却遭到绛侯、灌婴的联袂诋毁：《史记·陈丞相世家》记载“绛侯、灌婴等或谗平”，“盗嫂受金”。

例二，韩信遭到刘邦诱捕后，被带到京城，失去了楚王的头衔，降为淮阴侯。韩信知道是刘邦防备自己

绛侯、灌婴等或谗平曰：『平虽美丈夫，如冠玉耳，其中未必有也。闻平居家时，盗其嫂；事魏王不容，亡而归楚；归楚不中，又亡归汉。今日大王尊官之，令护军。臣闻平使诸将金，金多者得善处，金少者得恶处。平，反复乱臣也，愿王察之。』——《史记·陈丞相世家》

的才能，从此就在家“泡病号”，而且还耻于和“绛、灌”相提并论。

信知汉王畏恶其能，常称病不朝从。信由此日夜怨望，居常鞅鞅，羞与绛、灌等列。——《史记·淮阴侯列传》

例三，黥布叛乱时，刘邦正在病中，不愿见人，下诏不许群臣觐见。十几天的时间里，绛侯周勃、颍阴侯灌婴谁也无法见到刘邦。

先黥布反时，高祖尝病甚，恶见人，卧禁中，诏户者无得入群臣。群臣绛、灌等莫敢入。十余日，哙乃排闼直入，大臣随之。——《史记·樊郦滕灌列传》

例四，惠帝即位后，想废除秦朝时候的“挟书之律”，但绛侯、灌婴这些武夫出身的公卿大臣，对这件事很不以为意。

至孝惠之世，乃除挟书之律，然公卿大臣绛、灌之属咸介胄武夫，莫以为意。——《汉书·楚元王传》

例五，汉文帝时，青年才俊贾谊倡言改革，并草拟了相关仪式制度，文帝看了以后很欣赏，周勃、灌婴等人却出面诋毁贾谊，这些改革措施也因贾谊的离去而被搁置。

乃草具其仪，天子说焉。而大臣绛、灌之属害之，故其议遂寝。——《汉书·礼乐志》

为什么在史书中，周勃、灌婴总是“出双入对”呢？这也没什么好奇怪的，谁让他们二位有诸多相同之处呢！

第一，功劳。

绛侯周勃、颍阴侯灌婴都是仅次于韩信、彭越、黥布三人之后的大功臣，是刘邦功臣集团第二梯队的杰出代表。人们提起汉初的功臣集团，常常习惯以“绛、灌”并称。

第二，权势。

周勃、灌婴都深受刘邦信任，特别是在异姓诸侯王被疑、被杀之后，他们成为最有权势的大臣，他们也敢于代表功臣集团说话。

第三，资格。

周勃、灌婴都是刘邦集团中的“老资格”。在汉初诸多功臣中，灌婴是最年轻的将军，他历经高祖、惠帝、文帝三朝，最后当上了丞相。而周勃则是其中最长寿的将军，就连最年轻的将军灌婴都死在周勃的前面。在文帝朝，西汉的开国功臣已经所剩无几，绛侯周勃、颍阴侯灌婴有幸仍然健在，继续活跃在西汉政坛上，并保持着举足轻重的地位。显然，此时他们的资格绝非当朝其他大臣可以相比，这样的资格是一种政治资本，也是一种震慑人心的无形资产。

西晋末年十六国时期，汉国君主刘渊曾经说：“吾每观书传，常鄙随陆无武，绛灌无文。”《晋书·刘元海载记》（中华书局1974年版）“随陆”，指西汉初年的文士随何、陆贾；“绛灌”，当然指周勃和灌婴。随何曾经策反黥布，陆贾在刘邦建汉之后曾奉命出使南越，他们生在乱世，没有军事才华，所以被刘渊轻视。绛侯周勃、颍阴侯灌婴都是位高权重的列侯，但缺乏文化素养，同样也受到刘渊的嘲讽。

这几句话流传甚广，从此，“绛灌无文”就成了有名的历史典故。

刘邦于高祖六年（前201）十二月、正月两次所封的二十九位列侯中，有三位列侯拥有特殊的身份，他们都和吕后有或远或近的联系。他们为什么能够得到分封？是因为外戚的身份吗？

请看：吕氏三英。

吕氏三英

三十五

刘邦于高祖六年（前201）正月第二次封侯时，共封了十九位功臣贤士，其中包括周吕侯吕泽、建成侯吕释之、舞阳侯樊哙三人。这三位列侯有一个共同特点，就是与吕后有着千丝万缕的联系。他们三人到底有何功劳？又该不该被封侯呢？

卖狗肉的也上席

舞阳侯樊哙者，沛人也。以屠狗为事，与高祖俱隐。——《史记·樊郦滕灌列传》

樊哙是沛县卖狗肉的屠户。据说当年樊哙炮制狗肉的方法，至今仍在江苏沛县一带流传，所以狗肉便成了现在江苏沛县的一大特产。

樊哙是“沛人”，跟刘邦是老乡，同样和刘邦同乡的还有曹参、萧何、夏侯婴、周勃等一大批人。所以，这一点不算樊哙的特殊之处。樊哙与刘邦除老乡关系外，还是亲戚和最早并肩作战的战友，这就有些难得了。

大家都知道，吕公有两个女儿，长女吕雉嫁给了刘邦，次女吕媭嫁给了樊哙。就这样，刘邦与樊哙成了连襟。这叫“亲”。这样的关系，汉初功臣派中谁比得了？

哙以吕后女弟吕须为妇，生子伉，故其比诸将最亲。——《史记·樊郦滕灌列传》

樊哙跟随刘邦起兵沛县，是名副其实的“老革命”，不仅如此，他更是与刘邦一起“匿隐”芒、砀山。能够和樊哙这一条相比肩者也是微乎其微，这叫“故”。

所以说，樊哙与刘邦的关系是既“亲”且“故”。

萧何、曹参参与策划了沛县起兵，周勃也是最早加入刘邦集团的“革命者”之一，但他们都赶不上樊哙和刘邦的“匿隐”之交。要论参加“革命”的早晚，樊哙比其他列侯都早，可谓“老革命”中的“老革命”。

刘邦之所以会在沛县起兵，源于萧何、曹参向沛县县令举荐了他，而派去找刘邦回沛县的就是樊哙。毕竟是连襟，只有樊哙知道刘邦在哪儿；也只有樊哙出马，刘邦才会相信。刘邦一起兵，樊哙就当了“舍人”，也就是刘邦手下的“勤务兵”，这个职位并不高，但干的人必须是亲信。

> 初从高祖起丰，攻下沛。高祖为沛公，以哙为舍人。——《史记·樊郦滕灌列传》

樊哙是狗屠，论杀生，绝对是不眨眼的老手，反秦作战一向勇猛剽悍。作为屠夫，樊哙确有莽撞的一面，但从另外一个角度看，他还有一般屠夫不具备的言行心智。

第一，谏留秦宫。

刘邦一入咸阳，进入秦宫，身处富丽堂皇的宫殿，被财宝美女所包围，立马傻了眼，当晚就想留宿。第一个跳出来反对的就是樊哙，《史记·高祖本纪》《史记·留侯世家》中都有相关记载，不过，最让人玩味的是《资治通鉴》中的说法。司马光是宋人，他写《资治通鉴》是据《史记》《汉书》等前朝文献所写，可靠性自然不如《史记》《汉书》，但是，司马光在北宋能够看到的《史记》和《汉书》的版本比我们今天要多得多。他引用的今本《史记》《汉书》中没有记载的史料仍然值得我们珍视。据《资治通鉴》记载，樊哙看出刘邦想要留宿秦宫，马上进谏：您是想拥有天下呢，还是只想当个有钱人？

> 沛公欲有天下耶，将为富家翁耶？——《资治通鉴》卷九

元人胡三省在为司马光《资治通鉴》作注释时，曾

这样评价樊哙的劝谏:“樊哙起于狗屠，识见如此。予谓哙之功当以谏留秦宫为上，鸿门诮让项羽次之。”《资治通鉴》卷九

胡三省认为，樊哙的功劳当以这次“谏留秦宫”为第一大功。这话很有见地,“谏留秦宫”的确非同一般，有着三大功效:

一是防止腐败。如果刘邦一入秦宫就留宿宫中，将会导致整个刘邦集团迅速失败。明末的李自成、清代的洪秀全，走的都是这种速亡之路。很多农民起义之所以在成功后迅速腐败，贪恋富贵，重蹈亡国者的覆辙是重要原因之一。樊哙作为一个“狗屠”，能有这种见识，确实不容易。

二是留足后路。自古以来，能成大事的人都懂得给自己留条后路。所谓世事难测，谋事在人成事在天，这就是在强调若要办成一件事，势必会遇到各种各样的意外。更何况，刘邦想要的东西非同一般，那可是整个天下。乱世之中，想要斩获“整个天下”的何止刘邦一人。当时，函谷关外还有一大批同时起义的义军领袖正在进驻关中的路上，他们之中就有霸气冲天的项羽。如果刘邦入了咸阳就留宿秦宫，等项羽一入关，他还有退路吗？事后证明，汉军还军霸上仅仅两个月，项羽便率领四十万大军入了关。项羽听说刘邦一心要拿下关中王，立即决定赶紧除掉这个“祸害”。刘邦得知消息后，极力为自己辩解，声称自己一入关就还军霸上，是为了等候项王入关。项羽终究没能抵挡住刘邦的忽悠，放了他一条生路。试想一下，刘邦留宿秦宫要成了既定事实，任他如何狡辩，恐怕项羽也不会相信了吧？樊哙的这次进谏，真是为刘邦留足了后路。

三是争得民心。水能载舟，亦能覆舟，人民群众的力量是绝不

能忽视的。想想当年六国顽强抵抗秦国，前前后后苦撑了一百多年，最终还是被一个个灭掉。可就算是这样一个强大无比、难以撼动的大秦帝国，终因民心尽失，三年时间便灰飞烟灭。刘邦进入秦都咸阳那年，秦始皇才刚刚下世四年。刘邦以小亭长的身份成功灭秦，靠的是什么？是整个天下强大的反秦力量。这股强大的力量，犹如山洪突至，火山喷发，顺者昌，逆者亡，任凭秦帝国强大依旧，任凭秦二世、秦王子婴动用了一切可以动用的兵力，连驻守长城的精锐部队都搬了出来，用以镇压铺天盖地的反秦武装，结果却是徒劳无功。得民心者得天下，失民心者失天下。民心向背，意味着千千万万的老百姓或支持或反对。反秦义军的主体显然是天下百姓。刘邦还军霸上，约法三章，赢得的是民心，为后来定三秦，伐关东，打下了坚实的群众基础。如果刘邦入住秦宫，享受帝王的奢侈待遇，关中父老定然会觉得这个刘邦与秦始皇、秦二世没什么两样。但刘邦选择还军霸上，无形中就与秦始皇、秦二世划清了界线。

一个“狗屠”能有这等见识，真是很不容易。虽然刘邦左耳朵进右耳朵出，但樊哙能看出问题并直言不讳，确实是有过人之处。

其他人呢？难道都看不出问题来吗？未必！此时刘邦手下有着不少高人，萧何、曹参、周勃、灌婴、郦食其、陆贾，这些都不是“有眼无珠”的人，然而只有樊哙一针见血地将利害关系说了出来。当然，他这样敢说敢做的性情还是建立在既“亲”且“故”的关系之上。刘邦渴望享受，渴望当皇帝的内心状况，大多数人都是看在眼里藏在心里，顾忌左右而不敢多言罢了。

好在张良及时顺水推舟了一把，支持樊哙的发言，刘邦这才同意“还军霸上”。尽管最后是张良的话左右了刘邦的决定，但不管怎么说，率先提反对意见的人是樊哙，我们不得不称赞这是位有政治眼光的“狗屠”。

第二，勇闯鸿门宴。

刘邦亲赴鸿门宴固然在一定程度上解除了项羽的疑虑，但范增指使项庄舞剑却令刘邦身处刀俎之间，惊险异常。多亏樊哙“鲁莽”闯帐，及时打断了项庄的舞剑，转移了众人的视线，樊哙粗放豪爽的举止、粗中有细的应答，与刘邦的鸿门说辞前后呼应，配合巧妙。刘邦逃席之前，尚在犹豫告辞与否，樊哙甩出两句话：“大行不顾细谨，大礼不辞小让。”《史记·项羽本纪》这两句话让迟疑不决的刘邦立即下定决心，走为上。刘邦能够成功从鸿门脱险，根本原因是项羽政治上的不成熟，但樊哙的勇猛和机智则是至关重要的直接原因。

第三，擅闯汉宫。

高祖十一年（前196），黥布叛乱。此时，刘邦病得很厉害，谁都不想见，天天在宫中昏睡，还专门下诏：群臣不得入内。十几天中，绛侯周勃、颍阴侯灌婴等大臣都不敢进宫。后来，樊哙憋不住了，推开宫门勇往直前闯了进去，大臣们都紧随其后，一拥而入。到里面一看，刘邦正躺在床上，头枕靠着一个宦官。樊哙等人见此情景，痛哭流涕地说：当年陛下和我们一块儿在丰沛起兵，平定天下，那是多么豪迈啊！现在天下已定，您却变得这么孱弱！您病得这么重，大臣们个个都在替您担心，您不和我们这些一块儿出生入死的臣子商议，倒和一个宦官独处，难道您忘了秦朝赵高乱政之事了吗？刘邦一听，开怀大笑，一跃而起，重新振作起来，部署平叛事宜。

绛侯周勃、颍阴侯灌婴是功臣派第二梯队的杰出代表，是刘邦自始至终信任的重臣，“绛灌”二人一向以敢说敢言著称，但这一次他们也被刘邦的诏书镇住，不敢轻举妄动，更别说私闯皇宫禁地了。樊哙之所以敢闯，是因为他和刘邦之间有亲戚关系，毕竟比其他将领跟刘邦更亲。再加上他有过“前科”——当年独闯项羽的大帐，现在又独闯刘邦的寝宫。凭借樊哙的勇武和恳切，刘邦才在精神上摆脱了病态。

刘邦这次重病缠身，原本不想亲征，而是想派太子刘盈率兵讨伐。后来，有人托吕后的哥哥建成侯吕泽私下跟吕后说：太子从来没有打过仗，黥布又是一员悍将，这一仗很难打。另外，这次奉命出征的将领都是跟随刘邦打天下的老臣，资格老、战功多，以太子刘盈的资历、年龄、辈分以及能力，很难让这些元老信服。太子还没有即位，如果穿上龙袍坐上宝座，有了君臣名分，那就是另外一回事儿了。在现在的状况下，让太子率重兵，征悍将，万一有个什么闪失，说不定连太子之位都保不住。皇上早就想废掉太子刘盈另立赵王刘如意。如果这次出征惨败而归，不是正好给了皇上一个另立太子的好借口吗？吕后听人这么一讲，才明白这次出征黥布的厉害，于是她向刘

上独枕一宦者卧。哙等见上流涕曰：『始陛下与臣等起丰沛，定天下，何其壮也！今天下已定，又何惫也！且陛下病甚，大臣震恐，不见臣等计事，顾独与一宦者绝乎？且陛下独不见赵高之事乎？』高帝笑而起。——**《史记·樊郦滕灌列传》**

邦哭诉多次，力求他亲自出马。刘邦无奈，只好勉强应下。

黥布知道刘邦病重，以为刘邦不会亲征，没想到刘邦竟然硬撑着来了，大出意外。

樊哙闯宫、大臣见驾最终促成了刘邦亲征，虽非实质因素，但这次劝谏让刘邦重新在精神上振作起来，实在关键。

这一连串事件，充分证明了樊哙是一位地地道道的功臣宿将。与刘邦的连襟关系，虽为他赢得了别样的信任，也让他难逃吕氏外戚派的身份。我们在讲陈平时提到过，刘邦弥留之际曾下令立斩樊哙，原因是有人告密，说樊哙打算在他下世后帮助吕后杀戚夫人和赵王刘如意。这让病危的刘邦勃然大怒，当即派陈平等人到燕地樊哙大营执行斩杀令。陈平精明，不斩樊哙，而是将其押解回京，交由刘邦亲自处理。结果还没到京城，刘邦就已经下世，吕后立即释放了樊哙，同时也很感谢陈平的不斩之举。

其实这是一桩冤案。樊哙为何会遭此不白之冤？谁让他是吕媭的老公呢！吕媭与吕后是亲姐妹！这种姻亲关系使樊哙早早就被划入吕氏外戚一党。

汉十一年，黥布反，上病，欲使太子将，往击之。四人相谓曰：『凡来者，将以存太子。太子将兵，事危矣。』乃说建成侯曰：『太子将兵，有功则位不益太子；无功还，则从此受祸矣。且太子所与俱诸将，皆尝与上定天下枭将也，今使太子将之，此无异使羊将狼也，皆不肯为尽力，其无功必矣。臣闻「母爱者子抱」，今戚夫人日夜待御，赵王如意常抱居前，上曰「终不使不肖子居爱子之上」，明乎其代太子位必矣。君何不急请吕后承间为上泣言：「黥布，天下猛将也，善用兵，今诸将皆陛下故等夷，乃令太子将此属，无异使羊将狼，莫肯为用，且使布闻之，则鼓行而西耳。上虽病，强载辎车，卧而护之，诸将不敢不尽力。上虽苦，为妻子自强。」』于是吕泽立夜见吕后，吕后承间为上泣涕而言，如四人意。上曰：『吾惟竖子固不足遣，而公自行耳。』于是上自将兵而东，群臣居守，皆送至霸上。——**《史记·留侯世家》**

樊哙到底跟吕后是不是一伙的呢？从严格意义上讲，樊哙还是应该属于功臣派，不过他与吕后的关系让他很难摆脱外戚派的嫌疑。吕后下世后，周勃、陈平联手诛除诸吕。樊哙在惠帝六年已经病逝，逃过了这场九年之后的大屠杀，但他的家人却难逃这一劫：吕媭被乱棍打死，继承其舞阳侯爵位的儿子樊伉也被诛杀。樊伉被杀后，舞阳侯之位空缺了好几个月，直到汉文帝即位，才又选樊哙的庶子继位舞阳侯。

孝惠六年，樊哙卒，谥为武侯。子伉代侯。而伉母吕须亦为临光侯，高后时用事专权，大臣尽畏之。伉代侯九岁，高后崩。大臣诛诸吕、吕须婘属，因诛伉。舞阳侯中绝数月。孝文帝既立，乃复封哙他庶子市人为舞阳侯，复故爵邑。——**《史记·樊郦滕灌列传》**

说到樊哙，我们不能不说说他的老婆吕媭。吕公一共有四个孩子，两个女儿吕雉、吕媭都颇有政治觉悟，只是在政治手腕上，吕媭不及姐姐吕雉。有趣的是，吕公的两个儿子都没什么政治头脑，孙子吕禄、吕产也没有这方面的基因。这样看来，吕氏家族还真是典型的阴盛阳衰。

那么，为什么说吕媭也颇有政治觉悟呢？我们再把时间拨回到诛除诸吕的时候看看。

陈平、周勃为了夺得军权，劫持了将军郦商，迫使其子郦寄去欺骗吕禄，要他交出军权，赶快回到赵地，否则将有不测。吕禄与郦寄是挚友，便相信了郦寄的话，想把军权交给太尉周勃。吕氏宗族中有人说行，有人说不行，始终没有给出统一意见。吕禄和郦寄外出打猎，顺道看望他的姑姑吕媭。吕媭一听，勃然大怒，大骂道：身为将领却弃军出游，吕氏一族不会有好结果了。说完，吕媭把家中的珠宝全扔到堂下，然后凄怆地说，不再为别人保存这些东西了。

历史印证了吕媭的预言。可见，她的政治触觉也是相当敏锐的。那么，她既然预料到即将发生的大震荡，为什么不设法阻止事态进一步恶化呢？

首先我们要明确的是，倘若吕媭有任何行动，司马迁一定会有所记载。此番吕媭将珠宝掷地以示愤怒，只说明她觉察出了异样，并不代表她有能力去化解危机，而事实上，她的确是自身难保，最终被杀。

话接前文，被划为吕后外戚派的樊哙，在吕后当政时期有没有受到过什么特殊优待呢？

当然有了！《史记》和《汉书》的《季布传》都有这么一段记载：惠帝时，匈奴冒顿单于曾给吕后寄了一封骚扰信，惹得吕后怒不可遏，马上召集众臣商议。时任上将军的樊哙口出狂言："臣愿得十万众，横行匈奴中。"其他将领明知与匈奴开战的时机不成熟，但是，为了讨好吕后一致主张出兵。只有曾经当过项羽部将的季布，不顾自己历史上的"污点"，毫不犹豫地说："樊

太尉绛侯勃不得入军中主兵。曲周侯郦商老病，其子寄与吕禄善。绛侯乃与丞相陈平谋，使人劫郦商。令其子寄往绐说吕禄曰：『高帝与吕后共定天下，刘氏所立九王，吕氏所立三王，皆大臣之议，事已布告诸侯，诸侯皆以为宜。今太后崩，帝少，而足下佩赵王印，不急之国守藩，乃为上将，将兵留此，为大臣诸侯所疑。足下何不归印，以兵属太尉，请梁王归相国印，与大臣盟而之国？齐兵必罢，大臣得安，足下高枕而王千里，此万世之利也。』吕禄信然其计，欲归将印，以兵属太尉。使人报吕产及诸吕老人，或以为便，或曰不便，计犹豫未有所决。吕禄信郦寄，时与出游猎。过其姑吕媭，媭大怒，曰：『若为将而弃军，吕氏今无处矣。』乃悉出珠玉宝器散堂下，曰：『毋为他人守也。』——《史记·吕太后本纪》

哙可斩也！”当年高祖刘邦率领四十万大军（实际上是三十多万），尚且被困平城，樊哙凭什么说以十万之众就可以横行匈奴中？这是当面欺君。秦帝国动用大量人力、物力对付匈奴，结果导致陈胜起兵。现在国家的旧伤未愈，樊哙这会儿又当面说中听不中用的话讨好吕后，这是在动摇天下。季布这番话直指樊哙，朝堂上下一片震惊。最终，吕后头脑冷静下来，从此不再提对匈奴用兵一事。

单于尝为书嫚吕后，不逊，吕后大怒，召诸将议之。上将军樊哙曰：『臣愿得十万众，横行匈奴中。』诸将皆阿吕后意，曰『然』。季布曰：『樊哙可斩也！夫高帝将兵四十余万众，困于平城，今哙奈何以十万众横行匈奴中，面欺！且秦以事于胡，陈胜等起。于今创痍未瘳，哙又面谀，欲摇动天下。』是时殿上皆恐，太后罢朝，遂不复议击匈奴事。——《史记·季布栾布列传》

吕后执政时，樊哙任上将军。这可不是一般的军职，宋义当年曾被楚怀王熊心封为上将军，后来项羽杀了宋义自封为上将军，巨鹿之战后项羽被拥立为诸侯上将军。吕后在临终时，封其侄子吕禄为上将军，掌京城北军。樊哙能够担任上将军一职，当然有吕后重用的因素。他敢于口出狂言，“臣愿得十万众，横行匈奴中”，也和他当时倍受吕后信任不无关系。

两个哥哥亦功臣

吕后有两个哥哥，大哥吕泽，二哥吕释之。吕泽、吕释之何时加入刘邦的义军，史无明载。估计刘邦在沛县起兵之时，吕释之、吕泽就开始跟着刘邦混了。

《史记·高祖本纪》中还记载了吕泽的历史贡献。彭城之战时，攻入彭城的五十六万大军是诸侯联军，并非汉军一家。大败后，“诸侯见楚强汉败还，皆去汉复为楚”，这个时期的诸侯们都是不倒翁，见刘邦大势不再，又倒向项羽集团。此时，吕泽率军驻守下邑(今安徽砀山县东)。作为吕后的大哥，吕泽当然不会倒戈。因此，在众叛亲离的复杂情况下，刘邦抄小路逃到下邑，和吕泽会合并安顿下来，将残余部队重新收拢。在下邑，刘邦提出“捐关以东”的大战略，张良指出，实施这个大战略需要重用韩信、彭越、黥布三人。刘邦最终能够战胜项羽，正是这次实施“下邑画策”的结果。吕泽据守的下邑成为刘邦大败之后的避风港，使他能够缓过劲儿来商讨战略计划，重整旗鼓。

当是时，诸侯见楚强汉败还，皆去汉复为楚。塞王欣亡入楚。吕后兄周吕侯为汉将兵，居下邑。汉王从之，稍收士卒，军砀。——《史记·高祖本纪》

彭城大败后，刘邦哪儿都不敢去，偏偏敢去找吕泽，为何？因为他对吕泽绝对信任。众叛亲离之时，刘邦还能相信谁？只有吕泽。当然，这种信任不仅出于政治上的考虑，也出于军事上的考虑。如果吕泽只是在政治上忠贞不渝，军事上一塌糊涂，想必刘邦也不敢逃到他那里去。

吕泽在反秦、灭项两大战场上还立过哪些功劳，《史记》没有记载，我们也就不得而知了。不过彭城大战后，刘邦东山再起，吕泽功不可没。

据《史记集解》徐广说，吕泽死于高祖八年（前199）。怎么死的？史书也没有详述，只是说：“吕后兄二人，皆为将。长兄周吕侯死事。”《史记·吕太后本纪》“周吕侯”即是吕泽，“死事”一般指死于国事，可以肯定的是，吕泽在刘邦下世之前已经去世，没有参与吕后杀戮皇子的事件，但吕泽的儿子吕产后来做了相国，掌握南军。吕后去世后，吕产和掌管北军的吕禄同为吕氏家族在朝中的掌门人。周勃、陈平掀起的政变，主要就是针对吕产、吕禄两人。

徐广曰：『名泽，高祖八年卒，谥令武侯。』——《史记·吕太后本纪》

吕泽、吕释之均为高祖功臣，为汉家立下赫赫军功，他们封侯固然因为有军功，当然也是与刘邦的亲属关系起了巨大作用。毕竟，他们的军功无法与樊哙相比，也无法与绛、灌相比。就此而言，吕泽、吕释之是人生的幸运者。

除吕氏三英之外，在高祖六年（前201）十二月、正月两次得封的诸侯中，还有历史的幸运儿诞生吗？

请看：幸运之歌。

幸运之歌

二十六

刘邦于高祖六年（前201）十二月、正月批量分封的二十九位列侯中，绝大多数都是战功卓著的功臣，譬如我们前文讲过的萧何、曹参、周勃、灌婴等人，但也不乏“缺斤少两”的幸运儿。说他们是幸运儿，并不是说他们无功，只是他们的功劳实在无法与其他列侯相提并论。那么，在这二十九位得到分封的列侯之中，究竟哪些人鸿运当头呢？他们为何会被幸运之神所眷顾呢？

人生总有幸运者

说起这两批所封列侯中的幸运者，堂邑侯陈婴定当榜上有名。他是刘邦高祖六年（前201）十二月首封的十侯之一，关于此人，我们在“时代玉成”一章中已经有所提及。

陈婴的幸运表现在“被头领”、投项梁、辅怀王、取江南、惠子孙五件人生大事之中。

所谓“被头领”，是说他被迫成为“带头大哥”。天下竟然有这样被迫当头领的好事？有！陈婴原来只是秦朝东阳县的一名小吏，秦末大起义的风潮席卷全国时，他并没有起兵反秦之心，然而，“人在江湖，身不由己”，东阳县起义的年轻人拉起了队伍却选不出合适的头儿，他们看中了陈婴，并一致拥戴他当领导。就这样，陈婴被裹胁着参加了反秦起义，并意外地当上了东阳义军的头儿。这就是“被头领”。

> 陈婴者，故东阳令史，居县中，素信谨，称为长者。东阳少年杀其令，相聚数千人，欲置长，无适用，乃请陈婴。婴谢不能，遂强立婴为长，县中从者得二万人。——**《史记·项羽本纪》**

项梁率兵东渡时，主动提出要与陈婴联手。当时项梁只有八千子弟兵，而陈婴此时却拥众两万，而且已有东阳县作为根据地。如果陈婴答应，马上就可以获得与项梁同等的地位。陈婴有个世事洞明的老娘，深知“首恶必办，胁从不纠”的道理，力劝陈婴率领队伍投奔他人，千万不可自树起义大旗。这便促成陈婴做出投奔项梁的选择。

我倚名族，亡秦必矣。——《史记·项羽本纪》

陈婴自认为投奔项梁是正确的，但他不知道投奔项梁也存在着巨大风险：为避险而投奔项梁，使他很有可能成为刘邦日后的敌人。幸运的是，在他投奔项梁不久后，熊心便被立为楚王，他也被项梁安排了工作：任命为“楚上柱国，封五县，与怀王都盱台”《史记·项羽本纪》，做了楚怀王身边的高官。

楚怀王身边的高官有优厚的待遇，却没有实际的权力。恰是因为这样的境遇，再次成就了陈婴，注定他无法成为刘邦真正的对手。陈婴没有机会在楚汉两军对垒的战场上和刘邦锣对锣鼓对鼓地干仗，也不至于像钟离昧那样成为刘邦的肉中刺，必欲杀之而后快。这当然是幸运！

至于陈婴为什么被安排辅佐楚怀王，这并不难理解。项梁渡江而西时仅有八千子弟兵，实力远不及陈婴。现在将陈婴封为楚怀王的上柱国，便可以吞并陈婴那令人眼红的两万多兵马，将实力远比自己为强的陈婴完全架空了。然而项梁机关算尽，自己终究是兵败被杀，而陈婴却安然无恙地熬过了“三年灭秦、四年亡楚”的七年战争。这叫人算不如天算！

《史记·高祖功臣侯者年表》中有这样的记载：陈婴在楚怀王被项羽杀害后，为刘邦汉军平定今江西、浙江大片领土立下大功。这一史实，《史记》缺载。我们可以推测一下，陈婴在楚怀王被害后一直留在了南方，当项羽决战失利之后，他因为在南方有地利之便，宣布归汉，随即平定了在浙江称王的壮息，为西汉帝国夺取了大片土地。西汉政府可谓不劳而获，陈婴也因此成为西汉的开国功臣。

项羽死，属汉，定豫章、浙江，都渐，定自立为王壮息，侯，六百户。——《汉书·高惠高后文功臣表》

陈婴的幸运更是惠及了子孙。陈婴的孙子陈午继承了侯爵之位，并借此身份娶了汉文帝的女儿馆陶公主，活到汉武帝元光五年（前130）才病逝。馆陶公主为汉武帝成为太子做过不小的贡献。汉武帝的第一任皇后陈阿娇就是馆陶公主的女儿，也即陈婴的曾孙女。阿娇虽然命运多舛，结局不佳，但毕竟曾贵为皇后。陈婴的后人有此人生机遇，不能不说是他的后福。

孝武陈皇后，长公主嫖女也。曾祖父陈婴与项羽俱起，后归汉，为堂邑侯。传子至孙午，午尚长公主，生女。——《汉书·外戚传》

如果说其他人封侯是浴血奋战换来的，那么陈婴的封侯在很大程度上便是拜上天眷顾，能有如此机遇，真是不折不扣的幸运儿！

家有烈士也是福

周昌的封侯也很幸运，不过他的幸运很特别，因为他的身份是烈士家属。

周昌与刘邦同乡，他和堂兄周苛原来都是秦帝国泗水郡的小吏。刘邦沛县起兵，迅速搞定了泗水郡的郡守、郡监（不打败父母官就不能在他们的地盘上站住脚），于是周昌和他的堂兄周苛一块儿参加了刘邦最初起兵的创业之战。

周昌者，沛人也。其从兄曰周苛，秦时皆为泗水卒史。及高祖起沛，击破泗水守监。——**《史记·张丞相列传》**

和其他功臣一样，周苛、周昌参军之始，在刘邦手下并没有担任什么重要职务。周苛只是一名普通随从，周昌掌管军旗，两人的起点都很低。但是，他们跟着刘邦从沛县一直打到关中。刘邦当了汉王，周苛做了御史大夫，周昌当了中尉。御史大夫就是副丞相，主管司法；中尉是汉王王都汉中的公安局长。兄弟俩都成了刘邦手下的要员。

沛公以周昌为职志，周苛为客。从入关，破秦。沛公立为汉王，以周苛为御史大夫，周昌为中尉。——**《史记·张丞相列传》**

汉四年（前203），刘邦困守荥阳，情况万分危急。陈平关键时刻献计，纪信自告奋勇救主，汉军打开东门放出两千女子，吸引楚军的注意力，刘邦、陈平、夏侯婴一行人等得以趁机从西门侥幸出逃。

刘邦出逃之前，派御史大夫周苛坚守荥阳。此时的荥阳已是一座孤城，陷落只是时间的问题。周苛临危受命，毫无畏惧，结果不言自明。城破，周苛被俘，同时被俘的还有另一位守城官员——枞公。项羽先是杀了假扮汉王的纪信，接着劝降周苛，开出的条件很是诱人：只要投降，仍然让你带兵，而且封为上将军，再封三万户。可以说是要名有名，要利有利。周苛是条汉子，他不但不妥协，反而咒骂项羽：赶快降汉，你要不赶快降，汉王马上就能俘虏你，因为你根本不是汉王的对手。项羽哪受过这种气，盛怒之下烹杀了周苛。当然，同样威武不屈的汉将枞公也难逃一死。

周苛之死，在刘邦心中刻下一道深深的痕迹。据《史记·张丞相列传》记载，刘邦在周苛牺牲后，任命他的堂弟周昌担任御史大夫。这个任命并非随意之举，周苛生前担任的就是御史大夫，现在再任命周苛的堂弟任御史大夫，明显有安抚烈士家属的意味。此后，周昌便以御史大夫的身份跟随刘邦东征西战。高祖六年（前201），周昌“与萧、曹等俱封”，为汾阴侯。周苛的儿子周成因为父亲死于国难，受封高景侯。

于是乃拜周昌为御史大夫。常从击破项籍。以六年中与萧、曹等俱封：封周昌为汾阴侯；周苛子周成以父死事，封为高景侯。——《史记·张丞相列传》

不得不提的是，周苛死时，与他同时遇难的还有纪信和枞公。客观地讲，纪信的功劳更在周苛之上，但纪信的家属并没有得到任何安抚，这多少让人感到有点遗憾。当然，我们也要考虑到当时的实际情况，周苛的堂弟周昌原在刘邦手下任要职，纪信家中大概无人参加刘邦集团，或者虽参加刘邦集团却没有担任重要职务的人。

周昌封侯，特别是周苛之子周成封侯，确实是沾了烈士的光。不过，周昌后来也有不俗的表现，特别是在刘邦下世之后，他的表现确有让人称道的地方。

周昌的性格中有两个突出的特点：一是为人强横，二是敢于直言，再加上他的堂兄是烈士，刘邦又异常信任他，所以，除了萧何、曹参这样资历、功劳非同一般的重臣，一般官员见了周昌都得客气三分。有一次，周昌在刘邦用餐时入宫汇报工作，当时刘邦正搂着心爱的戚夫人卿卿我我，这样的场面任谁撞上都会觉得尴尬。周昌见此情形，也很不好意思，赶紧要退出去。刘邦瞅见正欲往外退的周昌，按说此时应该感到尴尬才对，可刘邦这位皇帝偏偏就是个不怕羞的主儿，他不但没觉得不好意思，反而撇下怀中的戚夫人，三步并作两步，追上周昌，一抬腿，骑在了周昌的脖子上。周昌顿时欲哭无泪，谁愿意让别人骑在自己的脖子上？可是不愿意也没办法啊，惹不起脖子上的这位爷，他可是当今的皇上啊！刘邦骑上后还不算拉倒，还问周昌：我是个什么样的君王呢？刘邦这话非常难回答！骑在大臣的脖子上，成何体统？还非要问人家自己是什么样的君王？周昌的回答很给力，他仰着头说：陛下是夏桀、商纣王一样的亡国之君！这话可不好听，骂皇帝是亡国之君，这不是找死吗？恐怕也只有周昌敢这么说了。话一入耳，皇上笑了，只是这笑声中难掩对这位率真大臣的几分敬畏。

昌为人强力，敢直言，自萧、曹等皆卑下之。昌尝燕时入奏事，高帝方拥戚姬，昌还走，高帝逐得，骑周昌项，问曰：『我何如主也？』昌仰曰：『陛下即桀纣之主也。』于是上笑之，然尤惮周昌。——**《史记·张丞相列传》**

刘邦晚年想废太子刘盈，另立戚夫人之子赵王刘如意为太子。大臣们争得很厉害，坚决不同意，但始终没有人能够说得动刘邦。其中，朝堂之上争得最凶的就是御史大夫周昌。周昌是个结巴，越是关键时刻越口吃得不行。见刘邦坚持要换太子，周昌在朝堂上激动地说：我的嘴不会说，但我“期期知其不可”；陛下真要废太子，“臣期期不奉诏”。周昌因为结巴，又非常激动，所以一张口就把“期期”说上好几遍。刘邦本来听大臣个个反对，心里挺烦的，但被周昌的结巴声一闹腾，忍不住“扑哧”笑了出来。

退朝后，吕后突然闯了过来。原来，刘邦召集大臣们讨论另立太子一事，吕后极为关心，一直躲在东厢房里偷听，刚才周昌那番搞笑的争辩自然也统统进了吕后的耳朵。吕后径直走到周昌面前，猛地跪下，对周昌说：若不是刚才您的一番言辞，太子几乎就要被废了！

及帝欲废太子，而立戚姬子如意为太子，大臣固争之，莫能得；上以留侯策即止。而周昌廷争之强，上问其说，昌为人吃，又盛怒，曰：『臣口不能言，然臣期期知其不可。陛下虽欲废太子，臣期期不奉诏。』上欣然而笑，既罢。吕后侧耳于东箱听，见周昌，为跪谢曰：『微君，太子几废。』——《史记·张丞相列传》

刘邦废立太子一事最终当然未能成行，不过在这件事之后，刘邦不得不面对自己犯下的可怕错误——吕后和戚夫人的矛盾被激化了！

岁月是把刀，刀刀催人老。此后，刘邦的身体一天不如一天，而赵王刘如意成了此时他最大的心病。刘邦知道自己不久于人世，他很担心在自己下世后，吕后会对赵王如意下毒手！

是后戚姬子如意为赵王，年十岁，高祖忧即万岁之后不全也。——《史记·张丞相列传》

刘邦对于吕后的心狠手辣，真的是太了解了。杀韩信、灭彭越，全是吕后出面操刀！如今这么一折腾，太子没换成，吕后和年轻的戚夫人却成了不共戴天的仇人！刘邦常常在独处之时，唱着悲凉凄婉的哀歌。而大臣们呢，都丈二和尚摸不着头脑，搞不懂皇上为什么这样悲伤。

> 高祖独心不乐，悲歌，群臣不知上之所以然。——《史记·张丞相列传》

说来也巧。此时刘邦身边有一位非常年轻的符玺御史，名叫赵尧。符玺御史就是专门掌管皇帝玉玺、符节的官员，级别不高，但极为重要。皇帝的诏令都需要他加盖玺印才能生效，皇帝的符节也必须从他手里发出去才算数。这个赵尧，人小鬼大，正是他揣摩出了刘邦此时的心结。

赵尧单独求见刘邦，他直言不讳地问：皇上心中闷闷不乐，莫非是因为赵王年少而戚夫人和吕后又有很深的矛盾？皇上担心万岁之后赵王难以自保？刘邦应道：你说得对，我心里一直担心这件事，但不知道该怎么办。赵尧说：陛下可以专门为赵王安排一个强势的国相辅佐他，而且这个国相应当是吕后、太子、大臣们平日里都敬畏的人。刘邦无奈地说，我也是这样想，可哪位大臣能够承担这个重任呢？赵尧建议道：御史大夫周昌为人“坚忍质直”，吕后、太子、大臣们素来都惧他三分。刘邦恍然大悟，马上说：好！于是，刘邦立即召见周昌，对他说：我想麻烦你为我去辅佐赵王。

> 赵尧进请问曰：『陛下所为不乐，非为赵王年少而戚夫人与吕后有郤邪？备万岁之后而赵王不能自全乎？』高祖曰：『然。吾私忧之，不知所出。』尧曰：『陛下独宜为赵王置贵强相，及吕后、太子、群臣素所敬惮乃可。』高祖曰：『然。吾念之欲如是，而群臣谁可者？』尧曰：『御史大夫周昌，其人坚忍质直，且自吕后、太子及大臣皆素敬惮之。独昌可。』高祖曰：『善。』于是乃召周昌，谓曰：『吾欲固烦公，公强为我相赵王。』——《史记·张丞相列传》

周昌一听，马上泪如雨下，幽怨地说：我从起兵之日就跟着陛下，现在为什么半道上把我扔到诸侯国去？刘邦认真解释说：我太知道这个职务对你来说是大大降职了，但我实在太担心赵王的安危了，思来想去，除了你，没有谁可以担此重任，这事儿真得拜托你，你还是勉为其难吧。

周昌就任赵相后，御史大夫一职被赵尧接替。史书没有交代其中原因，不过我们不难猜测，这很可能是刘邦感激赵尧的表现。

周昌泣曰：『臣初起从陛下，陛下独奈何中道而弃之于诸侯乎？』高祖曰：『吾极知其左迁，然吾私忧赵王，念非公无可者。公不得已强行！』于是徙御史大夫周昌为赵相。既行久之，高祖持御史大夫印弄之，曰：『谁可以为御史大夫者？』孰视赵尧，曰：『无以易尧。』遂拜赵尧为御史大夫。——《史记·张丞相列传》

刘邦去世后，吕后先是残害戚夫人，接着又召赵王刘如意进京。周昌让赵王称病不去，吕后召了数次，周昌就是不让赵王前去。吕后没辙了，于是派人召赵相周昌进京。周昌一进京，吕后劈头盖脸地指着周昌骂：难道你不知道我恨戚夫人？你不让赵王进京到底是什么意思？趁着周昌不在赵王身边，吕后再次派使者召赵王进京。刘如意这次乖乖赶了过来，到京城一个多月，便被吕后派人用毒药毒死。为此，周昌称病不再上朝，三年光景就离世了。

高祖崩，吕太后使召赵王，其相周昌令王称疾不行。使者三反，周昌固为不遣赵王。于是高后患之，乃使使召周昌。周昌至，谒高后，高后怒而骂周昌曰：『尔不知我之怨戚氏乎？而不遣赵王，何？』昌既征，高后使召赵王，赵王果来。至长安月余，饮药而死。周昌因谢病不朝见，三岁而死。——《史记·张丞相列传》

周昌这辈子，总的来说还是很幸运的。堂兄周苛在荥阳牺牲，他顺理成章接任了周苛生前担任的御史大夫一职，并被封侯。刘邦执政期间，周昌牛气十足，刘邦要换太子，他一口一句“臣期期知其不可”“陛下虽欲废太子，臣期期不奉诏”，把刘邦顶撞得无言以对。

当然，福祸相倚，周昌的幸运中也透着不幸的阴影。刘邦一死，吕后掌权，周昌的牛气不见了，牛劲也消失了，这个牛人也就不存在了。这是为什么呢？不是同一个周昌吗？原因仅仅在于，帝国制度之下，臣子的牛气、牛劲都是皇帝赐予的，若是皇帝不乐意，牛气、牛劲全都得收起来，否则就是死路一条。刘邦自己是皇帝，连皇帝有多大的权力都不知道吗？寄希望于一个臣子来保护他的儿子、他的爱妃，这不是痴人说梦吗？

烈属子弟亦功臣

刘邦封的这十九位列侯中，还包括一位曲周侯郦商。关于郦商，我们前文有所提及，他是刘邦手下顶级说客郦食其的弟弟。当年陈胜那头刚一起兵，郦商便在高阳（今河南杞县西南）举旗响应，并迅速聚集了数千年轻人，组织起一支义军。然而郦商这支数千人的义军在楚地并没有起到多大的效应，更不用说在全国范围了。《史记·陈涉世家》记载：“当此时，楚兵数千人为聚者，不可胜数。”仅仅一个楚地，聚兵数千人的义军队伍竟然“不可胜数”。这么看来，郦商这支部队确实是微不足道。当然，后来的历史也证明了，最终成就气候的只有刘邦集团。秦末起义中起兵者能否立功封侯，很大程度上取决于跟着谁干事，认谁做大哥。郦商的幸运，在于

曲周侯郦商者，高阳人。陈胜起时，商聚少年东西略人，得数千。——《史记·樊郦滕灌列传》

他有一个极有眼光的哥哥郦食其。

郦食其深谙良禽择木的道理。当时经过高阳的义军有“数十”支，郦食其潜心研究了各位将领的为人，在他看来，这些将领都是一帮成不了大器的家伙，便坚定地“深自藏匿”，直到刘邦经过高阳，闯入了他的视线。郦食其了解到刘邦身怀雄才大略，于是毅然决定出山，并主动求见刘邦。郦食其跟定刘邦后，还推荐自己的弟弟郦商追随刘邦。就这样，之前小打小闹的郦商终于在茫茫人海中找到了归宿，从此跟随刘邦西行入关，还定三秦，终成西汉开国元勋。

及陈胜、项梁等起，诸将徇地过高阳者数十人，郦生闻其将皆握龊好苛礼自用，不能听大度之言，郦生乃深自藏匿。后闻沛公将兵略地陈留郊，沛公麾下骑士适郦生里中子也，沛公时时问邑中贤士豪俊。骑士归，郦生见，谓之曰：『吾闻沛公慢而易人，多大略，此真吾所愿从游，莫为我先。』——《史记·郦生陆贾列传》

郦商在灭秦、灭项、平定异姓诸侯王叛乱三大事件中都立下大功，因此被封为曲周侯。不过，真正让郦商在西汉历史上留下浓墨重彩的一笔的，则是他阻止了一场屠杀。

沛公略地至陈留，六月余，商以将卒四千人属沛公于岐。——《史记·樊郦滕灌列传》

刘邦下世之后，吕后四天不发丧，并和亲信审食其密谋，计划杀尽天下“诸将”。“诸将”是哪些人？功臣！吕后竟然想杀尽跟随刘邦打天下的功臣们，借以控制朝政。郦商得知这一消息后，立即找到审食其，告诫他说：陈平、灌婴率十万大军驻守荥阳，周勃、樊哙率二十万大军驻守燕、代，如果听说高祖病故，“诸将皆诛”，他们一定会联手出兵，攻打关中。到时大臣们在朝中叛乱，诸侯们在外造反，恐怕离亡国也不远了。审食其听了郦商这番话，立即入宫告诉吕后，吕后这才放弃了尽杀诸将的荒唐决定，立即发丧，并“大赦天下”。

四月甲辰，高祖崩长乐宫。四日不发丧。吕后与审食其谋曰：『诸将与帝为编户民，今北面为臣，此常怏怏，今乃事少主，非尽族是，天下不安。』人或闻之，语郦将军。郦将军往见审食其，曰：『吾闻帝已崩，四日不发丧，欲诛诸将。诚如此，天下危矣。陈平、灌婴将十万守荥阳，樊哙、周勃将二十万定燕、代，此闻帝崩，诸将皆诛，必连兵还乡以攻关中。大臣内叛，诸侯外反，亡可翘足而待也。』审食其入言之，乃以丁未发丧，大赦天下。——《史记·高祖本纪》

郦商阻止了吕后差一点导致的一场大乱！如果真出现这种局面，西汉政权会怎么样，实在不好估计。

郦商的儿子郦寄也曾在汉初政坛留下足迹。虽然是功臣派郦商之子，郦寄却与吕禄是密友。吕禄是吕后的侄子、亲掌北军大权的上将军。吕后下世后，功臣派联手铲除诸吕时，太尉周勃苦于进不了北军大营。于是和陈平商议，派人劫持了郦商，然后逼迫郦商的儿子郦寄欺骗吕禄说：高祖和吕后共同平定了天下，刘氏封了九位诸侯王，吕氏封了三位诸侯王，这都是大臣们集体商定的，并且公告了全体诸侯，众人都认为这样做并无大碍。如今太后下世，皇帝年少，您佩赵王的大印却不回国守藩，还当着上将军，率兵留驻京城，大臣、诸侯都怀疑您有什么不轨之谋，为何不把军权交给太尉周勃？也请梁王吕产归还相印，和大臣们盟誓归国。这样，齐国必然退兵，大臣们的心里也会安定下来。您也可以高枕而卧，称王千里，这是有利于子孙万代的好事啊。吕禄是个没有政治头脑的家伙，再加上他是真心相信郦寄这个朋友，表示很欣赏这个建议，考虑着把军权交给太尉周勃。吕禄派人将此事告诉了吕产及吕氏家族的老人，结果是有人赞成，有人反对。吕禄犹豫了！但是，他仍然信任郦寄，常常和郦寄一起外出打猎。

不久之后，吕禄便把上将军印转交周勃。周勃拿到上将军的印信，掌握了北军。功臣派这才敢正式发动政变，这才有之后朱虚侯刘章杀吕产，周勃下令族诛吕氏的一系列事件。而交出了军权的吕禄，第二天就被捕杀了。

吕禄以为郦兄不欺己，遂解印属典客，而以兵授太尉。太尉将之入军门，行令军中曰：『为吕氏右袒，为刘氏左袒。』军中皆左袒为刘氏。太尉行至，将军吕禄亦已解上将印去，太尉遂将北军。——《史记·吕太后本纪》

周勃夺得北军军权，很大程度上是依仗郦寄欺骗吕禄。吕禄相信自己的密友郦寄绝不会出卖自己，才会在紧急关头交出军权。

在诛除诸吕的过程中，如果不是陈平、周勃设计劫持郦商，迫使其子郦寄欺骗吕禄，情况会如何，就不好假设了。所以，郦商的曲周侯虽然封得很勉强，但总算也为刘氏江山尽了一份力，可以说是“知恩图报”了。

刘邦称帝后大批封侯，有人靠军功，有人半靠军功半靠幸运，当然也有人是凭着真才实学而受封的，他们是谁呢？

请看：谋圣受封。

谋圣受封

二十七

刘邦总结战胜项羽的“三杰”时，把张良列为“三杰”之首。平时对所有部下都是想骂就骂的刘邦，唯独对张良言必称“子房”。“子房”是张良的字，唤人称字，是尊敬的意思，尤其是搁在经常口吐脏字的刘邦身上，相当不易。高祖六年（前201）正月所封的十九位列侯中，张良和萧何同月受封。刘邦是怎样加封张良的呢？张良又是如何面对封赏的呢？

缺谁都不会缺他

张良对西汉政权的建立贡献不小，论功封赏，绝不可能少了他！

具体而言，张良对刘邦建汉有十大贡献。

第一，攻取南阳，清除后患。

刘邦西行入关之时，为了抢时间，在打败南阳守军之后，决定放弃乘胜追击彻底解决南阳的机会。关键时刻，张良主动劝谏，分析利弊。刘邦很是受用，采纳了他的建议，连夜回军，以“约降”的方式和平解放了南阳，避免了腹背受敌的窘境，消除了西行入关的后顾之忧。

第二，智取峣关，进入咸阳。

秦王子婴杀掉乱政的赵高后，派重兵踞守峣关，企图阻止刘邦入关。刘邦顺利通过武关后，便遇到了驻守峣关的秦军。刘邦急于攻入咸阳，竟打算用自己的两万人马与秦军死磕。张良力劝他，不如先行贿，再利用秦将的懈怠搞突击。凭借张良的计策，刘邦顺利进入咸阳。

第三，退出秦宫，还军霸上。

刘邦入了秦宫，眼花缭乱，心里琢磨着在宫中留宿。樊哙、张良双双出马做他的思想工作。刘邦还军霸上，避免了队伍的迅速腐败，也为以后入关灭项留足了后路。

第四，利用项伯，化险为夷。

刘邦入关后犯了一个致命的错误——兵封函谷关，企图称王关中。这件事引发了项羽的大怒，差点儿让刘邦集团毁于一旦。幸亏项伯施以援手，刘邦才得以脱险。鸿门宴前前后后，张良随机应变，以一“骗”字力助刘邦成功脱险。

第五，下邑画策，重用人才。

彭城大败后，刘邦提出了“捐关以东”的大战略，张良适时推荐了韩信、彭越、黥布三位大将。在这之后，刘邦重用韩信，拉拢彭越，策反黥布，最终战胜了项羽。

第六，阻封六国，集中力量。

楚汉战争进入攻坚阶段，刘邦接受了郦食其的建议，决定分封六国国君后裔。张良力陈“八不可”，成功说服了刘邦，及时避免了重大战略错误，维护了刘邦集团的内部团结。

第七，劝阻刘邦，分封齐王。

韩信攻占齐地后，求封“假齐王”。刘邦大怒，冲动之下差点儿酿成大错。张良与陈平联手进行劝解，最终说服刘邦封韩信为齐王，巩固了反楚联盟。

第八，废止和约，穷追项王。

鸿沟议和后，张良、陈平力主乘胜追击，彻底消灭项羽集团，尽快结束楚汉之争。刘邦采纳两人的意见，在垓下大败项羽，成功灭楚。

第九，固陵建议，合兵垓下。

楚汉战争的最后关头，刘邦在追击过程中曾受阻固陵（今河南周口市淮阳区西北）。张良建议刘邦赶紧加封韩信、彭越的封地，诱使二人出兵，合围项羽于垓下。

第十，建都关中，万世基业。

娄敬积极建议建都关中，刘邦对此却左顾右盼，拿不定主意。

这时候，张良果断地站出来为娄敬撑腰，对西汉政府最终建都关中起了关键作用。

张良是大汉帝国建立过程中不折不扣的功臣，所以刘邦在大封诸侯之时，自然不会怠慢了他。张良这十大功劳中，最值得称道的是下邑画策与阻封六国，展现出了卓越的全局观念与杰出的战略才华。

头脑清醒不自傲

作为“三杰”之首，张良一直在刘邦身边运筹帷幄，从未到前线攻城略地，所以封侯之时，张良并没有英勇杀敌的军功，不过，刘邦却破例表态：张良的功劳是“运筹策帷帐中，决胜千里外”！要他“自择齐三万户”。这是高祖六年（前201）前两批所封列侯中，唯一一位得到特批，可以自行择地而封的列侯，所封户“三万”也是列侯中最多的。

> 汉六年正月，封功臣。良未尝有战斗功，高帝曰：『运筹策帷帐中，决胜千里外，子房功也。自择齐三万户。』——《史记·留侯世家》

如此优厚的待遇条件，张良接受了吗？没有！《史记·高祖功臣侯者年表》称，张良受封“万户”，也就是说，张良只接受了万户侯的封地。

对于张良选择只接受“万户”封地的举动，《史记·留侯世家》中做出了这样的解释：张良说，我起兵后能在留（秦县，今江苏沛县东南）遇见皇上，这是天意。皇上愿意采纳我的意见和建议，最终能够获得成功，这是我人生的幸运！我希望将留赐封给我就足够了，不敢受封三万户。于是刘邦便封张良为留侯，后来，“留侯”便成为最常用的对张良的称谓。《史记》中的张良传就名为《留侯世家》。

良曰：『始臣起下邳，与上会留，此天以臣授陛下。陛下用臣计，幸而时中，臣愿封留足矣，不敢当三万户。』乃封张良为留侯，与萧何等俱封。——《史记·留侯世家》

张良为什么要辞封“三万户”呢？

万户侯是汉代封侯的最高食邑（封地）。刘邦在高祖六年（前201）十二月、正月两次大分封时，周勃受封八千一百户，萧何受封八千户，夏侯婴受封六千九百户，陈平、樊哙、灌婴均受封五千户。就连被众人公认军功第一的曹参也才受封一万零六百户，此番张良受封万户侯，与曹参不相上下。

张良可是个聪明人，他深知自己没有攻城略地的卓越军功，如果接受了“自择齐三万户”，立马就会成为众矢之的，于是，他毫不迟疑地选择了推辞，将自己与刘邦的相遇说成天意，自己的“运筹策帷帐中，决胜千里外”之功是人生的幸运，求封留地是对相遇的纪念，也是对他君臣相欢的感激。

高祖的两次封侯一共解决了二十九个人的编制问题，没有被点到名的人争功不止。某一天，刘邦站在复道上，看见殿外的将领们三三两两地聚在一起议论着什么，他奇怪地问张良：他们这是在谈论什么啊？张良回答说：皇上您当初与他们一块儿打天下，而现在您已经贵为天子，分封的诸侯都是至交好友和平时亲近喜欢之人，杀的都是平生中结下仇怨的人。将领们算了一下，担心这天下的土地不够分封，更怕因为有些微过失而被诛杀，所以正聚众商讨谋反之事。刘邦一听，急了眼，赶快问张良：那该怎么应对呢？张良说：立马找一个众所周知的、平日里最招您恨的人封为列侯，以安抚大臣们的情绪。

上已封大功臣二十余人，其余争功，未得行封。上居南宫，从复道上见诸将往往耦语，以问张良。良曰：『陛下与此属共取天下，今已为天子，而所封皆故人所爱，所诛皆平生仇怨。今军吏计功，以天下为不足用遍封，而恐以过失及诛，故相聚谋反耳。』上曰：『为之奈何？』良曰：『取上素所不快，计群臣所共知最甚者一人，先封以示群臣。』——《汉书·高帝纪》

刘邦想了想说：雍齿和我是旧交，他曾经多次陷我于窘迫屈辱的境地，我真是恨不得把他杀了，但又念他功劳不少，不忍心那么做。张良立即接过话：就是他了，情况紧急，先封雍齿。大臣们看见雍齿受封，便都会觉得自己有希望。

于是刘邦亲自置办酒宴，封雍齿为什方（今四川什邡县）侯。

群臣见雍齿受封，都欢喜地说：连雍齿都能被封侯，我们就不用担心了。

上曰：『雍齿与我故，数尝窘辱我。我欲杀之，为其功多，故不忍。』留侯曰：『今急先封雍齿以示群臣，群臣见雍齿封，则人人自坚矣。』于是上乃置酒，封雍齿为什方侯，而急趣丞相、御史定功行封。群臣皆喜，曰：『雍齿且侯，吾属亡患矣！』——《汉书·高帝纪》

我每读《史记》至此，总会扪心自问：难道张良不知道刘邦最恨的人是雍齿吗？那怎么可能！

下邑画策，张良推荐的三个人中，只有韩信当时在刘邦手下干活儿，彭越是位“个体户”，黥布更是项羽的老部下，时任九江王。对于这三位天下豪杰，张良都了如指掌，如今这雍齿就在眼前，张良岂会不了解？而且，刘邦怨恨雍齿是路人皆知的事儿，谋圣张良岂会不知道？既然如此，张良为什么不干脆一点儿，非要拐弯抹角地让刘邦亲口说出来呢？奥妙正在于此。张良深知刘邦对雍齿怨恨有加，在诸将领谋划军变的关键时刻，只有先封雍齿才能解决这燃眉之急。问题是，刘邦对这样的情形是否有清醒的认识与博大的胸怀。张良无法代替刘邦做决定，这事儿只能让刘邦自己痛下决心，先封谁，怎么封，都得刘邦自己好好琢磨，亲口说出来。

那么，雍齿和刘邦究竟有什么深仇大恨呢？

这两个人的矛盾源自丰邑失守那会儿。秦末大起义之初，每支义军都同时面对着两股力量，一是秦军，二是其他义军。秦军是天敌，而义军之间同样存在着弱肉强食之势。

刘邦坐上沛公之位时，手下也就“二三千人”，他首选的进攻目标即沛县附近的胡陵、方与两个县，丰邑为大本营。秦二世二年（前208），沛县所属的秦泗川郡郡监出兵丰邑，将刘邦的军队包围了整整两天。刘邦亲自出战，打败秦兵，而后下令雍齿驻守丰邑，自己率兵到达薛郡。刘邦连续打了两个胜仗，顺利到达方与县，并在薛地斩杀了泗川郡守。

就在刘邦节节胜利到达方与县时，大本营丰邑却

秦二世二年，陈涉之将周章军西至戏而还。燕、赵、齐、魏皆自立为王。项氏起吴。秦泗川监平将兵围丰，二日，出与战，破之。命雍齿守丰，引兵之薛。泗州守壮败于薛，走至戚，沛公左司马得泗川守壮，杀之。沛公还军亢父，至方与，周市来攻方与，未战。——**《史记·高祖本纪》**

出现危机，这场危机与雍齿有关。

原来，陈胜起兵称王后，派魏人周市到魏地发动起义。在周市的游说下，魏地义军纷纷起兵，形成全线反秦的格局。魏人要立周市为魏王，周市坚决不接受，而是坚持立魏国王族后裔魏咎当魏王。周市为了占取更多的土地，力劝驻守丰邑的雍齿背叛刘邦投靠魏王。周市的说辞是，丰邑乃原魏国的迁徙之地，理应归属于魏国。如果雍齿降魏，魏国承诺封其为侯，继续驻守丰邑；若是不降，魏军将对丰邑施行屠城。这雍齿最初就不认可刘邦，至于个中缘由，史料未有提及，我们也不便妄加推测。总之，面对魏国的诱降，雍齿最终叛变，选择为魏国驻守丰邑。大本营失守，这对刚刚步入正轨的刘家军来说，无疑是一场灾难。

陈王使魏人周市略地。周市使人谓雍齿曰：『丰，故梁徙也。今魏地已定者数十城。齿今下魏，魏以齿为侯守丰。不下，且屠丰。』雍齿雅不欲属沛公，及魏招之，即反为魏守丰。——《史记·高祖本纪》

刘邦随即率兵反攻丰邑，却怎么也打不下来，为此害了一场大病，只好暂时停止作战，回沛县养病。这是一攻丰邑。

沛公引兵攻丰，不能取。沛公病，还之沛。——《史记·高祖本纪》

刘邦不仅怨恨雍齿的背叛，还恨自己的力量不足以收复这块失地，于是就想投奔刚刚被拥立的代理楚王景驹，想借景驹的兵力攻打丰邑。无奈，秦国的章邯军团没等刘邦借到兵就杀了过来。毫无疑问，刘邦吃了败仗，驻扎在原地。又经过三天激战，刘邦打下了砀郡，收编了砀郡五六千名士兵，实力大增，于是转身再攻丰邑，不幸的是刘邦又遭遇了失利。这是二攻丰邑。

沛公怨雍齿与丰子弟叛之，闻东阳甯君、秦嘉立景驹为假王，在留，乃往从之，欲请兵以攻丰。是时秦将章邯从陈，别将司马尸将兵北定楚地，屠相，至砀。东阳甯君、沛公引兵西，与战萧西，不利。还收兵聚留，引兵攻砀，三日乃取砀。因收砀兵，得五六千人。攻下邑，拔之。还军丰。——《史记·高祖本纪》

两度受挫，刘邦红了眼，心情也变得更加着急。听说项梁在薛地驻守，刘邦决定投奔项梁。项梁给刘邦开出了很优厚的待遇，并支援他五千兵力，十员五大夫将。有了项梁的鼎力支持，刘邦三攻丰邑，终于如愿以偿将丰邑拿下。失败的雍齿逃到了魏国。

项梁击杀景驹、秦嘉，止薛，沛公往见之。项梁益沛公卒五千人，五大夫将十人。沛公还，引兵攻丰，拔之。雍齿奔魏。——《汉书·高帝纪》

雍齿后来怎么又跟了刘邦，史书里没有记载，不过他的这次叛变，必定给刘邦留下了不可磨灭的心理阴影。刘邦一方面从骨子里怨恨雍齿，另一方面也欣赏雍齿的军事才能。这件事刘邦集团人所共知。

张良的高明之处就在于他深谙人情世故。劝刘邦封雍齿的目的是应急，其中也不乏厚待雍齿的意思，至少客观效果的确如此。对雍齿的痛恨，刘邦自己也承认，之所以不杀雍齿是念着他功劳大，杀之必失人心军心。张良这次劝封，大大改善了众人对刘邦的印象，对刘邦来说显然是一件幸事。由此可见，张良劝封雍齿，实则具备两大功效：一是安定功臣之心，二是提高刘邦的美誉度。

求封留侯是自己低调行事，劝封雍齿是化

解危机，这两件事都展现了张良的高智商。可惜张良仅仅把劝封雍齿看作应急之举，是一种临时手段，而非善待功臣、稳定天下的原则制度。这不能不说是张良认识上的一大缺憾。

美名天下传千古

据史料记载，张良随刘邦定都关中后“杜门不出”。那么张良究竟在干什么呢？他在“道引不食谷”。“道引不食谷”，实际上是汉初流行的一种气功。张良的这种做法被宋人司马光称为“等功名于外物，置荣利于不顾”《资治通鉴》卷九。明人更写出“张良范蠡笑人痴”的诗句，将张良和范蠡相提并论，认为他们都是功成身退的典范。

留侯性多病，即道引不食谷，杜门不出岁余。——《史记·留侯世家》

张良在后世享有着“功成不居”的美名。他真的是“功成不居”吗？关于这一点，学术界的认识并不统一。

一是认为张良的确抱病，“杜门不出”为养病；二是认为张良明哲保身，“杜门不出”为避祸。究竟谁说得对呢？

《史记·留侯世家》记载：张良多病，从未亲自领过兵，而是作为一位出谋划策的谋臣，时时伴在刘邦左右。汉三年（前204），楚汉之争激战犹酣。到了高祖六年（前201）受封留侯后，张良明确表示，自己愿意扔下

张良多病，未尝特将也，常为画策臣，时时从汉王。——《史记·留侯世家》

人间俗事，追随赤松子游仙，学习道引辟谷。

『愿弃人间事，欲从赤松子游耳。』乃学辟谷，道引轻身。——《史记·留侯世家》

《汉书·张陈王周传》中有这样的记载：“良多病，未尝特将兵，常为画策臣，时时从。”又载：“良从入关，性多疾，即道引不食谷，闭门不出岁余。”

《史记》《汉书》这两部原始文献的记载也从侧面印证了张良“多病”的说法。在《史记·留侯世家》中，司马迁曾写道：起初我以为张良是位高大魁梧的男儿，等看到他的画像时才发现，他竟有着美丽女子般的容貌。若是真长得如同娇美的女子，估计他的体质也的确柔弱。

余以为其人计魁梧奇伟，至见其图，状貌如妇人好女。——《史记·留侯世家》

高祖十一年（前196），黥布叛乱，刘邦带病亲征，留守的大臣们送行至霸上，张良也抱病前来。作为刘邦身边至关重要的谋士，张良理应随驾出征才对，但疾病迫使他不得不缺席。到达曲邮，张良病情加重，他叮嘱刘邦用兵时千万不要和楚兵争锋，并建议让太子监管关中军队。刘邦对他说：虽然子房你重病在身，不过我还是希望，即便你躺在病榻之上，也要辅佐太子。这番言语透露的信息表明，此时张良已经病得不轻了。

于是上自将兵而东，群臣居守，皆送至灞上。留侯病，自强起，至曲邮，见上曰：『臣宜从，病甚。楚人剽疾，愿上无与楚人争锋。』因说上曰：『令太子为将军，监关中兵。』上曰：『子房虽病，强卧而傅太子。』——《史记·留侯世家》

高祖十二年（前195），刘邦征黥布时身受致命箭伤，回到京城时已经无药可救了。弥留之际，吕后向刘邦三问相国人选，刘邦分别以萧何之后曹参，曹参之后王陵、陈平，一一应对，甚至连周勃也成为预备太尉的人选，唯独对张良未提一字。一方面，张良本非相国，此职一直由萧何担任，不提他也属正常；另一方面，张良病势沉重，特别是在高祖十一年(前196)、十二年(前195)，愈加严重起来，刘邦自然会有所顾忌。

张良抱病在身，确有其事，不过这病到底有多严重呢？刘邦迁都关中之前，张良随他灭秦、灭项，形影不离，为何刘邦一翻身做了皇帝，他反倒病得无法工作了呢？

高祖六年(前201)，刘邦定都关中，直到此时，关于张良的病情未见其他文献有明确记载。不过张良从此时开始便“杜门不出”，可见其中确有生病的因素，当然，除此以外还应当有其他原因。

一是知足。张良自称，家中五世担任韩国国君的相国，韩被秦灭，不爱万金，要为韩报仇。现在，以“三寸舌”成为“帝者师”，“封万户，位列侯”，已经达到布衣生活的顶点。对张良而言，他已经十分满足了。所以，“愿弃人间事，欲从赤松子游耳”。

二是自保。司马光做了这样的解释：人生必死，犹如黑夜必有黎明。从古至今，没有一个人可以超越生死而独立存世。像张良这样明达事理之人，肯定知道神仙之说是骗人的鬼话。然而他却宣称要跟随赤松子游仙，恰是这样的托词，倒可以从中看出其超凡的智慧。身为人臣，最难处理的就是如何对待功名。三杰之中，韩信

留侯乃称曰：『家世相韩，及韩灭，不爱万金之资，为韩报雠强秦，天下振动。今以三寸舌为帝者师，封万户，位列侯，此布衣之极，于良足矣。』——《史记·留侯世家》

族诛，萧何入狱，不都是因为名声太盛而不知身退？只有张良，托称求仙，摆脱世间俗物。“等功名于外物，置荣利而不顾”，人们常说的“明哲保身”，恐怕只有张良做到了。

司马光认为张良“杜门不出”，学道求仙，完全是明哲保身。这一说法影响非常大，但也有值得商榷之处。

司马光之说错在哪里？错在他忽略了“淮阴诛夷，萧何系狱”是在“张良谢病辟谷”之后。张良“杜门不出”之时，韩信正从齐王徙封楚王，衣锦还乡，所谓叛衅，未露端倪。刘邦此时虽有诛杀的行动，但所诛“皆平生所仇怨”。张良作为刘邦的心腹，立万世之功，怎会招来杀身之祸？所以，司马光的说法未免有些言过其实了。

当然，我们也不可否认，随着刘邦对异姓诸侯王的大开杀戒，张良不可能对这种做法表示心悦诚服的认同。我们在讲陈平用调虎离山之计诱捕韩信时，曾经讲过，那时候听不到张良的声音，原因只能有两个：一是不能说，二是不愿说。张良抱病，已经不再参与军国大事，便不愿再多言。他看到了刘邦必除韩信的决心，也就不能再说什么了。

尽管这样，张良并未就此退出汉代政坛，他始

臣光曰：『夫生之有死，譬犹夜旦之必然；自古及今，固未有超然而独存者也。以子房之明辨达理，足以知神仙之为虚诡矣；然其欲从赤松子游者，其智可知也。夫功名之际，人臣之所难处。如高帝所称者，三杰而已；淮阴诛夷，萧何系狱，非以履盛满而不止耶！故子房托于神仙，遗弃人间，等功名于外物，置荣利而不顾，所谓「明哲保身」者，子房有焉。』——《资治通鉴》卷十一

终和西汉政权保持着千丝万缕的联系——刘邦有很多事情依然会和张良商议。《史记》中有一段非常著名的文字："及立萧何相国，所与上从容言天下事甚众，非天下所以存亡，故不著。"《史记·留侯世家》对于这几句话的理解，现在的人往往认为是司马迁写《史记》并非每事必录，而是有所选择，无关军国大事，司马迁都舍而不录。因此，张良闭关后与刘邦的接触、交流应当还相当广泛，不仅是军国大事，即便是无关军国的事情谈论得也非常多。

《史记·留侯世家》还记载张良跟随刘邦征战："留侯从上击代，出奇计马邑下。"《汉书·张良传》称："出奇计下马邑。"《汉书·张陈王周传》

《史记》《汉书》都没有记载张良为刘邦出奇计于马邑究竟是怎么一回事。我们同样因为司马迁、班固的失载而无从知晓了。刘邦生前因为平定韩王信的叛乱到过马邑。但是，刘邦在马邑遇到过什么麻烦，张良为刘邦出了什么奇计，都无从得知。但是，"出奇计马邑下"，或者是"出奇计下马邑"，一定不会是空穴来风！还有一种可能：《史记》和《汉书》记载的"出奇计马邑下"或者"出奇计下马邑"是另一件史书未载之事，而不是我们所熟悉的平定韩王信叛乱。

晚年身患重病的张良也未得安逸。刘邦易立太子最急迫的那段时间，吕后强迫张良为她出谋划策，力保太子刘盈之位。此事在这里我们暂不详述，后面会有详解。但是，这件事说明了：在张良晚年病重之时，即便他不想过问国事，国事也会找上他。

在高祖刘邦驾崩之前，张良始终以病弱之躯力尽谋臣的工作事务，也确有"愿弃人间事，欲从赤松子游耳"的想法，并从闭关时已开始实施。后人对此大加赞赏。

刘邦去世后，惠帝刘盈即位，在位七年病故，年仅二十余岁。这对吕后是致命的打击。在哭祭惠帝时，吕后干号无泪。张良的儿子张辟强此时年仅十五岁，担任侍中，他心知吕后欲哭无泪的原因。于是，他对时任右丞相的陈平说：太后只有惠帝一个儿子，现在帝崩，太后哭而无泪，您知道这是为什么吗？陈平说，实在不解。张辟强说：帝无壮子，太后担心你们这些军功大臣啊！请拜吕台、吕产、吕禄为将，统兵居南军、北军，再让诸吕都入宫掌权，居宫理政。这样，太后自然就会放下心来，你们也都免了大祸。陈平照张辟强的意见，报告太后。果然，太后大喜，泪水这才流下来。但也正是从这个时候开始，由吕氏家族掌权的历史时期悄然而至。

七年秋八月戊寅，孝惠帝崩。发丧，太后哭，泣不下。留侯子张辟强为侍中，年十五，谓丞相曰：『太后独有孝惠，今崩，哭不悲，君知其解乎？』丞相曰：『何解？』辟强曰：『帝毋壮子，太后畏君等。君今请拜吕台、吕产、吕禄为将，将兵居南北军，及诸吕皆入宫，居中用事，如此则太后心安，君等幸得脱祸矣。』丞相乃如辟强计。太后说，其哭乃哀。吕氏权由此起。——**《史记·吕太后本纪》**

张辟强献策，陈平委曲求全，虽然免了权臣的大祸，却成全了吕氏宗族化身为实权派。有人怀疑，张辟强年十五，怎会有这样的洞察力和判断力，显然这个计策是张良在幕后指点的。事实真是这样吗?

我认为不然。张辟强看出了吕后欲哭无泪背后的忧患，可谓具有慧眼，他将一己之见透露给右丞相陈平是担心权臣们的安危。陈平为求自保，选择了妥协，将军权让出，导致吕氏家族对西汉政权的垄断，最终也断送了吕氏全族的性命。

此事与张良有何干系？张良坚决反对易立太子，并为保太子刘盈献出请“商山四皓”的奇计，最终打消了刘邦改换太子的想法。吕后对张良应当感激涕零，再加上张良重病在身，吕后何必绞尽脑汁加害他呢？除了保住太子之位外，张良始终没有介入吕氏控制朝中大权的任何举动。他一生维护的是刘邦和刘邦亲手建立的大汉王朝。如果说他晚年为吕氏掌权大献殷勤，实在难以服众，至少我不认同。

刘邦于高祖六年（前201）十二月、正月的两次封侯，拉开了西汉大分封时代的序幕，刘邦究竟是根据什么标准分封列侯的呢?

请看：军功封侯。

军功封侯

〈二十八〉

前面我们一直在讲高祖六年（前201）十二月、正月的两次大规模批量封侯。这两个月中，刘邦共封列侯二十九人。在这一章中，我们来讲一些未得封侯的有功之臣，甚至是大功之臣，他们为何会被刘邦忽略呢？

文臣的尴尬

前面我们曾提到，十六国时期匈奴汉国的创建者刘渊曾对刘邦这两次封侯点评道：“吾常耻随、陆无武，绛、灌无文；随、陆遇高帝而不能建封侯之业，绛、灌遇文帝而不能兴庠序之教，岂不惜哉！”《资治通鉴》卷八十刘渊说的“绛灌无文”是说绛侯周勃与颍阴侯灌婴文化修养不高，不能在文帝一朝倡导文治；那么“随陆无武”具体作何解释？“随陆遇高帝而不能建封侯之业”又是什么意思呢？

“随陆”是汉高祖时代两位重要的外交家，一位是随何，一位是陆贾。随何曾在刘邦彭城之败后成功策反黥布，陆贾是汉初一位杰出的政治家、外交家，二人都以辩才著称于世。刘渊对两人在高祖时代均未得到分封感到很疑惑，他的评判包含了两个方面：一是他们有什么功劳？二是他们为什么没有得到分封？

我们先说陆贾，他可是西汉初年的大功臣之一，对大汉的功劳主要表现在两个方面：一是南越归汉，二是治国理念。

谈判高手的重要作用

陆贾是楚国人，曾以“客”的身份在刘邦手下任职，凭借极佳的口才常被刘邦外派出使各诸侯国。

陆贾者，楚人也。以客从高祖定天下，名为有口辩士，居左右，常使诸侯。——《史记·郦生陆贾列传》

当年刘邦西入秦关，在峣关遭遇阻挠，陆贾和顶级说客郦食其一道前去游说秦将，重金诱使秦将与刘邦联合灭秦。峣关守将见钱眼开，立马表示同意。刘邦在张良的建议下，趁其懈怠不备，偷袭成功，顺利拿下峣关。这便是陆贾的第一次惊艳亮相。

沛公以为诈，乃用张良计，使郦生、陆贾往说秦将，啖以利，因袭攻武关，破之。——**《史记·高祖本纪》**

汉四年（前203），陆贾出使项羽，游说项羽放回太公、吕后等人质，但未能成功。

汉遣陆贾说项王，请太公，项王弗听。——**《史记·项羽本纪》**

作为专属使臣，陆贾经常被派遣到各国执行任务，凭借天生的巧舌屡有斩获，其中最为成功的当属出使南越国。

南越国是什么地方？陆贾为什么要出使南越国呢？

原来，刘邦灭秦后，南面又突然冒出个南越国，多出个南越王。

说起这南越王，我们得从秦朝说起。

秦始皇成功兼并六国后，并没有停止用兵，他看上了南越，也就是今广东、广西与今越南北部一带，那里居住着百越族。秦始皇动用五十万大军，历时四年，最终平定了南越，建立了南海郡、桂林郡与象郡。当时的南海郡大致相当于今天的广东地区，桂林郡大致相当于今天的广西地区，象郡则相当于今天越南的中北部地区。

秦时已并天下，略定杨越，置桂林、南海、象郡，以谪徙民，与越杂处十三岁。——**《史记·南越列传》**

秦末大起义爆发后，这支五十万人的南征大军滞留在南方，由征伐南越的副统帅赵佗指挥。因为没有参加镇压秦末大起义的军事行动，这个秦帝国的大军团躲过了被义军歼灭的命运，完整地保存下来，成为今天客家人的先人。

秦始皇在世时，赵佗曾担任龙川县令。他不是一般意义上的武夫，而是一位很有头脑的武将。他曾上疏秦始皇，要求移民三万中原女子到岭南，秦始皇打了个对折，批准了一万五。这些女子和南征的部分秦军将士共同生活，繁衍后代，将中原先进的农耕文化带到了岭南，大大加速了该地区的发展。那一万五千名中原女子至今仍被客家人尊称为“客娘”。当然，赵佗当时提出移民计划，未必真有如此高明的可持续发展眼光，更多是为了稳定军心，以便更好地统领队伍。

佗，秦时用为南海龙川令。——《史记·南越列传》

秦二世时期，南海郡郡尉任嚣病重弥留之际，把时任龙川县令的赵佗紧急叫来，他对赵佗说：秦朝无道，天下百姓深受其害。项羽、刘季、陈胜、吴广等各聚军队，争夺天下。整个中原已经大乱，天下豪杰一个个叛秦自立。我们南海郡地处偏远，眼下还较安定，但我担心中原的义军早晚会打到这儿来，所以我想起兵。只是我重病在身，实在心有余而力不足。番禺（今广东广州市）的地理形势很好，背靠险峻的山脉，面对浩瀚的南海，东西千里，正好是一州之地，具备立国的条件。我遍观郡中官员，没有别人可以商议大事，所以把你叫来。说完，任嚣亲自书写任命书，要赵佗接任南海郡郡尉。任嚣死后，赵佗随即向各关口下令：盗兵将到，迅速断绝道路。然后收聚军队，亲自镇守关口，又利用法纪诛杀了秦帝国委派的官员，安排自己人取而代之。

至二世时，南海尉任嚣病且死，召龙川令赵佗语曰：『闻陈胜等作乱，秦为无道，天下苦之，项羽、刘季、陈胜、吴广等州郡各共兴军聚众，虎争天下，中国扰乱，未知所安，豪杰畔秦相立。南海僻远，吾恐盗兵侵地至此，吾欲兴兵绝新道，自备，待诸侯变，会病甚。且番禺负山险，阻南海，东西数千里，颇有中国人相辅，此亦一州之主也，可以立国。郡中长吏无足与言者，故召公告之。』即被佗书，行南海尉事。嚣死，佗即移檄告横浦、阳山、湟溪关曰：『盗兵且至，急绝道聚兵自守！』因稍以法诛秦所置长吏，以其党为假守。——**《史记·南越列传》**

趁着秦亡之际，赵佗出兵偷袭桂林郡、象郡，收归自己管辖。待一切安排妥当，赵佗扯起南越武王的大旗，南越国就此诞生。

秦已破灭，佗即击并桂林、象郡，自立为南越武王。——**《史记·南越列传》**

刘邦统一天下后，考虑到天下初定，不宜再发动战争，便打算用赐封的方法让赵佗归顺，于是选派陆贾出使南越。

高帝已定天下，为中国劳苦，故释佗弗诛。汉十一年，遣陆贾因立佗为南越王，与剖符通使，和集百越，毋为南边患害，与长沙接境。——**《史记·南越列传》**

赵佗接见了陆贾，端出一副趾高气扬的架子。面对傲慢无礼的南越王，陆贾沉着应对，一番话说得赵佗心悦诚服，最终归顺了西汉中央政府。按现在的眼光来看，陆贾绝对算是一位谈判高手，那么他究竟对赵佗讲了什么呢？

一是告诫赵佗。

陆贾直言不讳地说：足下是中原人，亲戚、兄弟的坟墓都在真定（今河北石家庄市正定县南）。如今却违背天性，抛弃中原文明，想借南越这块弹丸之地与“天子抗衡”，恐怕将要大祸临头了。

陆生因进说他曰：『足下中国人，亲戚昆弟坟墓在真定。今足下反天性，弃冠带，欲以区区之越与天子抗衡为敌国，祸且及身矣。』——《史记·郦生陆贾列传》

二是上天佑汉。

秦帝国无道，天下“诸侯豪杰并起”，那可不是一两个人，据《史记·陈涉世家》记载，仅一个楚地数千人一支的义军就数不胜数。最后汉王率先入关，占据咸阳。项羽违背盟约，“自立为西楚霸王”，诸侯们都归他统辖，项氏集团一时间强大无敌。汉王自汉中起兵，攻伐天下，威服诸侯，最终诛灭项羽，短短五年时间，“海内平定”。如果单纯地依靠人力，能实现这一切吗？完全是上天有意庇佑大汉啊！

『且夫秦失其政，诸侯豪杰并起，唯汉王先入关，据咸阳。项羽倍约，自立为西楚霸王，诸侯皆属，可谓至强。然汉王起巴蜀，鞭笞天下，劫略诸侯，遂诛项羽灭之。五年之间，海内平定，此非人力，天之所建也。』——《史记·郦生陆贾列传》

三是劝其归顺。

你自立为王之后，朝内众臣都主张出兵讨伐，但皇上不愿再让百姓受苦，所以才没有动用武力。我奉皇上之命来到这里，还带来了南越王印，为的是正式封你为南越王。本来你就应该在郊外迎接大汉的使者，面北称臣，现在竟还想以一己之力与朝廷对抗。如果这个消息传到了都城，皇上立马就能派人掘了你家祖坟，灭了你全族，再派一员偏将，率十万之众前来伐越。真要出现那样的局面，越地百姓拿你的人头换太平，也是易如反掌吧？

『天子闻君王王南越，不助天下诛暴逆，将相欲移兵而诛王，天子怜百姓新劳苦，故且休之，遣臣授君王印，剖符通使。君王宜郊迎，北面称臣，乃欲以新造未集之越，屈强于此。汉诚闻之，掘烧王先人冢，夷灭宗族，使一偏将将十万众临越，则越杀王降汉，如反覆手耳。』——《史记·郦生陆贾列传》

赵佗一听，惊得一骨碌坐起来，赶快向陆

贾道歉说：我长期居住在蛮夷之地，大失礼仪，请先生千万不要介意。见气氛有所缓和，赵佗问陆贾：我和萧何、曹参、韩信相比，究竟谁更厉害？陆贾回答：您好像更强一些。赵佗又问：我和汉朝的皇帝相比呢？陆贾说：皇上起丰沛，伐暴秦，诛灭强楚，“为天下兴利除害”，继承“五帝三王”的事业，治理中国。中国的人口以亿计，方圆万里，土地富饶，人民众多，车马盈衢，“万物殷富”，政出一家。天地开辟以来，从未有过这样繁荣的景象。大王的手下不过几十万人，所辖之地又都是山岭、海滨，最多也就相当于汉朝一个郡，怎么可能与汉朝皇帝相比呢？赵佗听罢，哈哈大笑，说：我不在中原起兵，所以才在此地称王。假如我在中原，未见得就不如你家皇上！

于是尉他乃蹶然起坐，谢陆生曰：『居蛮夷中久，殊失礼义。』因问陆生曰：『我孰与萧何、曹参、韩信贤？』陆生曰：『王似贤。』复曰：『我孰与皇帝贤？』陆生曰：『皇帝起丰沛，讨暴秦，诛强楚，为天下兴利除害，继五帝三王之业，统理中国。中国之人以亿计，地方万里，居天下之膏腴，人众车舆，万物殷富，政由一家，自天地剖泮未始有也。今王众不过数十万，皆蛮夷，崎岖山海间，譬若汉一郡，王何乃比于汉！』尉他大笑曰：『吾不起中国，故王此。使我居中国，何渠不若汉？』——**《史记·郦生陆贾列传》**

一番唇枪舌剑之后，赵佗对陆贾顿生好感，再三挽留他住下。陆贾推辞不过，便在赵佗处住了好几个月。赵佗对陆贾说：南越国中，实在找不到一个像你这样值得交流的人。自从你来到这里，我每天都可以听到从未听过的东西。于是，赵佗赐给陆贾千金，礼物无数，并同意对汉称臣，遵奉汉约。陆贾圆满地完成了任务，回朝向刘邦做了汇报。刘邦很是高兴，随即封他为太中大夫。

陆贾出使南越，成功地避免了一场战争，维护了西汉政权的稳定，可算是有大功的臣子。

乃大说陆生，留与饮数月。曰：『越中无足与语，至生来，令我日闻所不闻。』赐陆生橐中装直千金，他送亦千金。陆生卒拜尉他为南越王，令称臣奉汉约。归报，高祖大悦，拜贾为太中大夫。——《史记·郦生陆贾列传》

骑在马上岂可治天下

汉初政权的统治阶层主要以布衣将相为支撑，这些功臣在灭秦、亡楚的战争中浴血奋战，协助刘邦开辟了新帝国，但他们大都有一个致命的弱点——文化素养严重跟不上。且不说绛、灌为首的武将，即便是号称帝王之师的张良、奇谋天才陈平、贤相萧何等人，对如何治理国家也鲜有真知灼见。

萧何收集秦时文献主要是为了收敛赋税，至于治国之道他也非专家。毕竟在这方面缺少经验，大家都只能摸着石头过河，所以由始至终，都没有人提出过有建设性的意见。说起来，也只有陆贾算是汉初最有远见的政治家、思想家，他提出了一系列保证汉帝国长治久安的治国方针。

陆贾常常在刘邦面前提起《诗经》《尚书》中的教诲。《诗经》《尚书》是儒家经典，第一个将其带入西汉政府用作“公务员”教材的就是陆贾。

我们都知道，刘邦不喜欢儒生，更不懂得《诗经》《尚书》的重要性，每每听到陆贾大谈《诗经》《尚书》，刘邦就发飙：老子我是在马背上打下的江山，要《诗经》《尚书》干什么用？

陆贾马上尖锐地反驳道：马背上可以得天下，但马背上哪能治天下？对于这个问题，刘邦压根儿就没想过，他和陆贾“马上”“马下”的争论，其实争的正是治国之道。

陆生时时前说称《诗》《书》。高帝骂之曰：『乃公居马上而得之，安事《诗》《书》！』陆生曰：『居马上得之，宁可以马上治之乎？』——**《史记·郦生陆贾列传》**

陆贾不仅在观点上与刘邦针锋相对，还以史为鉴，引经据典。他侃侃而谈道：商汤、周武王皆以臣子的身份夺取天下，但一旦夺得天下，则用仁义治理天下，这就是所谓的“逆取而顺守之”。只有“文武并用”，才是“长久之术”。当年，吴王夫差、晋国的智伯，实力都很强大，但很快亡国。秦朝重用刑法，也很快亡国。假如秦国统一天下后，施行仁义，效法先圣，皇上哪儿有机会打下秦帝国的江山呢？

且汤武逆取而以顺守之，文武并用，长久之术也。昔者吴王夫差、智伯极武而亡；秦任刑法不变，卒灭赵氏。乡使秦已并天下，行仁义，法先圣，陛下安得而有之？——**《史记·郦生陆贾列传》**

陆贾用逆耳之言给刘邦做启蒙教育，阐述了两个刘邦闻所未闻的道理：

一是逆取顺守。

二是恃力而亡。

什么叫逆取顺守？“逆取”就是以武力夺取天下，“顺守”就是以仁义治理天下。这就叫“文武并用”。

什么叫恃力而亡？自恃兵力强大的吴王夫差、

晋国六卿中实力最强的智伯，还有一统天下的强秦都是“恃力”者，最终夫差亡于勾践，智伯死于韩、赵、魏，强秦亡于陈胜、吴广掀起的大起义。

陆贾对刘邦得天下的分析最富启迪意义。刘邦曾提出过著名的“三杰”说。“三杰”说概括了刘邦打败项羽的原因，至少说明他还是认真思考总结过一番的。但是，“三杰”说也暴露了刘邦认识上的一大缺陷，即“三杰”说总结的是刘、项之争，丝毫未触及刘邦灭秦这一历史大事件。

另外，刘邦一入咸阳就想入住秦宫，这不仅将他本性中贪图享乐的劣根性完完整整地体现出来，更说明他根本没有思考过秦亡的原因，也没考虑过如何才能避免重蹈覆辙。

西汉帝国的建立实际上是承秦而立，西楚霸王只不过是这次历史大变革中的插曲。

刘邦建汉之后最应该总结的是秦亡汉立的经验教训。但是，显然他脑子里压根儿就没这根弦，好在陆贾一直替他“上下求索”着这个重大课题。

基于此，陆贾才敢理直气壮地反问刘邦：如果秦能“行仁义，法先圣”，你刘邦怎么可能夺得强秦的天下？

这实在是一语中的，刘邦马上面露羞惭，深刻认识到自己的错误。他让陆贾详细写一份秦为什么会失天下、汉为什么能得天下的情况说明，并总结一下历代政权成败的经验教训。陆贾受命，著书详解存亡之道，总共写了十二篇。每一篇被呈上的文章，刘邦都喜欢得不得了。这

高帝不怿而有惭色。——《史记·郦生陆贾列传》

十二篇文章，最后汇集为一本著作，就是中国思想史上鼎鼎大名的《新语》。

《新语》的出现，源自陆贾对刘邦治国思想的改造工作，并由此开启了西汉初年的历史大反思，促使西汉政府走上了革秦之弊、承秦之制的正确道路。

陆贾提出了一系列治国安邦的战略思想，大致可以概括为三点：第一，反秦之弊，与民休息；第二，以农为本，轻徭薄赋；第三，无为而治。

这些思想后来被汉文帝时期的贾谊所汲取，成就了著名的《过秦论》，留下了“仁义不施而攻守之势异也”的至理名言。

乃谓陆生曰：『试为我著秦所以失天下，吾所以得之者何，及古成败之国。』陆生乃粗述存亡之征，凡著十二篇。每奏一篇，高帝未尝不称善，左右呼万岁，号其书曰『新语』。——《史记·郦生陆贾列传》

军功易见，文臣难封

今人论及汉初功臣，恐怕无人会忽略陆贾，但事实上，他在当时只是一个管议论的太中大夫，毫无封侯的可能。这说明什么？说明汉初因功封侯的“功”，更偏重于奋勇杀敌的军功！尽管陆贾功劳卓著，但谁让他的“功”不是军功呢？所以自然是上不了台面，封不了侯的。

这样的说法究竟有没有道理呢？我们不妨来做个比较：

《史记·曹相国世家》记载的曹参军功：

“凡下二国，县一百二十二；得王二人，相三人，将军六人，大莫敖、郡守、司马、侯、御史各一人。”

《史记 · 樊郦滕灌列传》记载的灌婴军功：

“别破军十六，降城四十六，定国一，郡二，县五十二，得将军二人，柱国、相国各一人，二千石十人。”

《史记 · 樊郦滕灌列传》记载的樊哙军功：

“别破军七，下城五，定郡六，县五十二。得丞相一人，将军十二人，二千石以下至三百石十一人。”

曹参、灌婴、樊哙的受封是实至名归，别人不敢议论什么，毕竟他们军功显赫。从刘邦起兵开始，诸将的军功都一一记载下来，分封的时候也就少了不少麻烦。不过即便如此，诸将争功的兴头一起，也难免“岁余不决”了。由此也说明，司马迁根据如此翔实的文献所写就的《史记》，其真实性是有保证的。

作为文职人员的随何、陆贾，按我们今天的标准来衡量，都是大功之臣，但在汉初，凭口舌所立功劳不足挂齿。当众人都认可这样一种制度时，随何、陆贾本人也就不觉得自己委屈了。

那么，这样的分封制度是一种惯例吗？我们可以回顾一下萧何、张良等人封侯时的状况。萧何封侯时，刘邦认为他功居首位，因而封他为酂(cuó)侯，封地也最多。

高祖以萧何功最盛，封为酂侯，所食邑多。——《史记·萧相国世家》

功臣们一看，群起反对。这样的集体抗议对刘邦来说还是第一次碰到。大臣们说：我们身被铠甲，手执兵器，多经沙场，多者身经百余次战斗，少者也有几十次战斗，“攻城略地”，各有多寡，萧何他没有任何“汗马之劳”，没有打过一次仗，仅靠舞文弄墨，发表意见，如今论功反而在我们这些浴血奋战的将领之上。这是为什么？

功臣皆曰：『臣等身被坚执锐，多者百余战，少者数十合，攻城略地，大小各有差。今萧何未尝有汗马之劳，徒持文墨议论，不战，顾反居臣等上，何也？』——《史记·萧相国世家》

我们当然了解，萧何的功劳绝对不在这些将领之下，单就后勤保障这一条来说，已经是不可磨灭的功绩了。若是一两个功臣闹别扭提意见，倒还可以敷衍一下，但这次毕竟是集体抗议，刘邦不能不重视！

这集体抗议说明什么？说明大家对“功劳”的标准有着一致的看法，那就是：一切以军功为衡量标准！从这个角度来看的话，众人的反对也不是没有道理。

刘邦面对功臣们的集体抗议，发表了一段有名的精彩演讲，并创造了中国词汇史上两个仅用了一次的词——“功人”与“功狗”。刘邦说：你们见过打猎的吗？众臣回答：见过。刘邦又问：你们见过猎狗吗？大家说：知道。刘邦说：打猎的时候追杀猎物的是什么？猎狗。发出指令要猎狗追杀猎物的是谁？猎人。你们攻城略地，奋勇杀敌，是有功之狗；萧何，则是发指令的猎人，是有功之人。更何况，你们追随我，多则两三人，少则一个人，萧何可是全族数十人都跟着我，这个功，怎么能忘！

话说到这个份儿上，群臣自然都不敢再多嘴。

高帝曰：『诸君知猎乎？』曰：『知之。』『知猎狗乎？』曰：『知之。』高帝曰：『夫猎，追杀兽兔者狗也，而发踪指示兽处者人也。今诸君徒能得走兽耳，功狗也。至如萧何，发踪指示，功人也。且诸君独以身随我，多者两三人；今萧何举宗数十人皆随我，功不可忘也。』群臣皆莫敢言。——《史记·萧相国世家》

“三杰”之一的萧何封侯时遇到的麻烦，位居“三杰”首位的张良同样也遭遇了一番。《史记·留侯世家》里写道：“汉六年正月，封功臣。良未尝有战斗功。”这个“战斗功”就是军功！刘邦心里明白，按照军功封侯的标准，张良怎么也扯不上干系，索性亲自站出来为张良说话：“运筹策帷帐中，决胜千里外，子房功也。”

就连萧何、张良受封都能引出这么大的乱子，可见汉初军功封侯的标准着实根深蒂固。所以，陆贾因未立军功而痛失封侯机会，也是正常的。

刘邦的军功封侯顺应了功臣们的诉求，切实地巩固了西汉政权，同时也带来了两大后果：

一是形成了西汉初年的军功阶层。

西汉的军功阶层，特别是因功封侯的功臣，成为西汉政权的基石，是刘邦后来平定诸侯王叛乱的主要力量。

二是军功封侯存在着相当大的局限。

像陆贾这样为西汉政权提供统治思想的重要文臣，因为没有军功而无缘封侯，这不能不说是制度上的一大缺憾。

军功封侯从它诞生之日起就是一种权宜之策，随着大规模战争的结束，再立军功对每一位朝臣来说都是难上加难。因此，西汉的封侯制度势必随着时代的变迁而发生变化。

军功封侯既然以军功大小来判定，这就必然会使没有军功但对西汉政权的建立有过重大贡献的人，与军功卓著的功臣产生利益冲突，并在某些时刻还会表现得异常尖锐。面对两方的不同意见，刘邦下一步究竟会怎么处理呢？

请看：第一功臣。

第一功臣

二十九

高祖六年（前201）十二月、正月，刘邦不仅分封了二十九位列侯，而且还为这二十九位列侯排出了座次。毫无疑问，排名第一的就是大汉帝国的第一功臣。那么，谁会成为大汉帝国的第一功臣？这样的排位，又有何根据呢？

众里寻他千百度

我们先看看谁有可能入选？

一号候选人：张良。

刘邦定“三杰”的时候将张良列在了首位，认为他“运筹帷幄之中，决胜千里之外”《汉书·高帝纪》。一般来说，某位领导一旦提出某种独创理论，都会异常钟情于此，刘邦亦是如此。显然，张良被列为“三杰”之首，说明他深得刘邦的认可，这为他成为大汉帝国第一功臣奠定了坚实的基础，算是初战告捷，初赛分数相当高。

再者，刘邦分封列侯时指定食邑最多的曹参，共一万零六百户，但他的食邑之地是由刘邦决定，个人没有选择权。而刘邦对张良则厚爱有加，做出了让他“自择齐三万户”的许诺，二十九位列侯之中得此待遇的只有张良一人。

有这两条做保证，张良极有可能成为大汉帝国第一功臣。

二号候选人：曹参。

曹参所封食邑为一万零六百户，张良辞封三万户后受封一万户，曹参成为二十九位列侯之中封地最多的一位。按照受封户数多寡为标准来看的话，谁也争不过他。

再者，曹参军功显赫，除韩信、彭越、黥布三位异姓诸侯王外，无人可比。韩信、彭越、黥布三位异姓诸侯王毕竟是第一层次的功臣，早已受封诸侯王。在第二层次的功臣（列侯）中，曹参的军功位列第一。

按照大汉军功标准来排序，曹参是最有希望成为第一功臣的人选。

三号候选人：周勃。

周勃受封食邑八千一百户，比萧何还多一百户。刘邦一向器重他，临终之际，还说出了“安刘氏者必勃也”的惊人之语。如果按照刘邦的信任程度来定次序的话，周勃大有希望。

四号候选人：萧何。

萧何受封食邑八千户，排名第四，次于曹参、张良、周勃，但他的受封深得刘邦庇护。著名的“功人”“功狗”之说，不就是刘邦为萧何辩护时诞生的吗？

再者，萧何一直是汉王身边的重臣。楚汉战争期间，他奉命镇守关中、汉中、巴蜀，全权代理一切事务，这无疑显示了萧何在刘邦集团独一无二的地位和身份。这次推选第一功臣，萧何理应入选。

上述四人，刘邦对张良是敬重，对曹参是感激，对周勃是信任，对萧何是倚重。

以上是我们对第一功臣人选的预期，最终谁拔得头筹取决于两方面的因素：一是刘邦待见谁，二是列侯们推举谁。

列侯们的意见集中而且明确：平阳侯曹参，受伤七十余处，“攻城略地，功最多，宜第一”《史记·萧相国世家》。众人一致推举曹参为第一功臣。

这样的集体意见让刘邦犯了大难，他心之所向乃是萧何，但在封侯时已经“强行”多封了萧何许多地，现在实在不好再力排众议专断独裁，可要是真顺着众人的意思，实在又有点不甘心。

上已桡功臣多封萧何，至位次未有以复难之，然心欲何第一。——《史记·萧相国世家》

正在刘邦瞻前顾后不置可否的时候，关内侯（有侯爵而无食邑）鄂千秋跳了出来。他对刘邦说：列侯们说得都不对。曹参虽然有“攻城略地”的功劳，但这是短时期的成效。皇上您与西楚作战五年，常常“失军亡众”，多次只身脱险。每每遇到这种情况，萧何总是雪中送炭，不等您发令，就从关中派遣数万军队，提供大量供给到前线，在您最需要援助时拉上您一把。汉、楚两军在荥阳作战数年，军无现粮，全靠萧何从关中通过漕运保障军粮充足。陛下虽多次丢失崤山以东的土地，但萧何却为您保全了关中之地，“此万世之功也”。像曹参这样的将军，大汉失去一百个也不会有什么损失，没有曹参也一样能够胜利。怎么能让“一旦之功”凌驾于“万世之功”上呢？萧何当属第一，曹参只能排第二。

关内侯鄂君进曰：『群臣议皆误。夫曹参虽有野战略地之功，此特一时之事。夫上与楚相距五岁，常失军亡众，逃身遁者数矣。然萧何常从关中遣军补其处，非上所诏令召，而数万众会上之乏绝者数矣。夫汉与楚相守荥阳数年，军无见粮，萧何转漕关中，给食不乏。陛下虽数亡山东，萧何常全关中以待陛下，此万世之功也。今虽亡曹参等百数，何缺于汉？汉得之不必待以全。奈何欲以一旦之功而加万世之功哉！萧何第一，曹参次之。』——《史记·萧相国世家》

不等群臣做出反应，刘邦立即表态：说得好。当即下诏特许萧何带剑、穿鞋上殿，入朝时不必小步疾行。

高祖曰：『善。』于是乃令萧何第一，赐带剑履上殿，入朝不趋。——《史记·萧相国世家》

萧何的确功高，但通过鄂千秋的分析才让我们了解到萧何的丰功伟绩。说完，刘邦又加封鄂千秋为安平侯。鄂千秋从无食邑的关内侯一跃成为有食邑的列侯，也算是一步登天了。

上曰：『吾闻进贤受上赏。萧何功虽高，得鄂君乃益明。』于是因鄂君故所食关内侯邑封为安平侯。——《史记·萧相国世家》

同日，刘邦相继封萧何的父母兄弟十几人，个个都有食邑。

是日，悉封何父子兄弟十余人，皆有食邑。——《史记·萧相国世家》

大臣们被鄂千秋打了个措手不及，还没缓过劲儿来刘邦已经连连下诏，厚赏萧何全家。就这样，萧何被指定为大汉开国的第一功臣。

随后，刘邦又加封给萧何两千户，作为昔日救助的回报。我们前面讲过，刘邦过去当亭长时，经常到咸阳押送役夫服役。每次出发时，别人都送刘邦三百钱，唯独萧何每次都给刘邦五百钱。

乃益封何二千户，以帝尝繇咸阳时何送我独赢钱二也。——《史记·萧相国世家》

萧何成为大汉帝国第一功臣，这样的评选衍生出了三个疑问：

第一，为什么刘邦的个人意见与绝大多数功臣的意见相左？

第二，谁的意见是正确的？

第三，刘邦为什么需要鄂千秋为他解围呢？

以往封侯的基本标准是斩将杀敌的军功，而功臣们推荐曹参的理由和标准也是军功。备受刘邦认可和欣赏的萧何，其贡献显然不在军功之列。这就是刘邦和功臣们意见严重对立的根本原因。

显然，功臣们的集体意见更有真凭实据。既然封侯是按军功大小确定，那这次排序也应该以军功为依据，理应推选曹参为第一功臣。刘邦指定萧何的做法，在众人看来有偷换概念之嫌，故意将“事功”与“军功”混为一谈。

当然，作为一国之君的刘邦，这么认死理儿也是有特殊考虑的。照理说，刘邦在确定第一功臣的问题上完全可以自行裁定，根本不必顾忌大臣们的意见。刘邦之所以有顾虑，是因为继位之初他手握的皇权还是有限的，能平定天下靠的是功臣派，他不得不做出一定的妥协与退让。但历史告诉我们，皇权的本质是趋向无限的高度集权，刘邦此阶段的有限皇权只是暂时的。

他还真行

由于高祖刘邦的坚持，萧何获得了第一功臣的殊荣，可见他在刘邦心中的位置有多么重要。

萧何究竟有什么独一无二的贡献，能换来身为皇帝的刘邦在封邑、排序时的两次提携呢?

首先，萧何功不可没。

在“汉初三杰”一章中，我们曾讲过萧何对西汉建立的四大功绩：成全沛公，成全高祖，举荐韩信，经营后方。

其次，萧何与刘邦私交极深。

张良是反秦大起义后在投奔他人的半道上改投刘邦的，中间还曾因为要辅佐韩王成而选择过离开刘邦。在张良的内心里，韩王成永远排在第一，韩国复国永远是首要任务。韩王成被项羽杀害后，张良陷入绝望，这才彻底投靠了刘邦。

曹参本来是沛县的“狱掾”，刘邦那时候是泗水亭长，理论上来说，二人是同事关系，只不过当时并没有过多私交，关系逐渐亲密起来还是在反秦大起义开始以后。

萧何就不同了，他早就是刘邦的知己，而且二人有极深的私交。刘邦未入官道前到相关部门报到过好几次，每次都是萧何为他掩护解围；刘邦当了亭长后，萧何更是多方关照，不仅在他出差时多送钱，甚至在沛县县令宴请吕公时，公开袒护一个子儿都没拿，却口中喊着“贺钱万”的刘邦，间接地成全了刘邦与吕雉的婚姻。

周勃和刘邦也是老乡，但是这个老乡关系就生分得多了，没有什么私交，自然也就没有什么私情啦。

再次，汉帝国需要萧丞相。

刘邦为萧何争封邑、争位次，最终是为了达成一个重要目的：任命萧何为丞相。

对功臣们进行大规模分封的目的是满足他们的诉求，说直白点儿，就是偿还这几年的战争人情债。功臣们在战争中奋不顾身，出生入死，理应论功行赏。刘邦按军功大小，分封不同等级的食邑。这些事儿做到位了，他刘邦也就不欠谁的了。

一句话，分封是对过去的补偿，排座次是对未来的铺垫。

大汉建立了，需要有人来管理。如此庞大的国家，谁来担此重任最合适呢？

是立下军功的功臣吗？理应是。但百官之首的丞相可不是一般将领当得了的，岗位职责要求这个人需要熟悉法律、懂得管理。一直备受敬重的张良行吗？恐怕不行。战功显赫的曹参呢？看来刘邦也不大放心。深受信任的周勃呢？刘邦很清楚，周勃只是一个将才。几经考量之后，萧何最终脱颖而出，被刘邦视为最合适的人选。

这是刘邦本人的意愿吗？那是一定的。还有谁参与了考量呢？应当还有张良。据《史记 · 留侯世家》记载："留侯从上击代，出奇计马邑下，及立萧何相国，所与上从容言天下事甚众。"可见，刘邦与张良讨论过丞相人选问题，选用萧何为相到底是张良首议，还是刘邦提出并征求张良的意见，我们无从考证。刘邦最看重的是萧何处理国事的能力和忠诚之心，楚汉战争数年来萧何的表现足以说明这一点，其他任何人都无法用以往的政绩说明自己比萧何更适合丞相之位。

以文无害为沛主吏掾。
——《史记 · 萧相国世家》

更重要的是，萧何原是沛县"主吏掾"，熟悉秦帝国的法令制度。刘邦入关后曾颁布过两条重要法令：一是"约法三章"，二是秦帝国原有基层官吏全部留用。

诸吏人皆案堵如故。
——《史记 · 高祖本纪》

秦帝国的基层官吏对相关法令条文了如指掌，留用他们便于治理国家。除此以外，刘邦废除了无理的秦朝苛法，而维持社会秩序的法令制度则一律保留。今天，我们从出土的睡虎地秦简中可以清晰地了解到，秦法基本完整地被沿用于汉法之中。保证这套法令得以执行的是大批执法娴熟的秦帝国职业官吏，统领这批官吏的最佳人选，只能是萧何。

当年，萧何在秦泗水郡吏卒考课中名列第一。秦御史甚至想调萧何进入关中任职，被萧何坚拒，此事才算拉倒。这足以证明，萧何完全具备出任国家最高行政长官的优秀资质。而军功显赫的曹参毕竟是“狱吏”出身，在这方面显然不如萧何有实力。

秦御史监郡者与从事，常辨之。何乃给泗水卒史事，第一。——《史记·萧相国世家》

刘邦力排众议，最终选定萧何为最高行政长官，潜在意图是想昭告天下：在战争体制下军功赫赫的功臣们，已经得到了相应的物质补偿。而在现在的和平年代里，文吏才能安邦治国。萧何在封邑、位次两项中全占第一，表明国家体制在从战争体制转入和平体制后，任用官吏的标准也发生了巨大变化。

高祖十二年（前195）三月，黥布叛乱被平定后，刘邦发布过一封著名的诏书：

我称帝已经十二年了（其实只有八年），曾经与天下豪杰共同打下了天下，现在则共同享有天下。有功之臣，上封为王，次封为侯，最不济也有封地。重臣的亲属们，“或为列侯”，而且允许他们自己安排吏员，征收赋税。公主封为列侯。凡有食邑者都有印信，赐予大宅。两千石的高官，迁居京城长安，也安排了合适的宅第。随我入蜀汉、定三秦的人，都世世代代免除徭役。我对天下的功臣可以说没有亏欠了。如果有谁不讲信义，背叛国家，擅自起兵，天下将共讨之。

三月，诏曰：『吾立为天子，帝有天下，十二年于今矣。与天下之豪士贤大夫共定天下，同安辑之。其有功者上致之王，次为列侯，下乃食邑。而重臣之亲，或为列侯，皆令自置吏，得赋敛，女子公主。为列侯食邑者，皆佩之印，赐大第室。吏二千石，徙之长安，受小第室。入蜀汉定三秦者，皆世世复。吾于天下贤士功臣，可谓亡负矣。其有不义背天子擅起兵者，与天下共伐诛之。』——《汉书·高帝纪》

这封诏书虽然写得很晚，但其中表达的想法，在高祖六年（前201）分封列侯、排定座次时就已显现。可见，在刘邦心中，功臣们立下的大功，在分封时都已悉数回报了。此后两清，谁也不再亏欠谁。

最后是萧何善于自全。

楚汉战争期间，刘邦和项羽在荥阳一线相持了二十八个月。这段时间，刘邦将整个关中都交给萧何管理，这一举措赋予萧何极大的权力，当然，萧何也干得极有成效。汉三年（前204），刘邦多次派使者慰问萧何。明眼人或许能看透其中的玄机，萧何却并未有所察觉。后来，萧何手下一位鲍姓门客（鲍生）提醒他说：大王在前线御敌，风餐露宿，辛苦得很，却屡次派使者慰劳在后方的你，说明汉王已经对你起了疑心。考虑到你现在的个人处境，不如把子孙、堂兄弟中能够打仗的全送到前线去，汉王一定会更加信任你。萧何一点就通，立即照办。等萧何的子孙、堂兄弟来到前线大营，“汉王大说”。

汉三年，汉王与项羽相距京索之间，上数使使劳苦丞相。鲍生谓丞相曰：『王暴衣露盖，数使使劳苦君者，有疑君心也。为君计，莫若遣君子孙昆弟能胜兵者悉诣军所，上必益信君。』于是何从其计，汉王大说。——《史记·萧相国世家》

“鲍生”的分析有没有道理呢？有！最后“汉王大说”就足以说明“鲍生”看得极准。

刘邦和萧何不是私交极深吗？他为什么会

怀疑萧何呢?

这也是没办法的事，谁让萧何的权力如此之大呢！萧何和张良、陈平不同。张良只是在刘邦身边出谋划策，当个参谋，没有任何实权。陈平有一定权力，但也不大。萧何则是奉汉王刘邦之命，管理整个关中、汉中、巴蜀地区。这个权力有多大？一个完整的汉王国！萧何就是候补汉王、代理汉王。

刘邦在前线艰难地应付着项羽大军，整个后方不得不全撂给了萧何。虽然刘邦很了解萧何，知道他忠诚、能干，但他仍然无法彻底安下心来，这毕竟是好大一片江山啊！当萧何把自己成年的子孙、堂兄弟全送到前线，实际上是送给刘邦当人质的，最后换来“汉王大说”，多么不易啊！这不仅使得刘邦彻底放心了，还让刘邦非常欣赏萧何的智慧。不需要多说什么，萧何就能心领神会，汉王怎会不大悦呢？其实背后的功臣是“鲍生”，这位名不见经传的读书人。

经此一事，整个楚汉战争期间，刘邦再也没有猜疑过萧何。

在“善解人意”方面，萧何也是有过人之处的，特别是在应付刘邦的猜忌的时候，他比韩信要高明很多！汉初“三杰”，张良是永远不会受到刘邦猜忌的，韩信因备受猜忌而一错再错，萧何因为善于危机公关而躲过了灭顶之灾。

他行，还是不行

萧何一生忠心耿耿，心无二志不说，危难之时还总能挺身而出。早在反秦大起义开始之前，刘邦不拘小节、老是惹是生非的性格让他吃了好几次亏，即便萧何处处维护，刘邦最终还是吃了官司。官府抓不住刘邦，吕雉便成为替罪羊，进了大牢。幸好有任敖不时相助，吕雉才没在狱中遭受大罪。后来刘邦成为泗水亭长，也算是混进了体制内。每次出差，萧何都比其他人更关照他。沛县起兵，萧何更是二话不说率全族参加，这着实让刘邦万分感动。如今的萧何可谓名利双收，登上了权力金字塔的塔顶，靠的就是刘邦这个坚挺的后台。

然而，人们的生存状况一旦有所改变，很多事情也会随之变化，尤其是心态。处在权力中心位置的萧何，不但掌握了大量实权，更在广大群众中，尤其是关中百姓中，极具号召力和影响力！这样的局面，让刘邦实有些忐忑不安起来。

二人的关系那么铁，难道就不能消除刘邦对萧何的猜忌吗？

当然不能！所有的猜忌都源自权力和影响力，而影响力最终会介入权力。归根结底，萧何的势头威胁到刘邦的最高权力了。

萧何每一次都能够有效化解刘邦对他的猜忌。

萧何一生经历过三次重大的信任危机。

第一次，也就是汉三年（前204）那次，萧何听了“鲍生”的建议，以自己的子孙、堂兄弟为人质换来了“汉王大说”。

高祖十一年（前196）是第二次。当时陈豨叛变，刘邦率兵亲征，还未平定叛乱，又听说淮阴侯韩信谋反。后来吕后用了萧何的计策，诛杀了韩信。待刘邦从前线回来，听说韩信已伏诛，便派使节拜萧何为相国，加封五千户，还安排了五百个士兵由一名都尉率领充任相国的卫队。大臣们都纷纷向萧何表示祝贺，唯有一人黯然忧虑。

这个人是谁呢？就是召平。

召平本是秦朝的东陵侯，秦灭亡后，成了平民百姓，生活贫苦，在长安城东种瓜。他种的瓜味道特别好，人们就以他从前的封号俗称其瓜为“东陵瓜”。就是这个种瓜的能手对萧何说：您的祸患就要从此开始了。皇上在外作战风餐露宿，而您留守京城，您现在没有历经刀枪剑戟的拼杀危险却换来了加封食邑、设置卫队的结果，这是为什么呢？是因为淮阴侯刚刚在关中谋反，皇上对您也起了疑心啊。设置卫队来保护您，这可不是宠信您啊。希望您能辞让封赏不予接受，再把自己的全部家财私产拿出来赞助军需，这样皇上心里就会高兴了。萧何听了召平的意见，刘邦果然大喜，从而顺利渡过危机。

高祖十二年（前195）是第三次。这次的情况和第二次十分相似，还是刘邦在外平叛，留萧何在朝，只不过这次是黥布叛乱。刘邦多次派遣使者来问萧何在做什么。萧何做了什么呢？还是和以前一样，努力安抚勉励百姓，协调各方保证前线的军需供应。这时有个说客对萧何说：您要不了多久就要被灭族了。您想想，你位为相国，功居第一，已经是最高的奖赏了，难道还可以再有更高的位置和赏赐给您吗？而且您从刚进关中的时候起，就

汉十一年，陈豨反，高祖自将，至邯郸。未罢，淮阴侯谋反关中，吕后用萧何计，诛淮阴侯，语在淮阴事中。上已闻淮阴侯诛，使使拜丞相何为相国，益封五千户，令卒五百人一都尉为相国卫。诸君皆贺，召平独吊。召平者，故秦东陵侯。秦破，为布衣，贫，种瓜于长安城东，瓜美，故世俗谓之『东陵瓜』，从召平以为名也。召平谓相国曰：『祸自此始矣。上暴露于外而君守于中，非被矢石之事而益君封置卫者，以今者淮阴侯新反于中，疑君心矣。夫置卫卫君，非以宠君也。愿君让封勿受，悉以家私财佐军，则上心说。』相国从其计，高帝乃大喜。——《史记·萧相国世家》

深得民心，到现在已有十多年了，百姓们都亲附您，您也总是勤勉办事对得起百姓的归心。皇上之所以屡次派人来问您的情况，是怕您利用自己的威望动摇关中啊。如今您何不多买些田地，炒炒土地，放放高利贷，干点“自黑”的事，这样皇上对您就放心了。于是萧何听从了说客的计策，又博得了刘邦的欢心，顺利渡过危机。萧何的善于自保不仅表现在处理君臣关系上，更表现在与诸侯的相处中。最典型的事件就是他临终之时，能够抛弃私人成见，举荐曹参继承相位。

汉十二年秋，黥布反，上自将击之，数使使问相国何为。相国为上在军，乃拊循勉力百姓，悉以所有佐军，如陈豨时。客有说相国曰：『君灭族不久矣。夫君位为相国，功第一，可复加哉？然君初入关中，得百姓心，十余年矣，皆附君，常复孳孳得民和。上所为数问君者，畏君倾动关中。今君胡不多买田地，贱贳贷以自污？上心乃安。』于是相国从其计，上乃大说。——**《史记·萧相国世家》**

曹参和萧何本来是老战友，两人结下梁子正是源于刘邦在高祖六年排功臣名次。惠帝二年（前193），萧何走完了他的一生。临终前，惠帝亲自前去探视，并询问萧何：您百年后谁可以代替您成为相国呢？萧何没有正面回答，而是说：没有人比君主自己更了解臣子了。惠帝再问：曹参怎么样？萧何连连点头说：皇上选对人了，我死了也没有什么可担心的了。

及何病，孝惠自临视相国病，因问曰：『君即百岁后，谁可代君者？』对曰：『知臣莫如主。』孝惠曰：『曹参何如？』何顿首曰：『帝得之矣！臣死不恨矣！』——**《史记·萧相国世家》**

这番对话为萧何的一生画上了圆满的句号，也给他留下了“不计私嫌”的雅名。同时，我们也可以看出，萧何在经历了这么多世故变迁之后，变得是多么小心谨慎。已是临终之人，面对刚刚十八岁的惠帝，他也不愿直抒胸臆，而是等惠帝点出曹参，自己才表态全力支持。

萧何购置房产，一定要买在最荒僻的地方。而且从来不买有高大围墙的宅子。他说，后代贤能，会学习我的节俭；后代不贤，这种房子也不会被新权贵盯上夺走。

相权与君权的矛盾总是在不断协调中相互博弈，因此，即便是萧何与刘邦私交甚笃，萧何也无法避免屡遭猜忌的命运。为了自保，萧何绞尽脑汁，有时甚至不择手段，令人不齿，但他最终还算善始善终了。

何置田宅必居穷处，为家不治垣屋。曰：『后世贤，师吾俭；不贤，毋为势家所夺。』——《史记·萧相国世家》

至此，我们用了九章的篇幅详细讲述了刘邦分封列侯的情形。目的有两个：一是说明刘邦是遵守承诺的人；二是说明刘邦构建了一个受封集团。兑现承诺是为了赢得功臣派的支持，这一派对于巩固西汉政权关系极大，毕竟功臣派是刘邦政权的基石。而且，当异姓诸侯王发动叛乱时，刘邦成功利用受封集团打败了异姓诸侯王。那么建汉后，除了大封列侯外，为了巩固江山，刘邦还采取过哪些措施呢？

请看：刘姓封王。

刘姓封王

三十

高祖六年（前201）十二月、正月，刘邦在大封二十九位列侯的同时，还分封了四位同姓诸侯王。此前已经分封了七位异姓诸侯王，现在又封了四位同姓诸侯王，这是为什么？从分封异姓诸侯王到分封同姓诸侯王，他的分封思想发生了怎样的转变？这些转变又透露出什么样的信息呢？

小弟最受宠

刘邦弟兄四个，老大死得早。老二最受太公喜爱，刘邦排行老三，小弟刘交与他关系最亲。

> 高祖兄弟四人，长兄伯，伯蚤卒。——《史记·楚元王世家》

沛县起兵后，刘邦遭遇了造反以来的第一次大危机——雍齿叛变，大本营丰邑失守。为了夺回丰邑，刘邦决定投奔景驹。临走之前，他特意安排二哥刘仲、审食其留在家中照顾太公，自己则带上小弟刘交，和萧何、曹参一块儿去见景驹。无奈秦军来得太突然，这次投奔行动被迫终止，刘邦只好顺势改投项梁。项梁立楚怀王后，刘邦奉命西征——取南阳，进入武关；战蓝田，终至霸上。这一系列交战，刘交都全程参与，其间受封文信君。接下来的楚汉之争，刘交继续追随三哥刘邦。不管是灭秦，还是亡楚，刘氏兄弟中只有刘交一直陪侍着刘邦。刘交备受刘邦信任，主要负责传达刘邦所下的各种指令，而事关机密的研究讨论会也总少不了他。征战七年，刘邦的卧室只有两个人可以自由出入，一个是卢绾，另一个就是刘交。

> 高祖既为沛公，景驹自立为楚王。高祖使仲与审食其留侍太上皇，交与萧、曹等俱从高祖见景驹，遇项梁，共立楚怀王。因西攻南阳，入武关，与秦战于蓝田。至霸上，封交为文信君，从入蜀汉，还定三秦，诛项籍。即帝位，交与卢绾常侍上，出入卧内，传言语诸内事隐谋。——《汉书·楚元王传》

高祖六年（前201），韩信被刘邦诱捕，楚国也被一分为二。原楚国的淮西之地，包括薛郡、东海郡、彭城郡三十六个城统统划归新楚国，刘交被封为新楚王。

> 汉六年，既废楚王信，分其地为二国，立贾为荆王，交为楚王，王薛郡、东海、彭城三十六县，先有功也。——《汉书·楚元王传》

刘氏兄弟四人，只有刘交是位读书人，并对汉初《诗》学的发展贡献良多。

一是重视师承。

刘交读书有道，年轻时候曾与鲁地的穆生、白生、申公一起求学于著名《诗》学专家浮丘伯。《诗》，即我们今天所讲的《诗经》，浮丘伯是先秦著名学者荀卿的门人，因遭逢秦始皇焚书坑儒，便和其他同门散了，各自流落。刘交的《诗》学是正宗师承的学识，而重视师承也是刘交《诗》学的特色之一，并逐渐成为整个汉代《诗》学的一大亮点。

> 楚元王交字游，高祖同父少弟也。好书，多材艺。少时尝与鲁穆生、白生、申公俱受《诗》于浮丘伯。伯者，孙卿门人也。及秦焚书，各别去。——《汉书·楚元王传》

二是重用申公。

楚王刘交一上任，立即利用自己手中的政治资源，延请穆生、白生、申公担任楚国的中大夫。

> 元王既至楚，以穆生、白生、申公为中大夫。——《汉书·楚元王传》

这三位中，“申公”不仅是刘交的学友，更是西汉《诗》学大师、经学大师。申公，名培，亦称“申培公”，乃是今文诗学《鲁诗》的开创者，对《诗经》的保存、流传做出过重大贡献。汉初流传“三家诗”(齐、鲁、韩)，加上后来的《毛诗》，被合称汉代“四家诗”。后来汉文帝听说申公的《诗》学最精，任命他为国家的《诗》学博士。于是，《诗》学成为西汉中央政府最早开设的正式课程。汉武帝初年，申公在八十多岁的高龄被武帝请到中央政府讲学。他的弟子王臧则是武帝初年中央政府儒家思想的积极倡导者。

三是培养家学。

刘交不仅自己习《诗》，他的几个儿子也都学《诗》，曾派儿子郢客（或称郢）拜学申公。

> 元王遣子郢客与申公俱卒业。文帝时，闻申公为《诗》最精，以为博士。元王好《诗》，诸子皆读《诗》。——《汉书·楚元王传》

由此可见，刘交对西汉初年《诗》学的传播影响很大。

虽然刘邦不喜欢儒生，但他还是很厚爱研究《诗经》的弟弟，那么其他兄弟呢？他会不理不睬吗？

当然不会！

刘邦的大哥死得早，大嫂与刘邦的关系闹得很僵。曾经有几次刘邦与几位朋友到大嫂家吃饭，大嫂假装锅里的汤已经没有了，用铲子刮得锅底“噌噌”响，几位朋友不好意思，纷纷告辞，弄得刘邦很尴尬。后来刘邦功成名就伟业初定，开始大肆分封宗族内亲，兄弟和侄子被一一封为诸侯王，只有大哥的儿子被冷落。太公专为此事找刘邦，刘邦说：我不是忘了，而是因为这孩子的母亲不是位长者。一直拖到高祖七年十月，刘邦才封大哥的儿子刘信为“羹颉侯”。什么是“羹颉”呢？其实就是铲子刮锅的声音，很上不得台面。

> 初，高祖微时，常避事，时时与宾客过其丘嫂食。嫂厌叔与客来，阳为羹尽，轑釜，客以故去。已而视釜中有羹，繇是怨嫂。及立齐、代王，而伯子独不得侯。太上皇以为言，高祖曰：『某非敢忘封之也，为其母不长者。』七年十月，封其子信为羹颉侯。——《汉书·楚元王传》

刘邦的二哥刘仲是太公的最爱，所以刘邦当

初打算投奔景驹的时候，安排二哥刘仲在家照顾太公。高祖六年（前201），代王韩信（韩王信）叛变，投降匈奴，刘仲遂被封为新一任代王。

刘仲其实是一个老实巴交只想挣点小产业的人，说到政治才干，那是远不如刘邦。他所统辖的代国（王都在今山西太原）与匈奴接壤，常遭侵扰。高祖八年（前199），刘仲见坚守无望，竟弃国逃亡，抄小路跑回了洛阳。刘邦很无奈，虽说是自家兄弟，但毕竟是弃国逃亡的重大过失，所以只好将刘仲降为郃阳侯。

> 高帝已定天下七年，立刘仲为代王。而匈奴攻代，刘仲不能坚守，弃国亡，间行走洛阳，自归天子。天子为骨肉故，不忍致法，废以为郃阳侯。——**《史记·吴王濞列传》**

刘仲在汉代历史上无足轻重，可他却有一个赫赫有名的儿子，那就是吴王刘濞。高祖十一年（前196），黥布叛乱，东并荆国，杀荆王刘贾；西击楚地，逼迫楚王刘交逃到薛地。此时的刘濞刚刚二十岁，身强力壮，以骑将的身份随刘邦平定叛乱，立下战功。刘邦给他打出不错的印象分。

由于被杀的荆王刘贾没有后人，吴郡、会稽郡的民风又极为彪悍，刘邦寻思着不找一个年富力强的刘姓诸侯王，很难镇住这块地方。最初，刘邦想任命自己的儿子来管理这个地方，但身为皇太子的刘盈，年纪太小无法兼任，庶长子刘肥又另有任命，其他儿子更是年幼，根本无法掌控一个王国。思前想后，刘邦选择了二哥家这位年富力强的侄子刘濞，让他担任吴王之职，统辖三郡五十三城。册封完成，刘邦将刘濞召来，本想交代几句，却猛然发现刘濞面有反相。刘邦心里很后悔，无奈木已成舟，不便再改。于是他抚着侄子刘濞的背说：五十年后东南地区将有叛乱者，难道会是你吗？你记着，天下同姓是一家，千万记着不要谋反！刘濞是毫无准备，忽听此言，吓得一边叩头一边说：不敢不敢。

高帝十一年秋，淮南王英布反，东并荆地，劫其国兵，西度淮，击楚，高帝自将往诛之。刘仲子沛侯濞年二十，有气力，以骑将从破布军蕲西会甄，布走。荆王刘贾为布所杀，无后。上患吴、会稽轻悍，无壮王以填之，诸子少，乃立濞于沛为吴王，王三郡五十三城。已拜受印，高帝召濞相之，谓曰：『若状有反相。』心独悔，业已拜，因拊其背，告曰：『汉后五十年东南有乱者，岂若邪？然天下同姓为一家也，慎无反！』濞顿首曰：『不敢。』——**《史记·吴王濞列传》**

真作假时假亦真，假作真时真亦假。刘邦说这话，真真假假虚幻得很，他怎么可能看得出刘濞面有反相？如果他真会看相，怎么没看出吕后会杀他三个儿子？怎么没看出吕后会残害戚夫人？相面之说，大概多半是后人添油加醋的杰作。

儿子不会忘

除了庶长子刘肥，刘邦的其他几个儿子当时都太年幼，无法承担诸侯王的职责，因此在高祖六年第一次分封的四位刘姓诸侯王中，只有刘肥是以刘邦子嗣的身份受封的。

刘邦麾下的第一任齐王是韩信。在剿灭项羽后，刘邦所做的第一件事就是袭夺韩信军权。当时韩信统领着三十万精兵，是消灭项羽军团的主力，同时也是刘邦最不放心的一支武装。因而，在敌我斗争结束后，收回军权至关重要。

韩信失了军权，齐王的头衔成了摆设，刘邦顺势将韩信徙封到楚地。齐地空了一年多，才在高祖六年（前201）到了刘肥手里。那么，刘肥缘何能受封齐王呢？

高祖六年，立肥为齐王。——《史记·齐悼惠王世家》

首先在于其庶长子的身份。刘邦的嫡长子刘盈在汉二年（前205）就被确立为王太子，汉五年（前202），随着刘邦称帝，刘盈成为皇太子。刘盈生于前211年，高祖六年（前201）时才11岁，还是一个少年，无法兼任诸侯王。而庶长子刘肥比刘盈年长不少，至于究竟有多大，史载不详。不过可以肯定的是，刘邦与吕雉结婚时他就已经存在了。

齐悼惠王刘肥者，高祖长庶男也。其母外妇也，曰曹氏。——《史记·齐悼惠王世家》

其次在于齐地战略位置的重要。齐国坐拥七十余座城池，在当时异姓诸侯王、同姓诸侯王并存的时代，无疑是最抢眼的诸侯国之一。

诱捕韩信那天，刘邦手下一位名叫田肯的谋士曾直言道：陛下抓了韩信，又建都关中，可谓双喜临门。秦地地势极佳，兼有河山之险，以两人之力便可抵挡一百之敌。另一个重要的地方是齐地，以两人之力便可抵挡十人之敌。所以，齐地相当于东秦。这个地方，若非自家亲兄弟，亲子嗣，千万不要轻易让他人称王。刘邦听了很是高兴，连声称好，并赏赐给田肯黄金五百斤。

用陈平计，乃伪游云梦，会诸侯于陈，楚王信迎，即因执之。是日，大赦天下。田肯贺，因说高祖曰：『陛下得韩信，又治秦中。秦，形胜之国，带河山之险，县隔千里，持戟百万，秦得百二焉。地执便利，其以下兵于诸侯，譬犹居高屋之上建瓴水也。夫齐，东有琅邪、即墨之饶，南有泰山之固，西有浊河之限，北有勃海之利。地方二千里，持戟百万，县隔千里之外，齐得十二焉。故此东西秦也。非亲子弟，莫可使王齐矣。』高祖曰：『善。』赐黄金五百斤。——《史记·高祖本纪》

其实在此之前，刘邦对分封同姓诸侯王已

经有了一些规划，现在听人这么一说，齐地的闲置问题陡然成为他的一块心病。对于刘邦而言，将韩信徙封为楚王后，齐地该如何处置一直困扰着他，只是当时不是分封刘姓诸侯王的时机，具体如何操作也没有考虑成熟，但田肯的一番话，显然触动了他的这根神经。

那么，究竟是哪句话打动了刘邦呢？我们来看看同时受封的几位同姓诸侯王就明白了。二哥刘仲被封为代王，管辖云中、雁门、代、太原四郡；小弟刘交被封为楚王，管辖淮西三郡三十六城；刘贾被封为荆王，管辖淮东五十二城。这三位同姓王的封地都没有刘肥的齐国大，管辖胶东、胶西、临淄、济北、博阳、城阳、琅邪七郡七十三城。除此之外，刘邦还下令，凡是说齐语的百姓统统归齐王。多年以来，战乱频发，齐国百姓流离失所的非常多，这样强制流民回归故土是壮大齐国的重要举措，在汉初仅此一例，其用意不言而喻。

后十余日，封韩信为淮阴侯，分其地为二国。高祖曰将军刘贾数有功，以为荆王，王淮东。弟交为楚王，王淮西。子肥为齐王，王七十余城，民能齐言者皆属齐。——《史记·高祖本纪》

刘肥尽管是庶子，但他毕竟是刘邦的亲骨肉，比起兄弟这层关系，父子关系总要更私密几分。如此，我们就不难理解，为什么田肯一句“非亲子弟，莫可使王齐矣”可以成功换得黄金五百斤了。

姓刘就沾光

刘邦诱捕了楚王韩信后，将原楚国一分为二，淮西三十六城封给了最宠爱的弟弟刘交，淮东五十二城封给了荆王刘贾。

刘贾是何许人也?《史记 · 荆燕世家》中仅介绍说，刘贾姓刘，不清楚具体来自刘氏家族哪个分支。总之，刘贾是刘邦的亲戚这一点是毫无疑问的。

那么，刘邦为何会封他为荆王呢?

原因有二：一姓刘，二有功。

刘邦诱捕韩信时就已经在考虑分封刘姓诸侯王以镇抚天下的事儿了，但他的儿子们都太小，兄弟又少，且都没什么大本事。主观上急欲封王，客观上又没有多少同姓族人能担当重任。就在此时，刘贾显露出来。他是刘邦的亲属，而且有战功。

汉六年春，会诸侯于陈，废楚王信，囚之，分其地为二国。当是时也，高祖子幼，昆弟少，又不贤，欲王同姓以镇天下，乃诏曰：『将军刘贾有功，及择子弟可以为王者。』群臣皆曰：立刘贾为荆王，王淮东五十二城；高祖弟交为楚王，王淮西三十六城。——《史记·荆燕世家》

刘贾到底有何战功呢?

捣毁粮道。

汉四年（前203），刘邦成皋惨败，纪信、周苛、枞公以身相救，换来了他与滕公的侥幸突围。于是刘邦马不停蹄渡过黄河，趁韩信、张耳还没有起床，夺下精锐的赵军。原打算带着这支精兵回转至荥阳、成皋和项羽再战，却被郎中郑忠劝阻。刘邦接受了郑忠的建议，筑深沟高垒，避免正面交战，派出最值得信赖的卢绾和刘贾，率两万步兵和数百骑兵渡河，深入楚地，攻击楚军粮道，烧掉其存粮，破坏项羽后方供给线。这次偷袭效果显著，楚军不得不转过头来对付刘贾。而刘贾则采用防守策略，“不肯与战”，并与彭越遥相呼应，攻下梁地十几座城，迫使项羽从荥阳回军。

汉四年，汉王之败成皋，北渡河，得张耳、韩信军，军修武，深沟高垒，使刘贾将二万人，骑数百，渡白马津入楚地，烧其积聚，以破其业，无以给项王军食。已而楚兵击刘贾，贾辄壁不肯与战，而与彭越相保。——《史记·荆燕世家》

合围项羽。

鸿沟议和后，刘邦单方面撕毁协议，下令追击撤退的项羽军团。可万万没想到，军至固陵，被撤退的项羽军团杀了个回马枪。汉军受挫，刘贾临危受命，南渡淮河，包围寿春（今安徽寿县），并且招降了西楚国大司马周殷。周殷是项羽手下为数不多的几个亲信之一，也是统率彭城以南楚军的总指挥。他的叛变，导致彭城以南的楚军几乎全盘崩溃。随后，周殷又协助刘贾攻下九江，迎接黥布，从垓下以南合围项羽。

汉五年，汉王追项籍至固陵，使刘贾南渡淮围寿春。还至，使人间招楚大司马周殷。周殷反楚，佐刘贾举九江，迎武王黥布兵，皆会垓下，共击项籍。——《史记·荆燕世家》

俘虏共尉。

共尉是临江王共敖之子。共敖是楚国贵族后裔，曾任楚怀王熊心的柱国（楚制最高武官）。项羽大封诸侯王时，共敖因为曾经攻下南郡而功封临江王，都江陵（今湖北江陵县），统辖秦帝国的南郡。共敖死得早，其子共尉继承了他临江王的王位。刘邦灭掉项羽之后，共尉坚决不肯投降。身在南方的刘贾奉命与卢绾一起讨伐共尉，终于将其俘虏。

初项羽所立临江王共敖前死，子尉嗣立为王，不降。遣卢绾、刘贾击虏尉。——《汉书·高帝纪》

刘贾的确有功，而且功不可没，但刘邦集团中拥有这样级别军功的功臣数不胜数，而刘贾之所以能被封为荆王，主要还是沾了姓刘的光！

封刘为哪桩

刘邦大封同姓诸侯王。这是为什么呢？

首先，借此削弱异姓诸侯王的势力。

关于这一点，我们可以从以下两个方面来分析：

一是异姓诸侯王如何被封。

刘邦封异姓诸侯王是不得已而为之。从时间的阶段性来看，绝大多数异姓诸侯王受封于楚汉战争期间，只有燕王卢绾是个例外。

楚汉战争中，刘邦一直处于下风，彭城大败便是一个明证。荥阳战场上历时二十八个月的僵持，直到后期刘邦才逐渐控制局面，最终战胜项羽，统一天下。究其获胜原因，刘邦自己归功于“三杰”，大量史实也表明，韩信、彭越、黥布等人的助力，确实是刘邦最终取得天下的重要砝码。

韩信、彭越、黥布合围项羽于垓下，逼得西楚霸王乌江自刎。事实上，要韩信、彭越、黥布出兵围剿项羽也是有代价的，那就是封王封地——韩信被封为齐王，彭越被封为梁王，黥布被封为淮南王。即便如此，当刘邦被困在固陵的时候，还是乖乖听了张良的话，加封了齐王韩信、梁王彭越的封地，才得以让他们出兵相助。可见，刘邦灭掉项羽其实是依靠了封王封地的手段，汉初异姓诸侯王的出现也正是这种现实状况下合理存在的必然现象。

二是同姓诸侯王都封在哪儿。

刘邦分封同姓诸侯王时有一个共同点，那就是所封区域都集中在原异姓诸侯王的封地上。比如将原来的齐地封给齐王刘肥；将原来的楚国一分为二，分别封给楚王刘交和荆王刘贾；赵王张敖被废后，立爱子刘如意为赵王；杀梁王彭越后，立子刘恢为梁王、刘友为淮阳王；平定淮南王黥布后，立子刘长为淮南王；平燕王卢绾后，立子刘建为燕王。所有刘氏诸侯王，特别是以皇子身份受封的，全部是在原异姓诸侯王的封地上。

弄清楚这两点以后，自然就可以搞清楚：异姓诸侯王是不得不封的，但这绝非刘邦的本愿。同姓诸侯王是刘邦真心想封的，势在必行。从历史宏观变迁来看，封同姓以削弱异姓诸侯王是必然态势。

其次，巩固刘姓政权。

刘邦大封同姓诸侯王是为了“镇抚四海，用承卫天子也”《史记·汉兴以来诸侯王年表》。这一目的，史书中也有许多相似的表述，譬如“欲王同姓以镇天下”《史记·荆燕世家》，“大封同姓，以填天下”《汉书·高五王传》。

分封异姓诸侯王则是受形势所迫。高祖六年（前201）诱捕韩信时，刘邦心中就惦记着“王同姓以填天下”，特别是分封自己的儿子为诸侯王。庶长子刘肥受封齐王就是一个信号，它是刘邦大封诸子为诸侯王的开始。刘仲、刘交受封诸侯王是兄弟封王，刘贾受封荆王则是儿子年幼、兄弟稀少又不贤的无奈之举。

大封同姓诸侯王是汉初的一件大事，那么究竟它对西汉政权具有怎样的意义呢？

第一，稳定政局。

自从分封异姓诸侯王后，“十年之间，反者九起”《汉书·贾谊传》，直到生命的终结，刘邦几乎没有过上几天消停日子。相反，分封同姓诸侯王后，高祖、惠帝、吕后三朝，从来没有发生过同姓诸侯王谋反的事情。高祖十二年（前195）黥布叛乱的时候，荆王刘贾、楚王刘交都坚定地站在了“政府”这一边，奋勇抵抗，荆王刘贾因此而殉难。吕后下世，齐王刘襄第一个举兵剪除诸吕，周勃、陈平得以成功翻盘，除了我们前面讲过的灌婴倒戈助阵，刘襄首义功不可没。所以说，如果没有刘邦分封的同姓诸侯王，就难有最后铲除诸吕的政变。刘邦分封的同姓诸侯王，确实在汉初起到了稳定政局的良好作用。

此外，这些同姓诸侯王与朝中的功臣派相互制衡，互相影响，也是维护政局稳定的重要因素。

第二，巩固政权。

吕后下世后，刘襄举兵，讨伐诸吕，天下郡县官吏都秉持着观望的态度，不积极不主动。当然，你也不能怪别人“坐山观虎斗”，毕竟是老刘家与老吕家在争天下，外人干吗非要蹚浑水呢？与此同时，齐王刘襄在外，朱虚侯刘章、东牟侯刘兴居、典客刘揭在内，也都大力协助周勃、陈平实施剿灭行动。

汉文帝刘恒麾下重臣宋昌在力劝他（当时刘恒还只是代王）入主汉廷时曾说：“高帝封王子弟，地犬牙相制，此所谓盘石之宗也，天下服其强。……今大臣虽欲为变，百姓弗为使，其党宁能专一邪？方今内有朱虚、东牟之亲，外畏吴、楚、淮南、琅邪、齐、代之强。”《史记·孝文本纪》

宋昌对高祖刘邦分封同姓诸侯王这一决策，在巩固刘氏政权中的作用解析得非常透彻，可以看作当时人的点评。

第三，发展文化、经济。

分封同姓诸侯王后，刘邦赋予了他们较大的权力，大大调动了他们的积极性。汉初中央政府实行清静无为的政策，轻徭薄赋，诸侯王国大都贯彻执行了这一方针路线。尤其是曹参为相的齐国，率先实行了无为而治，九年之间，“齐国安集”《史记·曹相国世家》。一时传为佳话。

诸侯王为了自身的发展壮大，招贤纳士，吸引了大批人才。汉初中央政府主要任用功臣为官，大批贤士纷纷流向诸侯王，或为王师，或为王友，或为王臣。譬如楚王刘交，接纳了一批经学之士，传播学术文化，《鲁诗》便是出自刘交楚国中大夫申公之手，刘交本人也著有《元王诗》一书传世。

申公始为《诗》传，号《鲁诗》。元王亦次之《诗》传，号曰《元王诗》，世或有之。——《汉书·楚元王传》

可见，在一定的历史时期中，分封同姓诸侯王有着非同寻常的积极意义。

从分封异姓诸侯王到分封同姓诸侯王，刘邦的分封思想发生了一个重大的转变：由“因功封王”转变为“因亲封王”。从高祖六年（前201）分封四位同姓诸侯王开始，刘邦诸子相继登上王位。此后刘邦又与功臣盟誓——非刘不王，只有刘氏皇族才能受封诸侯王，这一条汉家定制，彻底推翻了异姓诸侯王存在的理论依据。

不管是分封同姓诸侯王还是分封异姓诸侯王，刘邦一直很热衷于这种活动，这又是为什么呢？既然分封异姓诸侯王是不得已而为之，那在解决了异姓诸侯王的问题之后，他为什么还要继续封同姓诸侯王呢？为什么不将这些诸侯王国直接改为郡县呢？

这是一个十分重要的问题。

刘邦之所以钟情于分封诸侯王，主要是他对西汉建立后应该采用什么形式的政体有一个非常明确的设想：在帝国的边远地区必须采用分封制建立诸侯国。

他的这一设想与其总结秦帝国二世而亡的教训密不可分。

周朝实行分封制，传国八百多年，周朝末年，中央权力极弱；秦朝实行郡县制，高度集权，中央权力得到加强，但二世而亡。这段历史，对大汉机制的建立影响很深。西汉政府的上层人士普遍认为：周、秦之间的根本区别就在于周朝实行分封制，秦朝实行郡县制。秦末大起义开始后，地方郡县各种功能很快陷入瘫痪。秦帝国没有一个同姓诸侯王，因而也没有任何一个地方机构拥有强大的兵力可以捍卫中央政府。除关中以外，整个天下立即被汹涌澎湃的起义浪潮吞噬。汉初人们总结秦帝国速亡的教训，都认为不设诸侯国是秦帝国速亡的重要原因。当然，汉初的统治阶层也意识到暴政、苛法对秦帝国灭亡起到的推动作用。但说到底，这一切都抵不过这样的共识：郡县制不利于国家的长治久安。

不光是刘邦这样的创业者、领导者有这样的认识，后世力主中央集权的贾谊也认为：高祖把天下分封给功臣们，设立异姓诸侯王，结果反叛的诸侯王犹如刺猬毛，高祖这才将异姓诸侯王一一削去，选择良日，把自己的儿子全部封为诸侯王，于是天下很快就安定了。

高皇帝瓜分天下以王功臣，反者如猬毛而起，以为不可，故蕲去不义诸侯而虚其国。择良日，立诸子洛阳上东门之外，毕以为王，而天下安。——《汉书·贾谊传》

可见汉初时期，人们对在边远地区设立诸侯国，分封同姓诸侯王的问题是有共识的，这也导致刘邦在诛灭异姓诸侯王后，趁势在原异姓诸侯王的封国里分封同姓诸侯王。当然，无论是异姓或是同姓，都秉承着一个原则——地处偏远地区，而中央政府所在地及周边则一律施行郡县制，由中央政府直接领导。

刘邦当上了皇帝，他的兄弟、儿子、侄子也都当上了诸侯王，甚至但凡是个姓刘的都能捞个一官半职来当当。那么，他的父亲太公呢？刘邦会如何安排自己的父亲呢？

请看：太上皇。

太上皇

三十一

一人得道，鸡犬升天。刘邦当上了皇帝，他的兄弟、儿子、侄子，一个个也登上了诸侯王的宝座。刘邦陆续把亲朋好友们都安排得很“妥当”。对于自己的老爸，他又是如何安排的呢？

您老是老大

高祖六年(前201)，刘邦急封雍齿，以此稳住了朝中大臣后，返回栎阳(今陕西西安市阎良区)。栎阳是战国时期秦国故都，秦献公迁都于此，孝公即位后也曾在这里定都。商鞅主政时，建都咸阳，秦孝公才搬走。

回到栎阳后，刘邦一般都是每隔五天前去看望自己的父亲太公一次。其实“太公”原本是对长辈的尊称，按今天的说法就是“老先生”的意思，《史记》《汉书》都用这一称谓特指刘邦的父亲。

有一天，太公的管家(家令)对太公说：天无二日，土无二王。皇上虽贵为天子，但也是您的儿子；您虽然是他的父亲，但同时也是他的臣民，如今怎么能让皇上来拜见臣民呢？如果一直这样持续下去，皇上的威严就会受到损害。过了几天，刘邦按照惯例前来拜见太公，却见太公手里拿着扫帚，亲自到大门口迎接，倒退而行——这是行大礼！刘邦见父亲如此举动，大吃一惊，连忙上前搀扶。太公坚持自己的行为，并说：皇帝是人主，怎么可以因为我乱了天下的法令？刘邦很了解自己的父亲，他知道父亲说不出这么高水平的话，便派人前去打听，得知太公的管家才是这场“大戏”的编剧兼导演，刘邦心里很是感动，马上赏赐太公的管家五百斤黄金。

上归栎阳，五日一朝太公。太公家令说太公曰：『天亡二日，土亡二王。皇帝虽子，人主也；太公虽父，人臣也。奈何令人主拜人臣！如此，则威重不行。』后上朝，太公拥彗，迎门却行。上大惊，下扶太公。太公曰：『帝，人主，奈何以我乱天下法！』于是上心善家令言，赐黄金五百斤。——《汉书·高帝纪》

五月的一天，刘邦亲自下了一道诏书：人伦关系中最亲的莫过于父子，所以父亲拥有天下，一定传位给儿子；儿子有了天下，也一定把功劳归于父亲，这是人伦的最高境界。此前天下大乱，灾兵四起，万民受苦。我亲自披铠甲，执利器，率领士兵，平定暴乱，封立诸侯，息兵休民，天下大安，这全是太公教诲的结果。各位诸侯王、列侯、将军、众卿、大臣已经尊我为皇帝，但到现在，我的父亲一直还没有封号，我今天就为太公上尊号为“太上皇”。

夏五月丙午，诏曰：『人之至亲，莫亲于父子，故父有天下传归于子，子有天下尊归于父，此人道之极也。前日天下大乱，兵革并起，万民苦殃，朕亲被坚执锐，自帅士卒，犯危难，平暴乱，立诸侯，偃兵息民，天下大安，此皆太公之教训也。诸王、通侯、将军、群卿、大夫已尊朕为皇帝，而太公未有号，今上尊太公曰太上皇。』——**《汉书·高帝纪》**

“太上”就是至高无上的意思，“太上皇”就是至高无上的皇上。从此，刘邦之父太公便被称为太上皇。

老大从哪来

“太上皇”的称谓并不是刘邦发明的。据《史记·秦始皇本纪》记载，秦王赵政兼并六国后，不满足自己称王，下令让大臣们为他上尊号。包括廷尉李斯在内的众大臣经过商议，认为古有天皇、地皇、泰皇等尊称，而泰皇之称最尊，所以建议其称“泰皇”。

『臣等谨与博士议曰：古有天皇，有地皇，有泰皇，泰皇最贵。臣等昧死上尊号，王为「泰皇」。』——**《史记·秦始皇本纪》**

赵政对大臣们的建议加以修正，指示：“去

'泰'，著'皇'，采上古'帝'位号，号曰'皇帝'。它如议。"自己称"皇帝"，同时"追尊庄襄王为太上皇"。《史记·秦始皇本纪》

可见，"太上皇"一词最早是秦始皇为其已经故去的父亲上的尊号。所以，"太上皇"指故去的皇帝之父，这是"太上皇"一词的最早意义。这里的"太上"，是最高、最尊贵之义。

秦始皇的父亲，名子楚，或名异人，史称庄襄王。他曾经作为秦国的质子（做人质的国君之子）被困在赵都邯郸很长时间。后来，靠着吕不韦的运作，说动了父亲安国君最宠爱的华阳夫人，异人终成嫡子，并在孝文王下世后，继承王位，是为庄襄王。赵政是庄襄王的儿子，被立为太子。庄襄王故去后，赵政继承王位，兼并六国，自称始皇帝。

如果不是父亲身为秦王，赵政不可能继承王位，更不可能成为始皇帝。"太上皇"之称，自然是为了尊贵其父。

干吗封老大

刘邦为什么要称其父为太上皇呢？自然也是为了表示父亲地位的尊贵。那么，他们父子俩的关系究竟如何呢？说完下面这六件事，您心中自然就有答案了。

第一，安排留守。

当年雍齿叛变，丰邑失守，刘邦准备投奔景驹借兵，临行前不忘特意安排二哥和审食其留下来照顾太公。

第二，未能接父。

彭城大战前，刘邦曾打算接走太公、吕雉和一双儿女，却因为一时大意糊涂，未能成行。彭城兵败，刘邦在逃亡路上舍命绕道去接家人，但为时已晚，太公和吕雉等人最终落于楚兵之手，成为人质。

求太公、吕后不相遇。审食其从太公、吕后间行，求汉王，反遇楚军。楚军遂与归，报项王，项王常置军中。——《史记·项羽本纪》

第三，烹了喝汤。

汉四年（前203），刘、项两军在荥阳相持不下。因为受不了彭越屡断楚军粮道的游击战，项羽在情急之下把太公提出来，放在两军阵前的大锅上，要挟刘邦说：如果不投降，就要烹太公。刘邦左右为难：要救父亲，就得放弃和项羽争天下；要继续和项羽争天下，就救不了父亲。最后，他不得不做出一个艰难的决定，说："吾翁即若翁，必欲烹而翁，则幸分我一杯羹。"《史记·项羽本纪》

对于项羽企图烹杀太公的举动，刘邦的应对多少让人觉得太过无情。他只顾自己争天下、当皇帝，完全不顾父亲的生死安危。然而，对刘邦而言，建国称帝是他的最高理想，并且他也在不遗余力地朝着理想奋斗，任何阻碍他前进的事情都必须让路。在这样的人生信念指引下，刘邦选择舍弃父亲是必然的。败走彭城后，他曾屡次将亲生儿女踹下车也是同样的道理，固然冷酷至极，但也是无奈之举。

项伯面对太公随时可能被杀的凶险局面，说道："为天下者不顾家，虽杀之无益，只益祸耳。"《史记·项羽本纪》这句话明显是在保护太公，但也确实是明理之言。两方交兵，拿人父为人质已属不道义，何况以此威逼对方投降，更属不义之举。项伯所讲的“为天下者不顾家”，自古皆然。纵然刘邦不救父亲、舍弃儿女确实冷酷无情，但也不能因此就断定他不孝、不慈。

第四，未央夸富。

高祖九年（前198），未央宫落成。刘邦非常高兴，在未央宫的前殿举行了一场大型酒会，大宴朝臣诸侯。望着金碧辉煌的宫殿，刘邦端着一杯酒，兴致勃勃地来到太上皇面前敬酒，并且讲了一番颇为有名的话。

未央宫成。高祖大朝诸侯群臣，置酒未央前殿。高祖奉玉卮，起为太上皇寿。——《史记·高祖本纪》

当初，父亲大人总认为我不行，不能创业治家，不如二哥能干。现在您看看我的产业和二哥相比，谁的更多呢？说完，群臣高呼万岁，大笑为乐。

『始大人常以臣无赖，不能治产业，不如仲力。今某之业所就孰与仲多？』殿上群臣皆呼万岁，大笑为乐。——《史记·高祖本纪》

相信熟悉汉史的人对这段话并不陌生，不过刘邦此时说这些究竟有什么用意呢？是炫耀自己，还是拿太公开涮？

《史记》原文将“始大人常以臣无赖”一句与下文的“不能治产业”相承而叙，对此，《史记集解》引用了许慎的解释：“‘赖，利也。’无利入于家也。”《史记·高祖本纪》也就是说，“无赖”二字的指向是不能置产业。太公早年对刘邦颇为不满，认为他不能置家产，不如刘仲能赚钱。时过境迁，现在刘邦是治天下业，住黄金屋，自然难掩得意之情。因此，他这一席话绝非嘲弄的意思，而是在炫耀自己的本事。绝对不是拿太上皇开涮，而是向太上皇炫耀自己。

《史记·汉兴以来将相名臣年表》对未央宫夸富一事也有记载，我们可以引作旁证：“未央宫成，置酒前殿，太上皇辇上坐，帝奉玉卮上寿，曰：‘始常以臣不如仲力，今臣功孰与仲多？’太上皇笑，殿上称万岁。”这条与《史记·高祖本纪》的记载相比较，多了“太上皇辇上坐”“太上皇笑”两句。显然，如果刘邦的话真是伤了太上皇的心，跌了太上皇的面儿，太上皇又怎么可能笑得出来呢？

前有“不救太公”，后有“取笑太上皇”，这两件事严重影响了人们对刘邦仁孝与否的判断。其实，“不救太公”是无奈，“取笑太上皇”是误读。

第五，营建新丰。

葛洪《西京杂记》里有这样的说法：太上皇移居长安，住进深宫后，每天都闷闷不乐。刘邦很是奇怪，一打听才知道，原来太上皇喜欢和一些年轻的屠户、商贩交朋友，卖酒卖饼，斗鸡踢球，并以此为乐。现在换了环境，所有喜欢做的事儿做不了了，自然很是抑郁。解决这个问题对于刘邦来说简直是小菜一碟。他一声令下，一座仿照沛县丰邑而造的新城拔地而起，名为新丰。刘邦还将太公的发小故交们全都迁了过来。太上皇一看，那是心花怒放。新丰城完全就是沛县丰邑的翻版，街道、房屋无不照旧，被迁来的人一看就知道自己的家在哪儿，连街上到处跑的狗、羊、鸡、鸭都能认出哪个是自己的窝。新丰城是匠人胡宽奉命建造的，所有从沛县迁居过来的人都很感谢他，争着给他送礼。一个多月下来，胡宽就收了很多金子。

唐人张守节的《史记正义》中，也曾征引有《括地志》的一段记载：

“新丰故城在雍州新丰县西南四里，汉新丰宫也。太上皇时凄怆不乐，高祖窃因左右问故，答以平生所好皆屠贩少年，酤酒卖饼，斗鸡蹴踘，以此为欢，今皆无此，故不乐。高祖乃作新丰，徙诸故人实之。太上皇乃悦。”按：前于丽邑筑城寺，徙其民实之，未改其名，太上皇崩后，命曰新丰。

《史记·高祖本纪》

《西京杂记》不是信史，所载内容仅仅可作参考。但是，《括地志》的记载应当可信。参照两份史料来看，所说大体不差。

第六，立庙赦囚。

高祖十年（前197）七月，太上皇驾崩，被安葬在万年（今陕西西安市东北）。高祖刘邦大赦天下，栎阳死罪以下的囚犯得以赦免。八月，刘邦又下诏，命令各诸侯国在国都修建太上皇庙。

综上所述，刘邦对父亲确实是有无可奈何情急之下的不敬，但他尊父、敬父的情况也是有

太上皇徙长安，居深宫，凄怆不乐。高祖窃因左右问其故，以平生所好，皆屠贩少年，酤酒卖饼，斗鸡蹴踘，以此为欢，今皆无此，故以不乐。高祖乃作新丰，移诸故人实之，太上皇乃悦。故新丰多无赖，无衣冠子弟故也。高祖少时，常祭枌榆之社。及移新丰，亦还立焉。高帝既作新丰，并移旧社，衢巷栋宇，物色惟旧，士女老幼，相携路首，各知其室。放犬羊鸡鸭于通涂，亦竞识其家。其匠人胡宽所营也。移者皆悦其似而德之，故竞加赏赠，月余，致累百金。——**葛洪《西京杂记》卷二**（中华书局1985年版）

史可查的。不过，对刘邦不尊其父的议论始终不绝于耳。明人张萱《汉高祖尊母不尊父》一文明确表示：刘邦尊母不尊父。

张萱的说法有依据吗？有！

首先是封皇后、封太子，独不封太公。

汉五年（前202）二月，刘邦在山东定陶即位称帝。当天，刘邦封吕雉为皇后，封刘盈为皇太子，追尊已故的母亲为昭灵夫人。唯独把父亲太公给撇到了一边儿。

> 先封高后，曰皇后，子曰皇太子，亦追尊其母曰昭灵夫人。……时太公乃遗而不封，已不可解。——**张萱《疑耀》卷七**（文物出版社2019年版）

然后是封兄弟、封儿子，仍不封太公。

据《史记·高祖本纪》记载，高祖六年（前201），刘邦封二哥刘仲、小弟刘交、庶长子刘肥、亲属刘贾四人为诸侯王，仍旧没有封太公。《史记·汉兴以来将相功臣年表》载刘邦于高祖六年“尊太公为太上皇。刘仲为代王”。似乎封“太上皇”先于封刘仲。不过二者比较起来，《高祖本纪》的记载更为可信。如果没有太公管家的精心设计与太公的精彩表演，刘邦可能还想不到封太公为“太上皇”。

再次是未央夸富。

尽管未央夸富意不在讽刺，太公貌似也很开心，但在外人看来，这样的举动多少还是让太公很没面子，至少容易让人觉得，太公之前没有看出这个“不争气”的儿子竟能置下这么大的家业，有点儿鼠目寸光。

最后是以追尊死人的“太上皇”封活人，不敬。

张萱说的前三条都有一定的道理，这第四条就有些牵强了。刘邦尊太公为“太上皇”不能算是不敬。虽然刘邦本人读书不多，但他手底下有的是博学之士，至少陆贾、叔孙通等人都是饱读诗书之人，如果这个尊号太离谱，他们也会出面干预的。

老大影响大

秦始皇首创“太上皇”一词，用来追封已故的父亲秦庄襄王。而刘邦呢，将这个专有名词的外延扩大，使“太上皇”成为父皇的尊称，对后世产生了巨大影响。

中国古代史上的“太上皇”概念，在刘邦之后发生了很大变化。细细研究这些“太上皇”出现的前因后果，我们可以发现这个称谓形成的几大原因。

一是为了身后，提前退位。

后凉太祖吕光是中国历史上第一位真正的“太上皇”。吕光晚年病重，太子吕绍虽为正宫嫡子，但年轻仁弱，庶长子吕纂与次子吕弘既有能力又有野心。吕光担心自己死后吕绍掌控不了局面，所以生前传位给吕绍，自称太上皇帝，希望用既成事实来保住吕绍的位置。死前，他再三叮嘱吕纂、吕弘，要以国事大局为重，千万不要兄弟相残。否则，必然会被外人算计。吕光病重，不久死去。吕纂、吕弘立即发动政变，逼吕绍自杀，由吕纂继位。后来，吕隆（吕光弟吕宝之子）又杀吕纂自立。连续不断的内乱导致国势日衰。最终吕隆被后秦、南凉、北凉三国相逼，降于后秦，国亡。

二是年老有病，无法履政。

唐顺宗李诵是唐德宗的长子，贞元二十一年（805）以皇太子即皇帝位。即位后，久病不愈，只好立广陵王李纯为皇太子，下诏令皇太子全权处理国事。第二年，唐顺宗又下诏：让皇太子即皇帝位，自称太上皇。这样，李纯即皇帝位，为唐宪宗。元和元年（806），宪宗率百官为太上皇上尊号为“应乾圣寿太上皇”。不久，太上皇病死，年四十六。

三是迫于形势，不得不交权。

唐高祖李渊于武德元年（618）代隋建唐，即皇帝位于长安太极殿。武德九年（626）六月，秦王李世民以皇太子李建成与齐王李元吉“同谋害己”为借口，发动“玄武门之变”，迫使李渊下诏立李世民为皇太子。八月，李渊下诏传位于皇太子李世民，为唐太宗。李世民尊李渊为“太上皇”。李渊交出皇权，纯属不得已。

宣和七年（1125）十二月，宋徽宗赵佶以金兵逼迫，命皇太子赵桓为开封牧。不久，又下诏“内禅”，让皇太子即皇帝位，自称道君皇帝。皇太子赵桓登基为宋钦宗，尊徽宗为“教主道君太上皇帝”。靖康元年（1126），宋徽宗至镇江府躲避金兵。金兵撤退，徽宗又回到京师。靖康二年（1127），金兵攻破汴京，徽、钦二帝被押至北方。

四是他人擅立，只能默认。

天宝十五年（756），因为安禄山叛乱，唐玄宗李隆基避乱到马嵬，太子李亨随驾。父老请留太子讨贼，李亨早有想法，趁机脱离玄宗，驻军朔方。大臣请太子李亨即位，李亨于是在灵武登基称帝，史称唐肃宗。唐肃宗尊李隆基为“上皇天帝”。唐玄宗无奈，只好自称太上皇。宝应元年(762)，玄宗死。

正统十四年(1449)，明英宗朱祁镇在宦官王振挑唆下亲征蒙古，酿成“土木之变”，他本人被蒙古瓦剌部俘获。他的弟弟朱祁钰在北京即位，尊朱祁镇为太上皇。第二年，朱祁镇被瓦剌放回，但朱祁钰已经做了皇帝，不愿还位。朱祁镇没有办法，只好做他的太上皇。景泰八年(1450)，拥戴英宗的大臣抓住景泰帝朱祁钰生病的机会，发动兵变，迎立英宗复位。这是中国历史中唯一一位被迫退位后又成功夺回皇位的太上皇。

五是退居二线，实掌政权。

清高宗弘历，即乾隆皇帝，是清朝第六位皇帝。据说，弘历即帝位时曾焚香告天：如果能够在位六十年，即传位太子，不敢打破圣祖康熙在位六十一年的年限。乾隆六十年(1795)，八十五岁高龄的乾隆皇帝，正式册立皇太子，并将第二年定为嘉庆元年(1796)。嘉庆即位后，尊乾隆皇帝为“太上皇帝”。但是，国家大政，重要的人事安排，太上皇都要亲自处理。所以，乾隆虽然名义上传位于嘉庆皇帝，但实际上却大权在握。嘉庆四年(1779)，太上皇弘历下世，终年八十九岁。乾隆皇帝是中国历史上少有的退居二线却仍然握有实权的“太上皇”。他的训政长达三年，直到他下世为止。

六是淡泊政务，诚心内禅。

宋人洪迈对唐睿宗、宋高宗、宋孝宗大加褒奖，称他们“与尧舜合其德”。皇权以内禅的形式转移，是对皇位终身制的一种突破，但是，这种积极因素微乎其微。

无论如何，刘邦开创的尊皇父为“太上皇”的制度对后世的政局影响极大。“太上皇”的形式之所以如此复杂，实在是皇权的诱惑与重要使它很难内禅。

刘邦登基之后所以大封功臣，大封刘姓诸侯王，目的都是稳定政权，安定天下。那么，天下真的会因为他的这一系列举措而安定祥和吗？

请看：白登之围。

三十二 白登之围

刘邦登基后，采取了一系列稳定政局的措施，包括大封列侯以满足功臣的诉求，大封刘姓诸侯王以巩固中央政府，同时对个别异姓诸侯王的封地也进行了调整。其实，调整异姓诸侯王的封地对刘邦而言已经是轻车熟路。早些年将韩信从齐王徙封为楚王，就是一例。高祖六年（前201），刘邦故技重演，将另一位异姓诸侯王也挪了个地方。但是，这一次的“拆迁”可是不得了，竟然酿成了一场大祸，不仅引发了异姓诸侯王的第一次叛乱，还差一点要了刘邦的老命。那么，这次危及刘邦生命的徙封到底是怎么回事呢？这次危机的最终结果又是怎样的呢？

都是“拆迁”惹的祸

高祖六年（前200），被刘邦瞄上的“拆迁户”叫韩信。此韩信非彼韩信，这个韩信是原韩襄王的孙子。司马迁写《史记》的时候，为了区别同时代的两个韩信，特意将此韩信称为“韩王信”。之所以称他为“韩王信”，是因为此人被刘邦封为韩王，而且任韩王的时间较长。这个韩王信有三大特点：一是身高“八尺五寸”，二是武功超群，三是遵奉“活命第一”的原则。

韩王信的命运转折于秦末大起义的时候。此前，战国七雄中第一个被秦所灭的就是韩国，韩国国君的后裔也大都被杀，韩王信隐姓埋名才得以苟全性命。秦末大起义爆发后，起义者们发现：如果立被秦所灭的六国国君后裔为王，反秦的事业可以事半功倍。毕竟这些政治名人在各地百姓心目中都有着相当高的知名度和巨大的号召力。于是，六国国君的后裔从被追杀的对象一跃成为炙手可热的抢手货。楚、燕、齐、赵、魏五国的国君后裔相继被立，唯独韩国国君被视为无后，人们只好立了韩国公子横阳君成为韩王，也就是人们熟知的韩王成。

及项梁之立楚后怀王也，燕、齐、赵、魏皆已前王，唯韩无有后，故立韩诸公子横阳君成为韩王，欲以抚定韩故地。——《史记·韩信卢绾列传》

不久，项梁战死于定陶，韩王成吓得投奔了楚怀王。

此时，刘邦派张良以韩国司徒的名义攻略韩地。在此期间，张良意外地发现了韩王信，于是马上任命他为将领，带着他一起随刘邦入关。刘邦被立为汉王，韩王信又随刘邦去了汉中。

沛公引兵击阳城，使张良以韩司徒降下韩故地，得信，以为韩将，将其兵从沛公入武关。沛公立为汉王，韩信从入汉中。——《史记·韩信卢绾列传》

来到汉中后，韩王信对刘邦说：项王把追随他的将领们全封在了中原附近，却把您封到偏远的汉中、巴、蜀地区。这不是封赏，而是把您当犯人一样流放。再说，您手下的士兵们都是峭山以东的人，日夜盼望着回到故乡。借着他们的这股锐气东征，可以和项王一争天下。

乃说汉王曰：『项王王诸将近地，而王独远居此，此左迁也。士卒皆山东人，跂而望归，及其锋东乡，可以争天下。』——《史记·韩信卢绾列传》

韩王信这番话与大将军韩信劝刘邦还定三秦、争夺天下的主张如出一辙。如果说韩信汉中对策可比三国时诸葛亮的隆中对策，那么，我们就不能忘记韩王信的汉中对策同样精彩纷呈。我们赞扬韩信智深虑远，也不应忘记韩王信同样是具有战略眼光之人。

刘邦还定三秦后，许封韩王信为韩王。这次“许封”说明刘邦的分封策略已渐成熟，从求封到分封，再到先“许封”再实封，分封俨然已经成为刘邦争夺天下的特殊手段。韩王信被“许封”也印证了异姓诸侯王的出现是特殊历史条件下的产物，是当时形势发展的必然趋向。

刘邦“许封”韩王信时，还没有搞定韩地，所以，

先拜信为韩太尉，将兵略韩地。——《史记·韩信卢绾列传》

他先封韩王信为韩太尉，率兵攻打韩地。

刘邦许诺让韩王信做韩王，那么原来的韩王成又该怎么办？当项羽分封的十九位诸侯王各自回自己封国时，被项梁首封又被项羽再封的韩王成没有被批准返回故国。项羽明说的理由是韩王成“无功”，暗里起决定作用的因素是韩王成派自己的司徒张良随刘邦入关，张良运筹帷幄，让项羽深恨不已。这种情况下怎么可能再放韩王成归山呢？所以，项羽先把韩王成降格为列侯，不久又将其杀掉。这就为韩王信成为韩王扫清了障碍。

汉二年，韩信略定韩十余城。汉王至河南，韩信急击韩王昌阳城。昌降，汉王乃立韩信为韩王，常将韩兵从。——《史记·韩信卢绾列传》

项羽听说刘邦派出韩太尉攻略韩地，忙不迭地任命吴县县令郑昌为新任韩王，以对抗韩王信。

汉二年（前205），韩王信攻下了韩地十几座城。同时，刘邦也已出关到达河南。韩王信听说汉王出关了，急攻郑昌。等到郑昌战败降汉，刘邦兑现自己的承诺，立韩信为韩王。

汉三年（前204），韩王信遭遇了一场意外。这一年，刘邦在荥阳作战失败。出逃时，刘邦留下了三位将领守城——御史大夫周苛被俘不降，后被项羽所杀；枞公亦是坚决不降，也被项羽所杀；韩王信呢，在其他两位同事慷慨就义的同时，韩王信选择投降了项羽，苟全了性命。不久，韩王信瞅准一个机会，偷偷从楚营逃归。刘邦虽然知道韩王信变节降楚，但考虑到他身份特殊，仍然恢复他韩王的身份。此后，韩王信便一直追随刘邦东征西战，灭项羽，夺天下，成为建汉的功臣之一。

三年，汉王出荥阳，韩王信、周苛等守荥阳。及楚败荥阳，信降楚，已而得亡，复归汉，汉复立以为韩王，竟从击破项籍，天下定。——《史记·韩信卢绾列传》

汉五年（前202），韩王信与刘邦剖符为信，正式成为韩王。

五年春，遂与剖符为韩王，王颍川。——《史记·韩信卢绾列传》

高祖六年（前201），刘邦突然下令，改任韩王信为代王，迁至代地。前一年刚立下丹书铁券，后一年就大玩儿变脸。对此，《史记》是这样记载的：第一，韩王信善于作战，作风勇猛；第二，韩王信所在的颍川郡是天下兵家必争之地。

明年春，上以韩信材武，所王北近巩、洛，南迫宛、叶，东有淮阳，皆天下劲兵处，乃诏徙韩王信王太原以北，备御胡，都晋阳。——《史记·韩信卢绾列传》

第一点是夸耀之辞，刘邦肯定会大肆渲染。先要花点心思给别人戴高帽，后面的事情才好办。第二点是防人之心，刘邦打死也不会说出来。韩国故地是当时的战略要地，北靠巩县、洛阳，南近宛县、叶县，东有军事重镇淮阳。如此战略要地，怎能留给外姓人？所以，对不起，麻烦您挪个地方。

这次“搞拆迁”，刘邦明显是防范韩王信，绝不许异姓诸侯王控制战略要地。于是乎，韩王信被委屈地强迁到了代地。代地在哪儿？在今天河北西北、山西中部和北部，当时辖云中、燕门、代、太原四郡。单从辖地规模来看，韩王信这次貌似赚到了，原来韩地只辖颍川一郡而已，这次却拥有四郡之地。但是，颍川一郡虽小，战略地位重要，又没有军事风险。代国虽大，但需要对抗北面强大的匈奴，军事压力不可同日而语。

准确地说，此时韩王信应当被称为代王韩信，但史书一直未改口，仍然称他为韩王信，原因是他只当了几个月的代王就投降了匈奴。之后，刘邦就封了他的二哥刘仲为代王。

代国的国都原在晋阳（今山西太原市西南）。韩王信被“拆迁”过去之后，上书刘邦说：匈奴屡屡入侵代国，我要把国都迁到马邑（今山西朔州市），以便更好地抵御匈奴。刘邦也没多想，大笔一挥就同意了。

信上书曰：『国被边，匈奴数入，晋阳去塞远，请治马邑。』上许之，信乃徙治马邑。——**《史记·韩信卢绾列传》**

至于韩王信迁都马邑的原因，历来有两种不同的看法：有人认为他这么做确实是为了更有效地抵御匈奴，但是也有人认为他只是为自己将来投降匈奴做准备。依我之见，韩王信此次迁都，被视为防御应当更加合理。此时的韩王信刚刚到代地，跟匈奴打交道的机会还不多，不至于这么快就动了投降的念头。

不过事实证明，迁都马邑是个重大的失误，韩王信的建议有失考虑，而刘邦答应得也过于草率。此时的匈奴正值军事上的巅峰时期，在位的冒顿单于也是一位强大的领导，手握数十万精锐骑兵，实力实在是非同一般。而马邑呢，距离边地实在太近了，汉军的防守压力大大增加。

高祖六年（前201）秋，冒顿单于率二十万大军包围马邑，韩王信一面派人向汉廷紧急求援，一面多次派使者到匈奴军中谈判。派遣使者属于中央政府的外交手段，韩王信这样的举动显然已经越权，因而很容易引发汉廷高层的怀疑。

秋，匈奴冒顿大围信，信数使使胡求和解。——《史记·韩信卢绾列传》

刘邦听说匈奴大举入侵，急忙“发兵救之”。随后又听说韩王信派遣使者和匈奴往来，怀疑他“有二心”，便接二连三地派使者警告韩王信：你应当全力御敌，既不可轻生，又不能惜死。

汉发兵救之，疑信数间使，有二心。上赐信书责让之曰：『专死不勇，专生不任，寇攻马邑，君王力不足以坚守乎？安危存亡之地，此二者朕所以责于君王。』——《汉书·魏豹田儋韩王信传》

面对匈奴的入侵，韩王信本来就害怕得要命，再加上刘邦三番五次地问责，韩王信更是整日提心吊胆，担心自己会被诛杀。

这年的九月，韩王信在坚守了几个月后，率领马邑全军投降匈奴，而且还约定要一块儿对付汉军，攻打太原。

因与匈奴约共攻汉，反，以马邑降胡，击太原。——《史记·韩信卢绾列传》

就这样，韩王信半推半就地成为七位异姓诸侯王中公开叛乱的第一人。他叛乱的原因比较直接，也比较简单：本人贪生怕死，匈奴重兵围困，刘邦连续问责。但究其根本原因，恐怕还是他无法克服贪生怕死的本性。

全靠美女解了围

高祖七年（前200）冬，刘邦亲率三十二万大军征讨韩王信。汉军先在霍人（今山西繁峙县东北）大败代军，又在铜鞮（今山西沁县南）打败韩王信亲率的军队，并斩杀了韩王信的大将。韩王信狼狈地逃往匈奴地区。

七年冬，上自往击，破信军铜鞮，斩其将王喜。信亡走匈奴。——《史记·韩信卢绾列传》

匈奴的冒顿单于派左右贤王（单于手下两位次大君长，左贤王治西部，右贤王治东部）率领一万多骑兵和王黄等人驻守在广武（今山西山阴县西南）到晋阳一带。汉军再次大败匈奴联军，一直追到离石（今山西吕梁市离石区）。匈奴一直退兵至楼烦的西北（今山西朔州市），才重新集结起来。刘邦派出车骑将军灌婴，率领燕、赵、齐、梁、楚五国的机动部队在马邑大败匈奴，随后攻克楼烦以北六县，并斩杀代国的左相。周勃攻克太原郡六城后，与灌婴会合，在晋阳城下大败匈奴与代军联军，攻克晋阳。灌婴、周勃继续追击匈奴联军，一直追到武泉（今内蒙古呼和浩特市东北）。灌婴又攻占了楼烦的三座城，并在平城（今山西大同市东北）城下大败匈奴骑兵。

匈奴使左右贤王将万余骑与王黄等屯广武以南，至晋阳，与汉兵战，汉大破之，追至于离石，复破之。匈奴复聚兵楼烦西北，汉令车骑击破匈奴。——《史记·韩信卢绾列传》

以前至武泉，击胡骑，破之武泉北。转攻韩信军铜鞮，破之。还，降太原六城。击韩信胡骑晋阳下，破之，下晋阳。后击韩信军于硰石，破之，追北八十里。还攻楼烦三城，因击胡骑平城下，所将卒当驰道为多。——《史记·绛侯周勃世家》

而将军郦商和周勃一块儿平定了代郡、雁门郡，并俘虏了代国右相。

刘邦这次出兵，几乎动用了汉军的全部精

锐，周勃、灌婴、樊哙、夏侯婴等大将轮番上阵。所以，汉军捷报频传，匈奴节节败退。

冒顿居代谷，高皇帝居晋阳。——《史记·韩信卢绾列传》

当时，匈奴冒顿单于驻守上谷（今河北怀来县东南），刘邦驻守晋阳（今山西太原市西南）。刘邦派出十几批使者去刺探军情，狡猾的冒顿单于故意把壮士、肥牛、良马都藏了起来，汉军使者看到的全是老弱的士兵和瘦弱的牲畜。于是，刘邦得到的情报汇总结果就是：匈奴可以打。最后，刘邦派出刘敬出使匈奴。刘敬回来之后对刘邦说：两军相争，理应炫耀自己的强项才对。可是我去匈奴大营，看到的都是老弱的士兵和瘦弱的牲畜，这里面一定有猫腻，肯定是匈奴故意做给我们看的，所以我认为，匈奴不能打。

使人使匈奴。匈奴匿其壮士肥牛马，但见老弱及羸畜。使者十辈来，皆言匈奴可击。上使刘敬复往使匈奴，还报曰：『两国相击，此宜夸矜见所长。今臣往，徒见羸瘠老弱，此必欲见短，伏奇兵以争利。愚以为匈奴不可击也。』——《史记·刘敬叔孙通列传》

这时候，汉军的二十万人马都已经过了句注山（在今山西代县西北）。刘邦一听刘敬这丧气的话，破口大骂：齐国的狗奴才，凭着伶牙俐齿做了个小官，竟然敢在这里涣散我的军心。于是下令将刘敬关了起来，戴上刑具，看押在广武。

是时汉兵已逾句注，二十余万兵已业行。上怒，骂刘敬曰：『齐虏！以口舌得官，今乃妄言沮吾军。』械系敬广武。——《史记·刘敬叔孙通列传》

刘邦仗着自己有三十二万大军，向北边一直穷追。偏偏半道上遇到了极寒天气，雨雪交加，烈风刺骨，许多士兵的手指都冻掉了。途中，刘邦抛弃了大部队，自己率领小队人马心急火燎地追到了平城。而当刘邦登上白登山（在山西大同市东北）的时候，冒顿单于突然率领四十万精锐骑兵窜了出来，把刘邦团团围住。刘邦被杀了个措手不及，放眼望去，四周皆是匈奴的战马，而且四面的马匹颜色还各不相同，西面全是白马，东方全是青马，北方全是黑马，南面全是黄马，阵势十分壮观。

会冬大寒雨雪，卒之堕指者十二三，于是冒顿详败走，诱汉兵。汉兵逐击冒顿，冒顿匿其精兵，见其羸弱，于是汉悉兵，多步兵，三十二万，北逐之。高帝先至平城，步兵未尽到，冒顿纵精兵四十万骑围高帝于白登，七日，汉兵中外不得相救饷。匈奴骑，其西方尽白马，东方尽青駹马，北方尽乌骊马，南方尽骍马。——**《史记·匈奴列传》**

刘邦七天七夜都在欣赏这种壮观的局面，那是又饿又冷。后来，他采用陈平计谋，派使者私下拜访单于阏氏，并赠送大量礼物，再通过阏氏搞定单于，这才得以逃出包围圈。陈平用的计谋保密级别极高，一直都没人知道这条计谋的详情。《史记集解》引汉人桓谭《新论》说：陈平的奇计其实就是针对阏氏的妇人之心，宣称汉有美女，天下艳绝。眼下汉帝被困，已经派人回去召集美女，准备献给单于。若是单于见到这些美女，阏氏的地位就将不保。不如趁大汉的美女还没送来，赶快放汉朝皇帝回去。汉朝皇帝一回去，美女就不会再献给单于了。

桓谭《新论》：『或云：「陈平为高帝解平城之围，则言其事秘，世莫得而闻也。此以工妙踔善，故藏隐不传焉。子能权知斯事否？」吾应之曰：「此策乃反薄陋拙恶，故隐而不泄。高帝见围七日，而陈平往说阏氏，阏氏言于单于而出之，以是知其所用说之事矣。彼陈平必言汉有好丽美女，为道其容貌天下无有，今困急，已驰使归迎取，欲进与单于，单于见此人，必大好爱之；爱之，则阏氏日以远疏，不如及其未到，令汉得脱去，去，亦不持女来矣。阏氏妇女，有妒媢之性，必憎恶而事去之。此说简而要，及得其用，则欲使神怪，故隐匿不泄也。」』——**《史记·陈丞相世家》**

阏氏被这番话蛊惑，立即劝说单于：匈奴、汉族两主互不相困，而且现在就是得了汉地，我们也不能在这里长期居住。况且，汉王也有神灵护佑。冒顿单于一边听着阏氏的劝告，一边想着：韩王信的部将王黄、赵利和自己约好共同对付汉军，可一直也不来，他们是不是私下已经勾结起来了？冒顿单于心里没底，就顺势听取了阏氏的话，下令放开包围圈的一角。这一天，天降大雾，能见度极低。在得到阏氏那边的回信儿后，陈平向刘邦建议，让士兵们拉满弓，面向外，从解围的一角缓缓走出去。最终刘邦得以顺利进入平城，和大部队会合。冒顿单于率兵离去，汉军也撤走了兵，只留下樊哙平定代地。

高帝乃使使间厚遗阏氏，阏氏乃谓冒顿曰：『两主不相困。今得汉地，而单于终非能居之也。且汉王亦有神，单于察之。』冒顿与韩王信之将王黄、赵利期，而黄、利兵又不来，疑其与汉有谋，亦取阏氏之言，乃解围之一角。于是高帝令士皆持满傅矢外乡，从解角直出，竟与大军合，而冒顿遂引兵而去。——《史记·匈奴列传》

事实上，真正帮助刘邦脱险的并不是陈平的奇谋，也不是匈奴单于大发慈悲，而是汉、匈之间的关系。匈奴入侵不是要占领汉帝国的国土，也不是要俘虏汉帝国的皇帝。匈奴要的是汉帝国的人口和财富。刘邦率兵攻打匈奴，也不想跟匈奴作对，而是要平定韩王信的叛乱。这就注定了汉、匈之间不是谁吃掉谁的关系，而是掠夺与反掠夺的关系。

还是和亲最划算

刘邦一回到广武，立即赦免了被拘押的刘敬，并对刘敬说：我不听你的话，所以被困平城。现在，我已经把那十几位说可以打的使者全杀了。同时，封刘敬为食邑两千户的关内侯，号建信侯。

高帝至广武，赦敬，曰：『吾不用公言，以困平城。吾皆已斩前使十辈言可击者矣。』乃封敬二千户，为关内侯，号为建信侯。——《史记·刘敬叔孙通列传》

白登之围后，刘邦多次向刘敬询问对付匈奴的办法。

刘敬分析道：首先，尽量别动用武力。当时“天下初定”，士兵们疲劳不堪，不适合动用武力来制服匈奴。

当是时，冒顿为单于，兵强，控弦三十万，数苦北边。上患之，问刘敬。刘敬曰：『天下初定，士卒罢于兵，未可以武服也。』——《史记·刘敬叔孙通列传》

其次，不能讲仁政。单于冒顿杀死自己的父亲取而代之，而且把父亲的姬妾占为自己的妻子。您能和他讲什么仁义道德吗？对待这样的民族，只能用长远之计——让他们成为我们的子孙。办法倒是有一个，但是吧，我担心陛下不愿这样做。

『冒顿杀父代立，妻群母，以力为威，未可以仁义说也。独可以计久远子孙为臣耳，然恐陛下不能为。』——《史记·刘敬叔孙通列传》

刘邦一听，忙问刘敬：到底什么办法啊？如果真能收到成效，为什么不尝试一下呢？刘敬这才说：假如陛下能让嫡长公主嫁给匈奴单于，再送上厚礼，匈奴单于一定会让嫡长公主当阏氏，生下儿子就是未来的单于，那以后还发什么愁啊？至于说为什么匈奴一定会让咱们的嫡长公主做阏氏？因为他们贪图汉朝的重礼呀！只要皇上每年按季节给匈奴分配一些我朝的剩余物资，再派一些能言善辩之使臣去给他们灌输点礼仪道德方面的常识。冒顿活着，他是大汉的女婿；而冒顿一旦死了，皇上的外孙就是新单于。谁听说过外孙敢和自己的外祖父对着干的呢？这样便可以不用出兵，而让匈奴俯首称臣。如果皇上不舍得长公主前去，而让其他宗室女子或后宫嫔妃假冒，匈奴那边一旦知道，肯定不会尊重和亲近这个冒牌货，那就起不到效果了。刘邦觉得此计甚妙，说：好！就派长公主去吧。谁知吕后知道了这件事，不干了。长公主是谁，那是后来大名鼎鼎的鲁元公主，吕后的亲闺女。吕后没日没夜地恸哭：我只有太子和这么一个女儿，怎么能扔到匈奴呢？刘邦一看这阵势，最终没能把自己的亲生女儿派出去，只是选了宗室的一个女子，对外宣称是长公主，并派刘敬亲自前往匈奴，与匈奴缔结和亲协议。

上曰：『诚可，何为不能！顾为奈何？』刘敬对曰：『陛下诚能以适长公主妻之，厚奉遗之，彼知汉适女送厚，蛮夷必慕，以为阏氏，生子必为太子，代单于。何者？贪汉重币。陛下以岁时汉所余彼所鲜数问遗，因使辩士风谕以礼节。冒顿在，固为子婿；死，则外孙为单于。岂尝闻外孙敢与大父抗礼者哉？兵可无战以渐臣也。若陛下不能遣长公主，而令宗室及后宫诈称公主，彼亦知，不肯贵近，无益也。』高帝曰：『善。』欲遣长公主。吕后日夜泣，曰：『妾唯太子、一女，奈何弃之匈奴！』上竟不能遣长公主，而取家人子名为长公主，妻单于。使刘敬往结和亲约。——**《史记·刘敬叔孙通列传》**

用和亲的办法解决汉、匈之间的对抗，自高祖朝延续到惠帝、文帝、景帝朝。一直到汉武帝时期，大汉才开始对匈奴大规模用兵。

那么，对匈奴采用和亲之策到底有用没用呢？我们应当怎样看待汉初的和亲政策呢？关于这一问题，史学界有两种观点。

一种观点认为，和亲有利于恢复西汉经济，巩固新生政权的稳定。同时，和亲有利于匈奴统一大漠南北，加快汉化进程。因此，汉初的和亲政策值得肯定。

另一种观点认为，西汉初年的和亲政策是综合国力尚未强大之时的妥协，中央政府试图通过和亲来“约束”匈奴的侵扰。而事实呢，匈奴一再违约，迫使后来的汉朝统治者对和亲政策做出反思和调整。文景之世，在继续与匈奴和亲的同时，还采取了向西北边地移民和入粟于边以拜爵、除罪，建立官营牧马苑和鼓励民间养马等积极防御措施，使汉朝在西北边塞的被动局面有所改变，从而为汉武帝武力反击匈奴创造了条件。

就在刘邦全力应对北方匈奴的时候，他的后院起火了。一场后宫之争硝烟四起。见惯了朝野大小国事的高祖刘邦，在面对钩心斗角的美人心计时，又会作何反应呢？

请看：爱子封王。

爱子封王

三十三

高祖六年（前201）九月，韩王信投降匈奴；三个月后（七年十二月），第二任代王、刘邦的二哥刘仲因为匈奴进逼，弃城逃归。高祖刘邦直接将刘仲降为郃阳侯，封刘如意为第三任代王。韩王信本来是楚汉战争中受封的韩王，后来被徙封为代王；刘仲的任命则是因为他是刘邦二哥的身份。那么，作为刘邦第三子的刘如意，为什么能够接任代王呢？

得宠

高祖刘邦共有八子。老大是庶长子刘肥，高祖六年（前201）被封为齐王。老二是嫡长子刘盈，汉二年（前205）被立为太子，其母是吕后。刘如意排行老三，母亲是刘邦的宠妃戚夫人。

刘如意被封为第三任代王，这不仅是因为戚夫人深得帝宠，更因为他自己也深受宠爱。“如意”“如意”，如我所意，仅看名字就知道刘邦有多么喜欢这个儿子。

刘邦是什么时候遇见戚夫人的呢？

陈胜、吴广在秦二世元年（前209）七月起义反秦，两个月后，刘邦起兵反秦。当时，刘邦手下只有两三千人；刚起兵，刘邦又丢失了大本营丰邑，为了夺回丰邑，刘邦费尽心思。最后，项梁给了他五千士兵、十员战将，这才收复丰邑。这段时间内，生存问题压倒一切，别说刘邦遇不上戚夫人，就是遇上了也顾不得风花雪月。

秦二世二年（前208），刘邦忙于四处征战，戚夫人长侍身边的可能性也不大。

秦二世三年（前207），刘邦攻入关中，秦亡。三年反秦，刘邦最迫切的需求是生存，要他革命、生产两不误，既与秦军作战，又不忘寻找美女，恐怕很难。而且，刘邦此时最关注的是先入秦关成为“关中王”。

汉元年（前206），刘邦被封为汉王，社会地位大大提高，生活也相对稳定。刘邦遇到戚夫人最有可能是在汉元年被封汉王以后。《史记·吕后本纪》载：“高祖为汉王，得定陶戚姬。”这条记载合乎情理，应当可信。

刘邦度过了四年的汉王生涯。他究竟是在哪一年与戚夫人相遇的呢？

刘邦的第四子刘恒生于荥阳对峙之时，他的母亲薄姬仅被刘邦召幸一次便怀上了龙种，生下了刘恒；此后，“薄姬希见高祖”《史记·外戚世家》。薄姬原为魏王豹的嫔妃，魏王豹死于汉四年（前203）荥阳被围之时。

刘如意比刘恒年长，由此推算，戚夫人应当是在刘邦被封汉王，直到还定三秦这段时间里来到刘邦身边的。

戚夫人可谓集万千宠爱于一身，如果我们把这样的宠爱具体化一些，它又达到了什么程度呢？我们看两个例子：

“商山四皓”曾说过这样一段话：

今戚夫人日夜侍御，赵王如意常抱居前。上曰：“终不使不肖子居爱子之上。”《史记·留侯世家》

戚夫人是“日夜侍御”，刘如意是“常抱居前”；刘邦扬言“终不使不肖子居爱子之上”。

“肖”，像也，“不肖子”，不像自己的孩子。与“不肖子”相对的就是“爱子”。刘邦称太子刘盈是“不肖子”，显然是对其极度不满；称刘如意为“爱子”，表现出对刘如意极度喜爱。显而易见，刘邦对刘如意的感情绝对不一般，当然，刘邦对刘如意的疼爱颇有爱屋及乌的意味，很大程度上源于对戚夫人的宠爱。这样盲目而冲动的情感，衍生出的极端行为便是不假思索地随便易储——将原太子撤下，力捧刘如意上位。

例子二:

我们在前文讲到周昌的时候提到过，一天，御史大夫周昌进宫汇报工作，正赶上皇上的饭点。刘邦当时是一边吃饭，一边拥抱着戚夫人。

刘邦倒是挺浪漫，吃饭的时候也不忘怀抱佳人。周昌果然是榆木脑袋，偏偏挑这种时候汇报工作。

这两条史料所记载的事情都发生在刘邦称帝之后，或直接或间接地印证了他和戚夫人的亲密关系。爱美之心人皆有之，从前的刘邦无权无财，见到美人恐怕只有垂涎三尺的份儿。一朝当上了皇帝，虽然身边佳丽无数，却只有戚夫人专宠后宫。

戚夫人为什么能够专宠后宫呢?

年轻、美貌，那是必需的。但仔细想想，天子后宫美女如云，哪一位不是年轻貌美?在如此激烈的竞争环境中，戚夫人凭什么能够脱颖而出呢?

《西京杂记》卷一的相关记载道出了个中缘由:

第一，善歌。“歌《出塞》《入塞》《望归》之曲，侍婢数百皆习之。后宫齐首高唱，声入云霄。”刘邦让戚夫人领唱《出塞》《入塞》《望归》的曲子，数百位侍婢齐声伴唱，歌声响彻云霄。

第二，善舞。“夫人善为翘袖折腰之舞。”“翘袖”，是甩袖，跳长袖舞。“折腰”，是形容舞蹈时细腰婀娜。

第三，善乐器。“高帝、戚夫人善鼓瑟击筑。帝常拥夫人倚瑟而弦歌，毕，每泣下流涟。”刘邦常常怀抱戚夫人“鼓瑟击筑”，每每演奏完毕，刘邦总会被深深打动，流下眼泪。

戚夫人善歌，善舞，善乐器，论美色、论才艺都是顶级的，生生地把其他嫔妃比了下去。刘邦喜爱击筑、作词、唱楚歌、跳楚舞，戚夫人恰是最优秀的演奏家、作曲家、歌唱家、舞蹈家，戚夫人所擅长的歌舞偏又是刘邦最爱的楚歌楚舞，二人可谓笙磬同音、珠璧联合——或许这才是戚夫人深得刘邦宠爱的真正原因。

因此，小小年纪的刘如意被高祖刘邦册封为第三任代王。和之前的两任代王不同，刘如意可以不用到边地任职。首先，他年纪太小，尚不能主管边事；其次，也是最重要的，那就是刘邦舍不得，希望他能常年留在自己身边。

挑战

戚夫人得到皇帝宠爱的同时，也面临着严酷的人生抉择：恃宠挑战皇后，或者自抑服从皇后。

皇后是皇帝的正妻。后宫之中，皇后是君，嫔妃是臣。无论多么受宠的嫔妃，她的地位也无法和皇后相提并论。当然，皇后的地位也并非绝对不能撼动，甚至随时随地都面临着其他女人的挑战。毕竟皇后之位乃皇帝敕封，随时都有可能被皇帝废黜，改立他人。在汉代宫闱历史上，数立数废皇后之事并不鲜见。

皇后的崇高地位对嫔妃具有巨大的诱惑力，很多时候，得宠的嫔妃总会下意识滋生出抢占皇后宝座的想法。这是不成功便成仁的举动。若成功，自然可以爬上后宫权力的巅峰；若失败，势必会引火上身，说不定还会遭遇灭顶之灾。然而，不少宠妃还是抵不住成功的诱惑，前赴后继地选择了挑战，最终踏上不归之路。

多才多艺的戚夫人会怎么做呢？

戚夫人是汉代历史上敢于挑战皇后地位的第一人。据《史记·吕太后本纪》记载，戚夫人利用深受刘邦宠爱的机会，力图让自己的儿子成为太子：“如意立为赵王后，几代太子者数矣。”

戚夫人的努力没有白费，刘邦迅速做出了反应。

第一，刘盈“不类我”，刘如意“类我”。

孝惠为人仁弱，高祖以为不类我。——《史记·吕太后本纪》

一方面是备受宠幸的戚夫人百般怂恿，另一方面，刘邦自己也发现，逐渐长大成人的皇太子刘盈为人太过善良、性格软弱，太不像自己了。

相反，刘邦认为戚夫人所生的刘如意在性格上与自己非常相似。

如意类我。——《史记·吕太后本纪》

第二，欲废刘盈立刘如意。

面对性格迥异的两个儿子，废掉刘盈改立刘如意为太子的念头，在刘邦心中越来越强烈。

常欲废太子，立戚姬子如意。——《史记·吕太后本纪》

第三，吕后失宠，戚夫人受宠。

刘邦与吕后乃结发夫妻，但吕后毕竟年龄已大，且长期以来，吕后时常奉命留守后方，不能时时陪伴在刘邦身边。见得少了，二人的关系自然也就更疏远了。

吕后年长，常留守，希见上，益疏。——《史记·吕太后本纪》

而戚夫人呢，伴随刘邦东征，“日夜”相伴，天天在刘邦眼皮子底下晃悠，毫不掩盖自己的欲望，没事儿就哭诉着撺掇刘邦易储。

戚姬幸，常从上之关东，日夜啼泣，欲立其子代太子。——《史记·吕太后本纪》

在吕后与戚夫人之间，刘邦为何会选择站在戚夫人这一边呢？

事实上，刘邦与吕后的关系更像是政治伙伴，名义上是夫妻，却没有情侣的爱意。维系两人关系的纽带是共同维护汉朝江山的传承，是一种理性的选择。刘邦和戚夫人之间才是货真价实的情侣关系，他俩在一起是感情的选择。

失宠的皇后，纵然依旧是后宫之主，但地位已经不再稳当。一旦太子被换了，恐怕皇后的位置也得拱手相让。

刘邦决意易储，确实带有一些家庭感情的因素：一个是得宠的戚夫人，一个是失宠的吕后。打算立爱妃之子为太子，体现出刘邦个人的情感取向。但是，这次易储也并非毫无道理：太子刘盈“不类我”，难以掌控天下，最终可能导致皇权旁落；刘如意“类我”，将来有能力掌控大局，可以保证刘氏皇权。因此，刘邦这次废长立幼，其实是理智和情感双重作用下的选择。

另外，随着刘邦年龄越来越大，身体越来越弱，他意识到自己的时间已经不多，自然会将更多的心思和精力倾注到太子人选的问题上。

关于此次易储事件，史书中明确记载的有如下两条：

“汉十二年，高祖欲以赵王如意易太子。”**《史记·刘敬叔孙通列传》**

“汉十二年，上从击破布军归，疾益甚，愈欲易太子。”**《史记·留侯世家》**

刘邦正是在“汉十二年”因平定黥布叛乱受箭伤后不久去世，病重之时，他对易储之事尤为关注。此时如果不行废立，就再也没有机会了。

应战

刘邦决定易储的事情在朝廷上下引发了一场大震动，朝中大臣反应强烈。张良、周昌、叔孙通等人都明确表示坚决反对废长立幼。其中，叔孙通在刘邦病榻前的一番慷慨陈词最具代表性。叔孙通对刘邦讲了五点：

第一，嫡长子继承制不可轻废。一旦开了废嫡立庶、废长立幼的先例，便会对整套君主继承制度造成巨大的破坏，最终会酿成大祸。叔孙通博古通今，为刘邦引述了两则前车之鉴：一是晋献公宠爱骊姬，废太子申生，立骊姬之子奚齐，导致国内大乱数十年，被天下人耻笑。二是秦始皇未能早立扶苏为太子，让赵高钻了空子，擅立胡亥，加速了秦朝的灭亡。

叔孙通谏上曰：『昔者晋献公以骊姬之故废太子，立奚齐，晋国乱者数十年，为天下笑。秦以不蚤定扶苏，令赵高得以诈立胡亥，自使灭祀，此陛下所亲见。』——**《史记·刘敬叔孙通列传》**

第二，现在的太子是仁孝之人，且天下尽知。这样的太子，怎么能擅自废立呢？

今太子仁孝，天下皆闻之。——《史记·刘敬叔孙通列传》

第三，不能背叛吕后。吕后是与皇上共同打天下的功臣，怎么能够背叛她呢？

吕后与陛下攻苦食啖，其可背哉！——《史记·刘敬叔孙通列传》

第四，太子乃天下根基，不可动摇；根基一动，天下必然震动，怎么能够把废立太子一事视作儿戏呢？

太子天下本，本一摇天下振动，奈何以天下为戏！——《史记·刘敬叔孙通列传》

第五，如果皇上真要废长立幼，我情愿肝脑涂地，以死相谏。

陛下必欲废适而立少，臣愿先伏诛，以颈血污地。——《史记·刘敬叔孙通列传》

叔孙通此时担任太子太傅，也就是太子的老师。力谏刘邦勿行废立之事，乃他的分内职责。至于刘邦若是真废了刘盈，叔孙通会不会“以颈血污地”，我们就不便妄加猜测了。反正早年面对杀气腾腾的秦二世时，他通过阿谀奉承之举才得以逃出关中，并没有“以颈血污地”。我们前文讲过，叔孙通是非常现实的一个人。面对这样的事情，他是能劝则劝，若真不能劝就逃。要他为捍卫真理而献身，恐怕不大容易。

汉九年，高帝徙叔孙通为太子太傅。——《史记·刘敬叔孙通列传》

刘邦正在易储的劲头上，怎么可能这么轻易地就被叔孙通说服，他只是不屑于与叔孙通争辩，应付地说道：你休息吧，我说着玩儿的，我听你的。

公罢，吾直戏耳，吾听公言。——《史记·刘敬叔孙通列传》

以叔孙通为代表的朝臣们看重的是国家的制度。他们认为：一旦制度遭到破坏，治国便成了一纸空谈。张良、周昌等大臣之所以反对，皆缘于此。

周昌是站出来坚决反对易储的第二人。刘邦深知他为人耿直，也不计较他的言语和态度。

张良的反应在《史记》中没有明确记载，只略做交代。可见，留侯虽然反对废立太子，但是，他处理问题的方式更讲策略。

在这场轩然大波中，最大的受害者无疑是吕后。她最初得到这个消息时，非常震惊，一时不知如何是好："上欲废太子，立戚夫人子赵王如意。大臣多谏争，未能得坚决者也。吕后恐，不知所为。"《史记·留侯世家》

作为一国皇后，吕后她"恐"在何处？

一是担心儿子的太子之位；二是担心自己的皇后之位。

前者是夺嫡，后者是夺夫。因此，戚夫人既是政敌，又是情敌。

事实上，吕后俨然已经被戚夫人夺走了丈夫，但好歹还保留着皇后之位。但如果刘如意被立为太子，那就意味着不但儿子刘盈失去了皇帝之位，自己也将失去太后之位。

说到底，这场易储大战就是帝位与后位的双重竞争。

无论是夺嫡还是夺夫，都已经远远超出了吕后容忍的底线。吕后这样倔犟顽强的女人绝不会坐以待毙，一场绝地反击战即将打响。经过多年艰苦生活的磨炼，她早

吕后为人刚毅，佐高祖定天下。——《史记·吕太后本纪》

已不是尚未出阁的小家碧玉，而是成熟果敢的一国之后。于是，在短暂的惊恐之后，她稳住了自己的情绪，积极应对，想方设法维护自己的权益，有针对性地做了两件事：

一是密切关注。

《史记·张丞相列传》记载了有关吕后“跪谢周昌”的故事。周昌是刘邦任泗水亭长时的老部下，跟随刘邦一块儿起兵。他的哥哥周苛是一位烈士，为守卫荥阳被项羽所杀。周昌坚决反对刘邦废长立幼。

周昌听说刘邦要废长立幼，非常恼火，劝谏道：“臣口不能言，然臣期期知其不可。陛下虽欲废太子，臣期期不奉诏。”《史记·张丞相列传》

这句话成为《史记》用口语入文的一个代表性例子。《世说新语·言语》中记载了另外一个非常典型的例子。晋文帝司马昭手下有一员大将叫邓艾，这个人说话也口吃，一张嘴就是“艾艾”，所以晋文王司马昭故意逗他，你整天说“艾艾”，到底是几个“艾”？

邓艾口吃，语称『艾、艾……』晋文王戏之曰：『卿云「艾艾……」，定是几艾？』——刘义庆《世说新语》卷上之上（浙江古籍出版社1986年版）

西晋初年的邓艾一说话就“艾艾”，西汉的周昌一说话就是“期期”，后来人们便把邓艾的“艾艾”和周昌的“期期”，合起来称为“期期艾艾”，用来形容口吃。

因为废立太子一事关系到吕后和儿子的身家性

命，所以，刘邦在殿中议论废立之事时吕后就躲在一边偷听。听见周昌激烈地反对刘邦另立太子，吕后深受感动，竟然在周昌下殿的时候伏地跪谢，并感激地说：今天如果不是您出面，太子的地位恐怕难以保全。

“跪谢”周昌不仅对吕后来说是人生中的唯一，放到中国上下五千年的历史长河中，皇后如此重谢大臣也仅此一例。

可见，吕后对易储一事是多么重视！

二是求计张良。

此时，有人为吕后出主意，让他找张良谋划。张良的足智多谋路人皆知，可是自从刘邦当了皇帝之后，他便以身体抱恙为由，请了长期病假。想见他一面，那可不容易。怎么办呢？吕后索性让自己的哥哥吕泽劫持张良，逼他献计。

人或谓吕后曰：『留侯善画计策，上信用之。』吕后乃使建成侯吕泽劫留侯。——《史记·留侯世家》

吕泽一劫持张良，张良就心知肚明。他不愿卷入这种高度敏感的政治风波之中，但内心又是反对刘邦废长立幼的。他对吕泽说：皇上打江山的时候，确实愿意听我的意见，但现在是因爱而要易储，这已不是靠说就能解决的事了。这样吧，据我所知，皇上非常看重“商山四皓”（隐居在商山的四位年长的高士；皓，白，指发白），却一直请不到。因为这四位高士认为皇上对臣下的态度一贯傲慢。如果你们想办法把“商山四皓”请出山，在上朝的时候，让皇上看到“商山四皓”居然在辅佐太子，应该会有些作用。

> 留侯曰：『始上数在困急之中，幸用臣策。今天下安定，以爱欲易太子，骨肉之间，虽臣等百余人何益。』吕泽强要曰：『为我画计。』留侯曰：『此难以口舌争也。顾上有不能致者，天下有四人。四人者年老矣，皆以为上慢侮人，故逃匿山中，义不为汉臣。然上高此四人。今公诚能无爱金玉璧帛，令太子为书，卑辞安车，因使辩士固请，宜来。来，以为客，时时从入朝，令上见之，则必异而问之。问之，上知此四人贤，则一助也。』——《史记·留侯世家》

吕后立即让吕泽带上一封太子亲笔书写得十分谦恭的信件，备上厚礼，请“商山四皓”出山。没想到，这四位高士竟然全来了。

> 于是吕后令吕泽使人奉太子书，卑辞厚礼，迎此四人。四人至，客建成侯所。——《史记·留侯世家》

关于此事，《万首唐人绝句》里有一首无名氏的《戚夫人》诗，这样写道：

自别汉宫休楚舞，不施妆粉恨君王。
无金岂得迎商叟，吕氏何曾畏木强。

这首诗是模仿戚夫人的口吻写的。“强(jiàng)”，质直刚强，这里指代为人耿直的周昌。《史记·张丞相列传》记载：“周昌，木强人也。”

前两句说，自从离开汉宫之后，舞不跳了，妆也不画了，心中一直怨恨君王皇上。后两句说，要不是吕后用重金诱惑，怎么请得动“商山四皓”？皇上派出周昌辅佐我的儿子，就可以保全他的性命吗？太天真了，吕后什么时候怕过周昌？

此诗最值得玩味的是“无金岂得迎商叟”一句。“商山四皓”是以操守名节著称的隐士，但“卑辞厚礼”却使“四皓”立即来到太子刘盈的门下。一份“厚礼”便可以改变人的初衷，这就叫：人格不抵厚礼，名节败于金钱。“商山四皓”，不过是待价而沽的“高士”罢了。

出手

“商山四皓”到来后，立即为太子刘盈办了一件大事——阻止刘邦让太子率兵平定黥布叛乱。

高祖十一年(前196)，淮南王黥布造反。刘邦身体有恙，想让太子亲征。

“商山四皓”得知这个消息后，认为太子率兵平叛，风险太大，于是要求吕泽立即设法让刘邦改变主意。

“商山四皓”提出了两条理由：

第一，从利弊看，太子率兵亲征，立了功对自己的地位没有任何好处；不立功却会因此受累。

第二，从成败看，太子统率的都是当初跟随高祖刘邦一块儿打天下的猛将，这就如同让一只羊去统率一群狼，恐怕没一个人会为太子尽心尽力。因此，太子必败。

且太子所与俱诸将，皆尝与上定天下枭将也，今使太子将之，此无异使羊将狼也，皆不肯为尽力，其无功必矣。——《史记·留侯世家》

“商山四皓”的建议，重点是要太子“藏拙”。刘盈生性软弱，立功的可能性微乎其微。能立功当然是好事儿，如果真能马到成功，肯定威望大增，易储的计划必定难以施行，问题是这件事情根本不靠谱，刘盈毫无胜算。“商山四皓”又不能直说太子无能，这才诡称立功对太子的地位没有任何好处。

吕后得到指点，立即向刘邦哭诉：

一是对手凶猛。黥布是天下闻名的猛将，善于用兵，如果让他知道皇上病重，领兵的是毫无作战经验的太子，黥布的气焰必然会更加嚣张，这次平叛任务肯定完不成。

二是部下难管。跟随太子出征的将领都是当初打天下的猛将功臣，太子资历尚浅，难以服众，犹如以羊统狼。

三是御驾亲征。皇上虽然还在病中，但只要您在场，将领们肯定会安心且尽力的。

刘邦叹了口气，说：我就知道他不是这块料！虽然再次让刘邦失望，但太子刘盈终究躲过了一场灾难——不必在父亲面前献丑了。太子之位是否换人来坐，完全取决于刘邦的一念之间，如果平叛失败，对太子肯定是一场大灾难。

上曰：『吾惟竖子固不足遣，而公自行耳。』——《史记·留侯世家》

“商山四皓”的建议保全了太子刘盈的面子问题，但吕后请他们来是为了保全刘盈的太子之位，这件大事他们又是如何完成的呢？

高祖十二年（前195），刘邦平叛归来，由于再次身受致命箭伤，新病旧疾彻底拖垮了他的身体。此时的刘邦已经预感到生命的尽头将至，易储的心情也愈发强烈起来。张良劝阻无效，托病不再上朝。太子太傅叔孙通以死相谏，刘邦假装听从，实际上废立太子的想法毫无改变。

汉十二年，上从击破布军归，疾益甚，愈欲易太子。留侯谏，不听，因疾不视事。叔孙太傅称说引古今，以死争太子。上详许之，犹欲易之。——《史记·留侯世家》

一次朝宴，刘邦忽然发现太子身边多出四位八十多岁的老人，白眉白须，衣帽讲究。刘邦很奇怪，就问道：你们是谁啊？四位老人上前答话，并各自报了姓名：东园公、甪里先生、绮里季、夏黄公。

及燕，置酒，太子侍。四人从太子，年皆八十有余，须眉皓白，衣冠甚伟。上怪之，问曰：『彼何为者？』四人前对，各言名姓，曰东园公，甪里先生，绮里季，夏黄公。——《史记·留侯世家》

刘邦大为吃惊：这么多年我一直延请几位都没能如愿，现在为什么会跟随我的儿子呢？四位老人回答：陛下轻视读书人，又爱骂人。我们不愿受辱，于是一直避而不见。如今听说太子仁孝恭敬，庇护天下的读书人，天下贤士都愿意为太子效力，所以我们就来了。

上乃大惊，曰：『吾求公数岁，公辟逃我，今公何自从吾儿游乎？』四人皆曰：『陛下轻士善骂，臣等义不受辱，故恐而亡匿。窃闻太子为人仁孝，恭敬爱士，天下莫不延颈欲为太子死者，故臣等来耳。』——《史记·留侯世家》

刘邦点点头，说：烦请诸位好好替我辅佐太子。四位老人敬完酒，就离开了。

上曰：『烦公幸卒调护太子。』四人为寿已毕，趋去。——《史记·留侯世家》

刘邦指着四位老人的背影，对戚夫人说：我想更换太子，但他们四位高士竟然前来辅佐，太子的羽翼已经丰满，难以撼动了啊！吕后真是一位好主子啊！

上目送之，召戚夫人指示四人者曰：『我欲易之，彼四人辅之，羽翼已成，难动矣。吕后真而主矣。』——《史记·留侯世家》

戚夫人当即失声恸哭，刘邦说：为我跳一曲楚舞，我为你唱一首楚歌吧：

鸿鹄高飞啊，一飞千里。羽翼已成啊，横渡四海。横渡四海啊，还能做什么。即使有弓箭，对于高飞的鸿鹄还能有什么用呢！

戚夫人泣，上曰：『为我楚舞，吾为若楚歌。』歌曰：『鸿鹄高飞，一举千里。羽翮已就，横绝四海。横绝四海，当可奈何！虽有矰缴，尚安所施！』——《史记·留侯世家》

从此，刘邦再也不提易储之事。

为什么刘邦见到“商山四皓”辅佐太子，就彻底放弃了易储的打算呢？

学界有两种看法：

一是借机下台阶。

面对功臣派、外戚派的双重压力，刘邦原本早就想打退堂鼓了，“商山四皓”的出现正好给了他一个台阶，借这个机会结束了这场易储风波。

二是刘邦割舍私爱。

“商山四皓”的身份是山林隐士，年龄是行将就木之人，连他们都愿意出山为太子效死力，这让刘邦看到了天下舆论并不在戚夫人一边。在公议与私爱的较量中，与其违背天下的公议，不如割舍自己的私爱。所以，刘邦悲歌徘徊，无可奈何。易储的战争就此被“商山四皓”所代表的公议所阻止。

当然，谁也无法预知未来，“四皓安刘”的效果似乎并不美好。刘盈继位，吕后掌权，刘氏政权一度险被吕氏取代。因此，“四皓安刘”颇受后人质疑。其中，最有代表性的是唐人杜牧的一首诗：

题商山庙

吕氏强梁嗣子柔，我于天性岂恩仇。
南军不袒左边袖，四老安刘是灭刘。

在易储风波中，戚夫人原本占有很大优势，因为刘邦曾经坚定地站在她这边，且易储的决心很强烈，任凭众臣反对都毫不动摇。然而世事难料，“商山四皓”的出现瞬间逆转了一切，但这只是戚夫人失败的直接原因，其他更深层次的原因又有哪些呢？戚夫人的失败预示着什么样的灾难呢？

请看：夺储之祸。

三十四 夺储之祸

戚夫人发起、刘邦鼎力支持的易储之战，终于在高祖十二年（前195）因“商山四皓”的出现宣告终结。不过，战争有战争的规律。这次易储战争，虽然最后因戚夫人一方的放弃而结束，但敌对方吕后会就此善罢甘休吗？刘邦下世后，吕后立即残害了戚夫人，戚夫人之子刘如意自然也难逃厄运。戚夫人为发动这场夺储之战付出了惨痛代价。那么，在这场悲剧中，谁该为戚夫人一方的失败买单呢？

谁该负责

这次易储之战，最关键的人物自然是戚夫人、刘邦和吕后。刘邦易储的意愿最终落空，是这三个人相互角力的结果。要讨论戚夫人的失败，就必须对这三个人做出相应的评定和分析。

概括来说，戚夫人分析失误，刘邦难辞其咎，吕后应对得力。

先看戚夫人的分析失误。

一是判断有误。

戚夫人决定挑战皇后权力的时候，严重低估了吕后的能力，也严重高估了自己的能力，这一点至关重要，它直接导致戚夫人从根本上错误估计了事态的发展。

戚夫人选择的攻击方式是：利用自己的得宠先摆平刘邦，再利用刘邦去摆平朝臣，最后实现皇后梦。换句话说，戚夫人是打算先征服男人，再通过男人去征服世界。这一招是古今中外许多女人惯常使用的手法，且成功案例屡见不鲜。但是，运用这种手段获得成功必须有两个条件：一是女性自身具有巨大的杀伤力，二是她所依靠的男人果敢有力。

戚夫人自身确实具有较强的杀伤力，但这种杀伤力并没有表现在政治才能上，它仅仅对刘邦一人管用。而且，戚夫人对刘邦的估计也出现了偏差。刘邦是“外战内行，内战外行”。在解决权力问题时，刘邦非常果断，毫不迟疑；一旦涉及皇后宠妃、儿女兄弟的家庭问题，则马上就变得优柔寡断，摇摆不定。他曾打算让女儿鲁元公主和亲匈奴，并在他人面前表现得很是坚决。但回头一看见吕后的眼泪，他立马就蔫了，随即改变了之前的决定。戚夫人这次挑战皇后的地位，刘邦刚开始时也是作坚定不移状，表示全力支持，当遭遇功臣派、外戚派的集体反对时，他却再一次选择了妥协。

二是阻力很大。

立太子是皇家私事，亦是朝廷大事。一旦立了太子，太子又没有大恶，随意废易太子是很难被朝臣接受的。太子可谓国家的根本和未来，废易太子就是动摇国家的根本和未来。所以可想而知，这件事情的阻力会有多大，而如此大的阻力是刘邦和戚夫人都始料不及的。更何况，刘邦是废长立幼，更难被朝臣接受。

废长立幼历来是国之大忌。皇帝多子，皇权巨大，你争我夺是必然的。历代皇室或多或少都会在这一问题上犯难，弟杀兄，子弑父，勾结大臣，交通宦官，皇子为了争夺帝位可说是无所不用其极。历代帝王、大臣为了避免这些争端而绞尽脑汁，希望能找到一劳永逸的对策。在种种对策之中，嫡长子继承制最终胜出。为什么呢？

可以保证国有长君。

“长君”是指年长之君。古人常云“国赖长君”，是说通常情况下，“长君”阅历丰富，有处理复杂国事的能力。不是每个人生来都是天才，更多的人是从阅历中不断积累起经验的，“长君”的优势正在于此。

可以杜绝皇位之争。

皇子一旦继位为帝，他与其他兄弟的关系就成为君臣关系。因此，皇子争夺帝位是帝国制度下难以根除的一大痼疾。立嫡立长一旦成为定制，成为制度，皇子之间的争夺势必大大减少。

治国以规则、制度，而不以国君的个人好恶为基准，政权的稳定性必然会得到巩固。按照规章制度行事，本质上是按法制办事；以国君的个人好恶行事，带有浓重的个人色彩。“法”恒而“人”不均，法治显然比人治更稳定。

当然，嫡长子继承制虽然是祖宗成法，带有一定程度的法制色彩，但有时也会遇到尴尬——嫡长子年幼或嫡长子无能。

刘邦的难题就是嫡长子无能。

嫡长子继位是硬道理，但嫡长子无能则是一个很难量化、很难让朝臣都理解的命题。这种尴尬，说穿了就是帝国制度下皇权世袭的死穴！要么让一个不适合做帝王的嫡长子继位，要么废掉他另选一个合适的人选。简单来说，就是废昏立明，废弱立强。但这样做的话，无疑又违背了嫡长子继承制，为废长立幼之举大开绿灯。这种制度的不合理性，在这里得到了充分的体现。

话说回来，嫡长子继承制在一定的历史时期内还是利大于弊的，大多时候它维系着权力交接的稳定，且该制度的可操作性强，人为干扰的因素相对较弱，因此在历代王室中备受重视。

历史也证明了这一点。废长立幼导致国家混乱的情况不乏其例。三国时刘表废长子刘琦立幼子刘琮，导致兄弟反目。袁绍废长立幼导致兄弟相争。曹操在曹丕、曹植之间的艰难抉择导致兄弟相残。清代皇帝甚至不敢在生前公布太子人选，只好在“正大光明”匾额后预储遗诏。

三是无党羽撑腰。

戚夫人毕竟不是刘邦的糟糠之妻，她在刘邦集团中没有重要的地位，与其他重要朝臣没有任何来往，更不懂得建立和经营自己的政治势力。政治斗争从来都是党派之争、派系之争，戚夫人以一己之力和整个功臣派、外戚派作战，失败是必然的。

再看刘邦的难辞其咎。

一是立储过早。

汉二年（前205）的时候，刘邦还是汉王，当时他只有两个儿子，匆忙地立了刘盈为汉太子。汉五年（前202），刘邦称帝，又匆忙立了刘盈为皇太子。多年之后，当刘邦发现刘盈并不适合做自己的继承者的时候，为时已晚。如果他在有了八个儿子之后再立储君，一定比他过早地选择储君要好得多。

二是虑事不周。

刘邦过高估计了自己对朝中局面的掌控能力，他没有料到易储的阻力竟是如此之大。尽管作为刘氏集团的“总裁”，刘邦说话一言九鼎，但易储之事，夫人吕后很生气，事态发展很严峻。刘邦在尚未有绝对把握时公开了这个想法，向戚夫人发出了错误的信号，诱使戚夫人恃宠而肆意妄为，向吕后发出了威胁的信号，逼迫吕后立即采取了应急措施。

三是优柔寡断。

易储之事虽然阻力巨大，但历史上并不乏成功者。后来汉景帝废栗太子改立刘彻为太子，汉武帝废戾太子立幼子刘弗陵，都做得干脆利落。虽然武帝废戾太子引发了一场血案，但他凭借果断强硬的态度及不惜一切代价的气势，终获成功。

而刘邦呢？朝臣反对、吕后反对，他都只当耳旁风，“商山四皓”

一出马，轻易地让他改变了初衷。后人对此多不理解，甚至有人提出，杀了“商山四皓”又有何妨？

刘邦是戚夫人挑战皇后地位唯一的政治资本和靠山，可惜他在这件事上太过优柔寡断，终使戚夫人一败涂地，留下无穷后患。

最后我们来讲讲吕后的应对能力。

没有刘邦做后盾的吕后是如何化险为夷取得胜利的呢？

吕后在听闻刘邦提出易储之初，也曾惶恐不安过，但我们知道，吕后不是那种靠男人去征服世界的女人，这也是她和戚夫人最大的不同。在接下来的时间里，她私下做了大量工作。

一是懂得借力。

吕后巧妙地利用了三股势力：功臣派中反对易储的力量、以“商山四皓”为代表的舆论力量、外戚派的力量。

最初，吕后并没有想到功臣派会站在自己这一边，所以当她听到周昌在廷议时力阻刘邦易储时，才会感激得放下身段跪谢周昌。这对强硬的吕后而言，一生仅此一例。此事被司马迁写入《史记》，足见在当时流传之广，影响之大。吕后的这种举动显然对功臣派是极大的鼓舞。

至于“商山四皓”，吕后压根儿就不晓得世上还有这四个人，更不知道他们有什么能耐，但她选择相信张良，并接受他的建议，为自己的抗争赢得了最重要的棋子。

最终，功臣派和“商山四皓”两股势力左右开弓，迅速瓦解了刘邦易储的决心。

二是妻党势力。

吕后为刘邦称帝做出过巨大贡献，她的两个哥哥吕泽、吕释之均立有军功，并在高祖六年正月封侯。这些嫡亲力量，在这次较量中起到了十分重要的作用：劫持张良，“卑词安车”请“商山四皓”出山，都应该归功于吕泽。

与单枪匹马的戚夫人相比，吕后有着强大的后盾。

吕后借用这三股力量为自己争夺选票，做得非常成功。

吕后保住了刘盈的太子之位，是否说明刘邦废太子的选择本身就是错误的呢？刘盈和刘如意哪一个更适合当太子呢？

太子刘盈的确懦弱无能。由于赵王刘如意死得太早，实在无从考证他是否有成为一代明君的潜力。

如果我们相信刘邦能识别出韩信、张良的才华，而且也从未因戚夫人与吕后争宠而做出过错误的决定，那么我们就有理由相信，他对自己两个亲生儿子的基本判断应该无大错。不排除刘邦确有私心，但他对自己两个儿子的综合考量是必需的，其中肯定涉及执政能力方面。

公正地说，刘邦决定易储除偏袒戚夫人之外，还有废弱立强之意。刘盈的懦弱性格限制了他将来的发展，注定难有作为，这应该是刘邦想要易储最重要的原因。

无奈整个事件都处于特殊的历史背景之下：年轻貌美的戚夫人得宠，患难之妻吕后失宠。刘邦此时这么一折腾，自然容易被人认为是“徇私枉法”。

在对两个皇子的一系列考量中，有两股势力束缚着刘邦的手脚：

一是不支持废长立幼的传统制度，二是反对宠其母而立其子的社会舆论。

刘邦在反秦、灭项的军事斗争中历经风浪，最终都获得了成功，可在家庭问题上却瞻前顾后、左右摇摆。向左是刘盈，向右是刘如意，左右为难。

其实刘邦真正应该立的是第四任代王刘恒，只可惜刘恒的母亲薄姬不受宠爱、不被关注，刘恒自然也就入不了刘邦的法眼。历史证明，刘恒是刘邦八个儿子中政治素养最高的皇子，刘邦没能发现他的才能，实在是一大遗憾。

综上所述，在刘邦、吕后、戚夫人三者中，刘邦是最应该为戚夫人、刘如意悲剧结局负责的人！

怎么负责

刘邦打消易储的想法之后，爱妃戚夫人和爱子刘如意陷入极其危险的境地。易储是一场没有硝烟的战争，一旦发动必有一方会万劫不复。皇后和嫔妃结下死怨，废立之事成或不成，败下阵来就意味着跌入深渊，更何况，这次失败的是嫔妃而非皇后。

刘邦能够在中止这场夺位大战后确保戚夫人和刘如意在自己百年之后的安全吗？他为此又做了些什么呢？

第一，周昌相赵。

刘邦的一句话发动了战争，又一句话结束了战争，然而吕后和戚夫人却成了生死冤家，情敌加政敌。此时的刘邦年老伤重，特别是荥阳之战和晚年平定黥布之战时两受致命箭伤，给他的健康埋下了隐患。

所以，战争虽然被叫停，刘邦却陷入一个巨大的隐忧之中：戚夫人和爱子刘如意都有生命危险，该怎么办好呢？吕后的残忍在诛杀韩信、黥布之时已经表现得非常充分了，戚夫人只是一个年轻的弱女子，如何应付得了这种局面？一旦自己去世，苦大仇深的吕后能不报复戚夫人和爱子刘如意吗？

积郁万分的刘邦每天都闷闷不乐，总是幽怨地唱着楚歌，大臣们不了解他心中的隐忧，自然也不知道如何去化解。一位年轻的符玺御史敏锐地捕捉到刘邦的心思，于是建议让一向耿直的御史大夫周昌担任此时已经改任赵王的刘如意的相国。

“周昌相赵”是刘邦保护刘如意的重要部署，他为何会选择这样一位中央级别的御史大夫呢？

周昌值得信赖。

周昌是刘邦任泗水亭长时的同事，他的堂兄周苛是汉帝国的烈士。周昌自刘邦起兵就一直追随，是刘邦集团的中坚力量之一，非常值得信赖。

周昌不辱使命。

周昌因为反对废长立幼，说了“臣期期知其不可”“臣期期不奉诏”而名闻朝中。他在保护太子刘盈时的直言不讳，深受刘邦欣赏，被视为直臣。刘邦相信他能够不辱使命，担当起保护爱子的重任。周昌在明白了刘邦的一番良苦用心后，接手了这项棘手的工作。

周昌有恩于吕后。

周昌可谓吕后和太子的恩人，吕后因为感谢他的劝阻易储而

“跪谢”，刘邦认为吕后至少不会太为难周昌。

从“周昌相赵”可以看出，刘邦对刘如意的保护显然大大胜过对戚夫人的保护。

应当说，此时的刘邦已经清醒地意识到，自己支持戚夫人发动废立太子战争是一大错误，但他只顾及爱子刘如意的安危，却忽略了同样凶多吉少的戚夫人。他并没有采取任何措施反制吕后，事实上，如果他真想有所作为的话，也并非毫无办法。比如说，他可以专门为戚夫人颁布一道诏书，也可以为戚夫人预留一道诏书，这些都是可行的。

高皇帝约『非刘氏不得王，非有功不得侯。不如约，天下共击之』。——《史记·绛侯周勃世家》

我们对比一下“白马盟誓”就会发现，刘邦对戚夫人的保护，确实是无所作为。为了让刘氏江山世世代代延续下去，刘邦和所有功臣杀白马歃血盟誓：不是刘姓皇族之人不得封为王，没有功劳之人不得封为侯，无论谁违反这两条原则，天下共诛之。这一约定显示出刘邦的果敢与机敏，也成为日后吕后封诸吕为王时最为顾忌的问题。可见，如果刘邦真动心思保护一种制度、一个人，一定可以做得到，至少可以做得更好一点。但是，刘邦在默允戚夫人挑战吕后后，却没有采取任何得力措施保护戚夫人。

第二，下令立斩樊哙。

高祖十二年（前195），刘邦在弥留之际突然听到小道消息称，樊哙要在自己百年之后诛杀赵王刘如意与戚夫人。他气得急火攻心，立即派陈平带领大将周勃，赶赴前线立斩樊哙。

陈平没有杀樊哙，这个我们都知道了。陈平如何处理樊哙是一回事，刘邦下令立斩樊哙又是另外一回事。我们要讨论的是，刘邦为什么仅凭一面之词就要斩樊哙呢？

是时高帝病甚，人有恶哙党于吕氏，即上一日宫车晏驾，则哙欲以兵尽诛灭戚氏、赵王如意之属。高帝闻之大怒，乃使陈平载绛侯代将，而即军中斩哙。——《史记·樊郦滕灌列传》

众所周知，樊哙是功臣加亲贵，素日里刘邦对他睁一只眼闭一只眼，此时却毫不手软，可见，在刘邦心中，爱子刘如意的生命安危是何等重要！

从“周昌相赵”和“立斩樊哙”，我们可以深切地感受到，刘邦在易储失败后，对赵王刘如意是多么的维护。

第三，嘱托太子。

刘邦临终时立下一封遗诏，敕令太子说：我身患重病，只能把如意母子拜托给你。其余各子，都能自立，最可怜的就是这个儿子还是那么年幼。刘如意这个时候确实年幼，刘邦是担心他将来会遭到迫害，才将其母子托付给即将继位的刘盈。一方面因为刘盈登基称帝之后，手中有权；另一方面他深知刘盈虽然性子柔弱，但仁孝有加，即使经历了易储的风波，孝顺的刘盈仍然是托付刘如意母子的最佳人选。

吾得疾遂困，以如意母子相累。其余诸儿，皆自足立。哀此儿犹小也。——严衍《资治通鉴补·汉纪四》（上海古籍出版社2007年版）

那么，刘邦对赵王刘如意和戚夫人的保护到

位了吗？

依我之见，这样的保护远远没有到位，刘邦完全可以做得更好一点，以避免日后的后宫相残，爱子被杀。

刘邦在放弃易储的打算时，绝对想不到吕后将来会残杀戚夫人和赵王刘如意。从这个意义上讲，刘邦并不完全了解吕后，特别是不了解掌握了皇权之后的吕后会多么霸道、多么残忍！一句话，刘邦不懂女人！更不懂手握大权的女人。

再说负责

戚夫人的一生是个悲剧。

夺储之战失败了，但失败并不意味着必然惨死！政权的争夺，本来应该是公平、公正、公开的，失败者和胜利者都可以在各自新的生活状态中继续走下去。但在帝国制度之下，胜利者往往会剥夺失败者生存的权利。这也是帝国制度的弊端之一。那么这一次，谁该为戚夫人的悲剧人生负主要责任呢？

一是“商山四皓”。

宋李觏（gòu）《盱江集》卷三十六《戚夫人》诗曰：

百子池头一曲春，君恩和泪落埃尘。
当时应恨秦皇帝，不杀南山皓首人。

《西京杂记》卷三中写道：“戚夫人侍儿贾佩兰，……说在宫内时，见戚夫人侍高帝，……至七月七日，临百子池，作于阗乐。乐毕，以五色缕相羁，谓为相连爱。”

当年戚夫人和刘邦每年七月七日，都要驾临百子池，用五色线相连，称为“连爱”。所以李觏才会在诗中提到：百子池边的春光已经不在，只恨当年的秦始皇，为什么没有杀死隐居商山的四个老人（商山四皓）。李觏的观点很明确：戚夫人的悲剧是“商山四皓”造成的。

金人元好问的《戚夫人》诗也表达了同样的观点：

鸿鹄冥冥四海飞，戚夫人舞泪沾衣。
无端恨杀商山老，刚出山来管是非。

这首诗首句暗指刘邦《鸿鹄歌》中“鸿鹄高飞，一举千里。羽翮已就，横绝四海”。第二句是写刘邦看到“商山四皓”后，对戚夫人说放弃易储，戚夫人泪如雨下，忍痛跳舞。最后两句抛出观点，抨击“商山四皓”一出山就来管后宫易储之争。

二是推荐“商山四皓”的张良。

如果说“商山四皓”的出现导致戚夫人易储的愿望落空，最终惨死，那么推荐“商山四皓”的张良，是否也有责任呢？

三是戚夫人自己。

夺储之时，戚夫人日夜哭泣，拼死拼活，毫无顾忌；失败之后，却拿不出任何有效的应对之策，甚至没有向刘邦撒撒娇，提出任何保护自己、保护儿子的要求。这说明她丝毫没有意识到自己和爱子刘如意所面临的巨大风险。

帝国制度是秦始皇创立的，始皇在世之时未立皇后，自然谈不上宫闱的争夺。这次戚夫人和吕后争夺储君之位，是中国帝制历史上的第一次。没有前车之鉴，缺少政治敏感度的戚夫人完全不知道，这种争斗带来的后果会如此残酷。这样一个想法简单幼稚的女子，怎能敌得过凶悍的吕后呢？所以说，她的人生悲剧与她政治上的极度幼稚密不可分。

四是陷入“江山美人古难全”的刘邦。

“商山四皓”的出现，使刘邦被迫面临江山、美人的两难抉择。

当年西楚霸王项羽也曾遭遇过一回，最终他选择舍美人爱江山。如今这种事情落在了刘邦的头上，毫无悬念地，他也选择了江山而放弃了美人。两位英雄都是爱江山也爱美人，但江山与美人不能兼得，他们注定是不会为博美人一笑而放弃大好河山的。

为什么这样讲呢？

美人易得而江山难打，这个道理很简单、很现实。无论是项羽还是刘邦，都是手握政治实权的强权人物。这些政治强权人物若不能确保自己的强权地位，任何美人对他们都没有意义。失去了权力就失去了一切。保证自己不失去政治权力是政治人物一生中处理一切问题的最高原则。因此，在政治权力与感情生活发生矛盾时，他们只能选择政治权力——这就是虞姬的悲剧，也是戚夫人的悲剧。

尽管她们一个是失败了的项羽的爱妾，一个是成功了的刘邦的宠妃，但是，虞姬和戚夫人有一个共同点——她们所爱的男人都是政治领袖，这就注定了她们的命运。

清代诗人田雯《咏古》一诗，正是从这一角度咏叹了虞姬和戚夫人同样的命运：

谁教玉体两横陈，粉黛香消马上尘。
刘项看来称敌手，虞夫人后戚夫人。

诗中的“玉体”指虞姬和戚夫人。“两横陈”和“粉黛香消”，同是指代两位美人之死。

诗中说，谁让两位绝代佳人相继惨死呢？刘邦、项羽看来真是天生的对手，虞夫人死后紧接着戚夫人也死去了。

田雯意在讽刺刘邦能够灭项，却不能保护自己心爱的女人。他所宠爱的戚夫人竟和项羽宠爱的虞姬面临同样悲剧的下场。

从严格意义上讲，虞姬比戚夫人头脑更清醒，也更果断。虞姬果断自决，戚夫人却浑浑噩噩，失败后也只会哭泣，毫无自全之术。两位美人虽然命运同悲，但虞姬尚能保全人格的尊严，戚夫人却被迫受辱而亡。

当然，对戚夫人和赵王刘如意的遭遇，刘邦负有不可推卸的责任。

就在刘邦忙于应对后宫夺储之争时，一件让他痛心疾首的大事接踵而来。究竟是什么事呢？刘邦为何会深受打击呢？

请看：封王之路。

封王之路

三十五

高祖九年（前198），一起谋杀案震惊朝野。这起案件发生在赵国，谋杀对象是高祖刘邦，已知主谋是赵相贯高，重要嫌犯还有赵王张敖。更重要的是，这个张敖不是别人，他是刘邦的女婿，鲁元公主的丈夫。刘邦得知详情后极为愤怒，一连串的疑问在他脑中挥之不去：这件事情到底和女婿张敖有没有关系？赵国君臣为什么要谋杀我？

娶妻暴富是幸运，如何用钱是本领

要想说清楚这事儿跟张敖有没有关系，我们就得了解一下赵王张敖。要了解赵王张敖，又不得不从其父张耳被封为赵王说起。没有张耳，张敖根本当不了赵王。当不了赵王，一切都无从谈起，更谈不上谋杀高祖刘邦。

张耳者，大梁人也。其少时，及魏公子毋忌为客。——《史记·张耳陈馀列传》

张耳是大梁（今河南开封市西北）人，年轻时曾做过“战国四公子”之一信陵君的门客。可见张耳是一个很有能力的人，但他的封王之路除能力之外还有一个重要因素，那就是幸运。

张耳曾因为避祸而住在外黄（今河南民权县西北）。外黄一户有钱人家，生有一个漂亮的女儿，却嫁了一个碌碌无为的丈夫。这位“富二代”小姐很明智，她知道自己无法和平庸的丈夫生活一辈子，便离家出走，找到父亲的一位朋友。这位朋友非常了解张耳，便对小姐说：你要真想嫁一个有本事的人，就嫁给张耳吧。这位小姐接受了这个建议，请父亲的朋友出面解除了原来的婚约。此时的张耳独自在外漂泊，经济拮据，生活窘迫，正处在人生的低谷，他万万没想到会有千金小姐主动下嫁自己。张耳明白，这位小姐不但漂亮，而且有钱，美中不足的是有过短暂婚史。当然，他并不计较这段婚史，而是立即答应了这桩婚事。由于这场意外的婚姻，张耳一下子成了富人，步入了上层社会。

张耳尝亡命游外黄。外黄富人女甚美，嫁庸奴，亡其夫去，抵父客。父客素知张耳，乃谓女曰：『必欲求贤夫，从张耳。』女听，乃卒为请决，嫁之张耳。张耳是时脱身游，女家厚奉给张耳。——《史记·张耳陈馀列传》

忽然有了钱是幸运，怎样用这些钱却是本事。张耳用这些钱广纳贤才，不久便声名鹊起，当上了魏国外黄县的县令，这之后更是逐渐名动江湖。

张耳以故致千里客，乃宦魏为外黄令，名由此益贤。——《史记·张耳陈馀列传》

一桩幸运的婚姻成为张耳人生的第一个幸运转折点。

速称王：遏制不住的冲动

张耳有一位忘年交的朋友——陈馀。

陈馀也是大梁人，喜欢儒术，曾多次游历赵国苦陉（今河北无极县东北）。一个姓“公乘”的有钱人见他非同等闲之辈，便把女儿嫁给了他。

陈馀年轻，把张耳当作父辈，两个人成了生死之交。

陈馀者，亦大梁人也，好儒术，数游赵苦陉。富人公乘氏以其女妻之，亦知陈馀非庸人也。馀年少，父事张耳，两人相与为刎颈交。——《史记·张耳陈馀列传》

秦国灭掉魏国几年之后，才知道张耳、陈馀是魏国名士，于是悬赏重金抓捕两人。无奈，张耳、陈馀改名换姓，逃到了陈郡（郡治在今河南周口市淮阳区），当了里巷的看门人。一次，主管该里巷事务的小吏认为陈馀有过失，要鞭打他。陈馀愤愤不平他想还手，张耳赶快踩了踩他的脚以示阻止。那位小吏走了，张耳把陈馀拉到桑树底下数落他：我当初是怎么跟你说的？现在受一点点羞辱就忍不住，是想把生命断送在区区一个小吏的手里吗？陈馀已经冷静下来，知道张耳说得在理。当时，秦政府下了诏书四处通缉他们，他们以看门人的身份把诏令传达到全里巷，当地人都没想到朝廷要犯竟然就在眼前。

秦灭魏数岁，已闻此两人魏之名士也，购求有得张耳千金，陈馀五百金。张耳、陈馀乃变名姓，俱之陈，为里监门以自食。两人相对。里吏尝有过笞陈馀，陈馀欲起，张耳蹑之，使受笞。吏去，张耳乃引陈馀之桑下而数之曰：『始吾与公言何如？今见小辱而欲死一吏乎？』陈馀然之。秦诏书购求两人，两人亦反用门者以令里中。——《史记·张耳陈馀列传》

秦二世元年（前209），陈胜举旗反秦，为天下所有不被秦帝国所容之人创造了机会，刘邦和张耳都得益于此。

陈胜到达陈郡时，已拥有数万之众，张耳、陈馀立即求见。陈胜早就听说张耳、陈馀的大名，见面交谈后，对二人都很是欣赏。

陈涉起蕲，至入陈，兵数万。张耳、陈馀上谒陈涉。涉及左右生平数闻张耳、陈馀贤，未尝见，见即大喜。——《史记·张耳陈馀列传》

陈郡的豪杰们向陈胜建议道：将军披铠甲，执利器，率领士兵，诛伐暴秦，复兴楚国，这种功德可以称王。再说，将军若要统领天下众将，不称王也无法完成重任。希望将军自立为楚王。

陈中豪杰父老乃说陈涉曰：『将军身被坚执锐，率士卒以诛暴秦，复立楚社稷，存亡继绝，功德宜为王。且夫监临天下诸将，不为王不可，愿将军立为楚王也。』——《史记·张耳陈馀列传》

陈胜咨询张耳、陈馀的意见，他们说：秦国无道，灭他人国家，绝他人后代，耗尽百姓财力，弄得民不聊生。将军挺身而出，不顾个人安危，历尽艰辛，扫除残暴。但是如果刚攻下陈郡就自立为王，这会让天下人觉得将军是为了个人富贵而起义。建议将军先不要称王，应该迅速率兵西进，再派人分封原来的六国后裔为王，多为秦国树敌，为自己广建盟友。敌人越多，秦军的兵力越分散，我们的力量就越强大。到时候就用不着野外作战了，也不会有死守的县城。诛讨暴秦，占据咸阳，号令诸侯，都将十分顺利。六国灭亡后再复兴，都会感激将军，这样一来，帝王之业便可以实现。现在就自立称王，恐怕会失去天下人心。

陈涉问此两人，两人对曰：『夫秦为无道，破人国家，灭人社稷，绝人后世，罢百姓之力，尽百姓之财。将军瞋目张胆，出万死不顾一生之计，为天下除残也。今始至陈而王之，示天下私。愿将军毋王，急引兵而西，遣人立六国后，自为树党，为秦益敌也。敌多则力分，与众则兵强。如此野无交兵，县无守城，诛暴秦，据咸阳以令诸侯。诸侯亡而得立，以德服之，如此则帝业成矣。今独王陈，恐天下解也。』——《史记·张耳陈馀列传》

然而遗憾的是，这番“缓称王”的忠言陈胜怎么也听不进去，没过多久陈胜就称王了。

陈涉不听，遂立为王。——《史记·张耳陈馀列传》

陈胜揭开反秦大幕，是张耳人生的第二个幸运转折点。

秦末大起义是一场历史风暴。这场风暴对亡命江湖的张耳是一个千载难逢的机遇。张耳抓住了这个历史机遇，第一时间投奔陈胜，参加义军。

攻略河北：建立自己的地盘

陈胜称王后，陈馀主动向陈王提出一条

重要建议：攻略河北。

陈馀说，大王您的目标是西进入关灭秦，无暇顾及收复河北。我去过河北，了解那里的英雄豪杰和地势地貌，希望您能给我一支奇兵攻略赵地。

陈馀乃复说陈王曰：『大王举梁、楚而西，务在入关，未及收河北也。臣尝游赵，知其豪杰及地形，愿请奇兵北略赵地。』——《史记·张耳陈馀列传》

陈胜觉得这的确是一个扩大义军地盘的好主意，于是命老友武臣任将军，邵骚任护军，张耳、陈馀担任左右校尉，率三千士兵，北取赵地。

于是陈王以故所善陈人武臣为将军，邵骚为护军，以张耳、陈馀为左右校尉，予卒三千人，北略赵地。——《史记·张耳陈馀列传》

参与攻略河北是张耳人生的第三个幸运转折点。

攻略河北不仅开辟了一块新的反秦大战场，而且对张耳的一生影响重大。从此，张耳和赵地结下了不解之缘。张耳在赵地建立起反秦基地，最终成为一方义军的领袖。

张耳随武臣渡过黄河，到达河北，一路打得顺风顺水。武臣采用了军事斗争与政治攻势相结合的斗争方式。武装斗争绝对少不了，但是，绝对不能仅仅依靠武装斗争。强大的政治攻势也是赵地反秦根据地迅速壮大的主要原因。

武臣的政治攻势主要针对当地豪杰与当地官员进行，卓有成效。

针对当地豪杰，武臣等人从三个方面进行宣传战：

一是扬秦朝之恶。

秦朝实行暴政几十年，北修长城，南戍五岭，内外骚动，民不聊生。各地官吏收缴军费，四方百姓财尽力穷。再加上严刑苛法，父子不能相安——这样的政府能不灭亡吗？

武臣等从白马渡河，至诸县，说其豪杰曰：『秦为乱政虐刑以残贼天下，数十年矣。北有长城之役，南有五岭之戍，外内骚动，百姓罢敝，头会箕敛，以供军费，财匮力尽，民不聊生。重之以苛法峻刑，使天下父子不相安。』——《史记·张耳陈馀列传》

二是传义军之威。

陈王振臂而起，首义天下，楚地称王，方圆两千里群起响应。家家奋起，人人战斗，各自报仇。县杀县令、县丞，郡杀郡守、郡尉。现在陈王已经建立了大楚国，自立称王，派吴广、周文率百万大军向西攻秦——天下反秦大势已成。

『陈王奋臂为天下倡始，王楚之地，方二千里，莫不响应，家自为怒，人自为斗，各报其怨而攻其仇，县杀其令丞，郡杀其守尉。今已张大楚，王陈，使吴广、周文将卒百万西击秦。』——《史记·张耳陈馀列传》

三是用利益诱惑。

人生最难是机遇，有了好的机遇却封不了侯建不了业，那就算不上豪杰！世人受秦祸害很久了，凭借天下人的力量，攻无道暴君，报父兄怨仇，成就裂地封王的功业，这可是豪杰们最好的机会——千载难逢啊！

『于此时而不成封侯之业者，非人豪也。诸君试相与计之！夫天下同心而苦秦久矣。因天下之力而攻无道之君，报父兄之怨而成割地有土之业，此士之一时也。』——《史记·张耳陈馀列传》

总而言之，秦朝必亡，大势已成，机会难得。这番话得到了赵地豪杰的广泛认同，纷纷协助武臣扩大队伍，连下赵地十几城。

豪杰皆然其言。乃行收兵，得数万人，号武臣为武信君。下赵十城，余皆城守，莫肯下。——《史记·张耳陈馀列传》

对于那些坚守不降的秦朝地方官员，

武臣采纳了蒯通的意见，用争取、分化、瓦解的方法各个击破。前文中我们多次提到蒯通。他当年力劝韩信攻打齐国，破齐后又建议韩信保持中立。

作为以睿智著称的说客，蒯通一方面说服范阳县令向义军投降，一方面又说服武臣等人接受秦朝地方官员的投诚，最大限度地减少了敌军的抵抗，终使赵地江山迅速成为与齐地、楚地平起平坐的秦末大起义三大根据地之一。秦将章邯在楚地击败了陈胜、项梁，在齐地杀了田儋后，随后大军聚集赵地，企图一举灭掉赵地的反秦武装。各地诸侯纷纷出兵救赵，巨鹿之战爆发，最终赵地成为秦帝国的滑铁卢。

蒯通是如何说服负隅顽抗的范阳县令的呢？

他对县令说：您担任范阳县令十几年，“杀人之父，孤人之子，断人之足，黥人之首，不可胜数”。范阳的百姓早就恨死您了，大家之所以容忍了十几年，是因为害怕秦法。现在天下大乱，义军将至，秦法无法实施，您如果还死撑着，范阳的年轻人都会争着杀了您去投奔义军，您说您这不是自寻死路吗？赶快派人投降义军，才可能保住您的性命。范阳县令以前坚决不降义军是因为怕被杀，但天下反秦大势已成燎原之火，他也看得清清楚楚。之前找不到别的活路才打算死守，这会儿听蒯通一说，立马派蒯通联系武臣准备投降。

对曰：『秦法重，足下为范阳令十年矣，杀人之父，孤人之子，断人之足，黥人之首，不可胜数。然而慈父孝子莫敢剚刃公之腹中者，畏秦法耳。今天下大乱，秦法不施，然则慈父孝子且剚刃公之腹中以成其名，此臣之所以吊公也。今诸侯畔秦矣，武信君兵且至，而君坚守范阳，少年皆争杀君，下武信君。君急遣臣见武信君，可转祸为福，在今矣。』——《史记·张耳陈馀列传》

搞定了范阳县令，蒯通又是如何说服武臣的呢？

蒯通对武臣说，打一仗得一城是下策，您听我的话，可以“不攻而降城，不战而略地，传檄而千里定”。

> 范阳令乃使蒯通见武信君曰：『足下必将战胜然后略地，攻得然后下城，臣窃以为过矣。诚听臣之计，可不攻而降城，不战而略地，传檄而千里定，可乎？』——**《史记 · 张耳陈馀列传》**

武臣一下子没明白过来，就问：你到底是什么意思啊？蒯通告诉他：目前，范阳县令正在加紧战备，您知道为什么吗？“怯而畏死，贪而重富贵。”他明知道抵抗是死路一条，为什么还要拼死抵抗？那是因为他害怕您把他当成秦帝国任命的官吏而诛杀掉，就像您前面攻下十几座城杀了十几位县令一样。范阳县城的年轻人也想杀了范阳县令，守住范阳城不让你们进入。您现在最明智的做法是准备好侯印，任命范阳县令为侯，这样他就会率全城投降，当地的年轻人也不敢再动杀心了。然后，再让范阳县令坐着豪车到燕、赵等地晃悠一圈，赵地的百姓们看到了就会说：瞧，那就是率先投降义军的范阳县令。燕、赵等地的地方官见到投降能得到这么大的好处，必定会不战而降。这就是我所说的，发一篇文告就能安定千里的良策。武臣一听，立即派蒯通交给范阳县令一枚侯印。赵地各城听说了这件事，纷纷投降，三十多座城，不战而下。

> 武信君曰：『何谓也？』蒯通曰：『今范阳令宜整顿其士卒以守战者也，怯而畏死，贪而重富贵，故欲先天下降，畏君以为秦所置吏，诛杀如前十城也。然今范阳少年亦方杀其令，自以城距君。君何不赍臣侯印，拜范阳令，范阳令则以城下君，少年亦不敢杀其令。令范阳令乘朱轮华毂，使驱驰燕、赵郊。燕、赵郊见之，皆曰此范阳令，先下者也，即喜矣，燕、赵城可毋战而降也。此臣之所谓传檄而千里定者也。』武信君从其计，因使蒯通赐范阳令侯印。赵地闻之，不战以城下者三十余城。——**《史记 · 张耳陈馀列传》**

巧遇蒯通是张耳人生的第四个幸运转折点。

拥立赵王：让自己获得实权

蒯通的分化、瓦解政策使赵地的秦国防线迅速瓦解，义军得以顺利进入邯郸，攻下整个赵地。武臣以三千人马便平定赵地数十城，不能不说是一个奇迹。此时，张耳伙同陈馀做出了一个重大决定：拥立武臣为赵王！

张耳、陈馀为什么要拥立武臣为赵王呢？

原因有三：一是张耳、陈馀曾建议陈胜“缓称王”，被否定后，对陈胜有所不满；二是他俩率先提出攻略赵地的方案却未被任命为将，只担任了左右校尉，心中更加不满；三是他俩听说陈胜派出去攻城略地的许多将领都受谗被杀。

又闻诸将为陈王徇地，多以谗毁得罪诛，怨陈王不用其策不以为将而以为校尉。——《史记·张耳陈馀列传》

在这样的形势下，张耳、陈馀的独立意识迅速增强，两人力劝武臣在赵地称王。此时，除了首义的陈胜自立为陈王，多数义军都采取复立六国后裔为王的策略。让一位义军领袖自己称王，在当时还是有不少顾虑的。

面对武臣的犹豫，张耳、陈馀劝道：第一，不一定是六国后裔才可以称王，陈王就是自己称王；第二，功高足以称王，将军您以三千士卒，拿下赵地数十城，独霸河北，不称王无法镇抚赵地；第三，回报陈王未必有好报，搞不好受人谗言还有被诛的危险；第四，机不可失，独霸赵地是称王的最佳时机，一旦失去这一机会，以后将未必再有这样的机会了。

乃说武臣曰：『陈王起蕲，至陈而王，非必立六国后。将军今以三千人下赵数十城，独介居河北，不王无以填之。且陈王听谗，还报，恐不脱于祸。又不如立其兄弟；不，即立赵后。将军毋失时，时间不容息。』——《史记·张耳陈馀列传》

武臣最终接受了张耳、陈馀的意见，自立为赵王，任命陈馀为大将军，张耳为右丞相，邵骚为左丞相。

武臣乃听之，遂立为赵王。以陈馀为大将军，张耳为右丞相，邵骚为左丞相。——《史记·张耳陈馀列传》

拥立武臣为赵王再次显示了张耳的政治能力。

张耳、陈馀的建议对反秦大势十分有利。拥有数十城的赵地成为和齐地、楚地鼎足而三的天下反秦重镇之一，大大加强了反秦势力的力量。对张耳来说，武臣称王使赵地的反秦武装成为脱离陈胜的一支独立武装，张耳的个人地位大大提升。陈馀担任大将军，独掌赵国军权；张耳任右丞相，成为秦汉之际历史舞台上的主角之一。

陈胜得到武臣称王的消息，气不打一处来，恨不得马上诛杀武臣全族，剿灭赵国。

使人报陈王，陈王大怒，欲尽族武臣等家，而发兵击赵。——《史记·张耳陈馀列传》

此时，陈胜的相国劝道："秦未亡而诛武臣等家，此又生一秦也。不如因而贺之，使急引兵西击秦。"意思是说，诛杀武臣等人的家族，只能给您再树一敌，不如顺势封了武臣，让他率兵西进灭秦去吧。陈胜想了想，表示同意，随即将武臣等人的家属接到宫中，同时封张耳的儿子张敖为成都君。至此，张敖正式登上了历史舞台，迈出了人生的第一步。只不过，被安排在宫中起居的张敖，实际上是被软禁的人质罢了。

陈王相国房君谏曰：『秦未亡而诛武臣等家，此又生一秦也。不如因而贺之，使急引兵西击秦。』陈王然之，从其计，徙系武臣等家宫中，封张耳子敖为成都君。——《史记·张耳陈馀列传》

同时，陈胜派出使者前往邯郸，恭贺武臣称王，敦促他西进灭秦。

陈王使使者贺赵，令趣发兵西入关。——《史记·张耳陈馀列传》

张耳、陈馀告诫武臣：陈王封你为赵王，绝不是他的本意，而是一种策略。假如陈王成功灭秦，一定会派兵剿灭赵国。因此，你千万不要西进灭秦，而应该北取燕代，南攻河内，努力扩大赵国的势力范围。一旦拥有了足够的实力和地盘，南有黄河，北拥燕代，就算陈胜灭秦也不敢动我们。

张耳、陈馀说武臣曰：『王王赵，非楚意，特以计贺王。楚已灭秦，必加兵于赵。愿王毋西兵，北徇燕、代，南收河内以自广。赵南据大河，北有燕、代，楚虽胜秦，必不敢制赵。』——《史记·张耳陈馀列传》

此时已经荣登赵王宝座的武臣果断采纳了张耳的意见，不再考虑西入秦关，而是派出三路人马：韩广率兵攻取燕地，李良率兵攻占常山（秦郡，郡治东垣，今河北石家庄市东北），张黡（yǎn）率兵攻打上党（秦郡，郡治长子，今山西长子县西南）。

韩广到了燕地之后，燕人干脆拥立韩广做了燕王。赵王武臣深切地体会了一把当初陈胜的感受，勃然大怒之下，带领张耳、陈馀攻打燕国。

赵王以为然，因不西兵，而使韩广略燕，李良略常山，张黡略上党。韩广至燕，燕人因立广为燕王。赵王乃与张耳、陈馀北略地燕界。——《史记·张耳陈馀列传》

正在两国激烈交战的时候，发生了一件尴尬事。赵王武臣在出游时，竟不幸被燕军抓获。燕将通知赵国，分赵国一半土地换回赵王武臣。张耳、陈馀派出去的十几批使者，都被燕将所杀。张耳、陈馀为此大伤脑筋。

赵王间出，为燕军所得。燕将囚之，欲与分赵地半，乃归王。使者往，燕辄杀之以求地。张耳、陈馀患之。——《史记·张耳陈馀列传》

此时，赵军军中一个炊事员对同屋的人说：我能说服燕将放回赵王。同屋的人听了都笑着对他说：十几批使者全被杀了，你怎么就能让燕将放咱们的赵王回来呢？张耳、陈馀听说这件事后，决定死马当活马医，立即派这位炊事员前往燕军大营。

有厮养卒谢其舍中曰：『吾为公说燕，与赵王载归。』舍中皆笑曰：『使者往十余辈，辄死，若何以能得王？』乃走燕壁。——《史记·张耳陈馀列传》

这位炊事员见到燕将，劈头就问：你知道我来干什么吗？燕将回答：你想让我放回赵王。这位炊事员并不正面回答，反问道：你们觉得张耳、陈馀是什么人？燕将回答：贤人啊。再问：那你知道张耳、陈馀现在到底是怎么想的吗？燕将回答：想得到他们的赵王啊。这位火头军仰天大笑：你们太不了解这两个人的真实想法了。武臣、张耳、陈馀三个人拿下赵地几十座城，谁都想南面称王。难道他俩愿意一辈子就当个臣子？只不过现在大势初定，他们不敢三分赵地，于是选择先拥立武臣为王，稳住赵地。现在赵地已经安定下来，张耳、陈馀都想瓜分赵地称王呢，只是没有找到合适的时机。您现在囚禁了赵王，他俩表面上要您放了赵王，实际上心里巴不得您赶快杀了赵王，然后就可以瓜分了赵地。您想想，一个赵国就够您对付的了。倘若出现两个“贤王”，一左一右，联手攻击，灭燕是易如反掌啊。燕将一听，赶快放了赵王，这位炊事员驾车将赵王送归赵地。

燕将见之，问燕将曰：『知臣何欲？』燕将曰：『若欲得赵王耳。』曰：『君知张耳、陈馀何如人也？』燕将曰：『贤人也。』曰：『知其志何欲？』曰：『欲得其王耳。』赵养卒乃笑曰：『君未知此两人所欲也。夫武臣、张耳、陈馀杖马棰下赵数十城，此亦各欲南面而王，岂欲为卿相终已邪？夫臣与主岂可同日而道哉，顾其势初定，未敢参分而王，且以少长先立武臣为王，以持赵心。今赵地已服，此两人亦欲分赵而王，时未可耳。今君乃囚赵王。此两人名为求赵王，实欲燕杀之，此两人分赵自立。夫以一赵尚易燕，况以两贤王左提右挈，而责杀王之罪，灭燕易矣。』燕将以为然，乃归赵王，养卒为御而归。——《史记·张耳陈馀列传》

这位炊事员立了奇功。那么，他对燕将说的那些话是事实吗？应该不足为信。张耳、陈馀如果真想让燕将动手干掉赵王武臣，最好的办法是猛攻猛打。惹急了燕将，武臣肯定遭殃。然而，张耳、陈馀相继派出十几批使者前往交涉此事，而不敢进兵攻燕，说明他俩投鼠忌器，害怕处理不慎而导致赵王武臣遇害。但是，这位炊事员对武臣和张耳、陈馀三人利害关系的分析确实十分透彻。燕将没有看懂张耳、陈馀的真实意图，被这位炊事员一顿忽悠，便上了当。

武臣刚从燕军大营回到赵地，另一场横祸又从天而降。

原来，早前被派去攻夺常山的李良顺利拿下了常山后，又被派去攻打太原郡。由于秦兵在太行山的重要关口井陉布置了重兵，李良大军到了石邑（今河北石家庄市西南）便无法前进。秦将诡计多端，给李良寄去了一封信。这封信一是不密封，二是假借秦二世亲笔之名。信中说，假如李良能叛赵归秦，为帝国效劳，可以赦免其罪，并予以重用。李良看到信，将信将疑，于是回邯郸要求增兵。快到邯郸时，刚好遇到赵王武臣的姐姐外出，随从众多。李良乍一看，以为是赵王武臣本人，立刻伏在路边行礼。碰巧武臣的姐姐那天喝高了，不知道在路边恭候的是大将李良，便派了一个随从给李良打了个招呼。你想啊，李良好歹是赵国高官，一向地位尊崇，得知自己恭候多时的并非赵王，而是赵王的姐姐，心中非常懊恼。这时，李良身边的一位侍从官说：天下大乱，“能者先立”。赵王的能力本来就在将军之下，现在居然连一个老娘们都不为将军下车，不如派人杀了她。李良此前已经得到“秦二世”来信，如果说当时是动了叛赵的念头，却一直无法说服自己，那么眼下这场羞辱，倒是给他长了些胆量。他立刻派人杀了赵王武臣的姐姐，随即率兵突袭邯郸。邯郸方面毫无警觉，一点准备都没有，赵王武臣、左丞相邵骚全部被杀。张耳、陈馀的耳目甚多，两人侥幸逃出邯郸，又迅速收聚起数万散兵。

李良已定常山，还报，赵王复使良略太原。至石邑，秦兵塞井陉，未能前。秦将诈称二世使人遗李良书，不封，曰：『良尝事我得显幸。良诚能反赵为秦，赦良罪，贵良。』良得书，疑不信。乃还之邯郸，益请兵。未至，道逢赵王姊出饮，从百余骑。李良望见，以为王，伏谒道旁。王姊醉，不知其将，使骑谢李良。李良素贵，起，惭其从官。从官有一人曰：『天下畔秦，能者先立。且赵王素出将军下，今女儿乃不为将军下车，请追杀之。』李良已得秦书，固欲反赵，未决，因此怒，遣人追杀王姊道中，乃遂将其兵袭邯郸，邯郸不知。竟杀武臣、邵骚。赵人多为张耳、陈馀耳目者，以故得脱出。收其兵，得数万人。——**《史记·张耳陈馀列传》**

赵王武臣被杀说到底是一场意外。秦将诱降李良，武臣的姐姐无意中得罪李良，李良随从恶意挑拨，最终导致李良叛乱。赵王武臣、左丞相邵骚双双被杀。陈胜派往赵地的将领只剩下张耳、陈馀两个人。

武臣被杀是张耳人生的第五个幸运转折点。

武臣被杀后，历史已将张耳推到了可以独自掌控赵国命运的位置上。这是武臣的悲剧，却是张耳的人生机遇。

赵王武臣被杀，赵国怎么办？

张耳的手下建议说：你俩不是赵国人，而是客居赵地，根基尚浅，实在难以稳住赵国。为今之计，只有先立一位赵王的后裔，高举赵王的旗帜才有可能成功。张耳、陈馀对此深表认同，于是找到赵国贵族赵歇，立他为赵王，建都信城（今河北邢台市）。

客有说张耳曰：『两君羁旅，而欲附赵，难；独立赵后，扶以义，可就功。』乃求得赵歇，立为赵王，居信都。——《史记·张耳陈馀列传》

李良杀了赵王武臣还不甘心，又率兵攻打新建立的赵国，结果被陈馀打得溃不成军，最后无奈投靠了秦军章邯集团。

李良进兵击陈馀，陈馀败李良，李良走归章邯。——《史记·张耳陈馀列传》

武臣死后，张耳、陈馀实际上已经控制了赵国大权。赵歇名义上为赵王，但实权旁落。当然，一个人的幸运指数总是有限的。就在张耳、陈馀两人春风得意之时，一场风暴不期而至，张耳即将面临命运的严酷考验。

一向幸运的张耳将怎样化解这场人生劫难呢？他的封王之路还有多远呢？

请看：翁婿嫌隙。

翁婿嫌隙

三十六

张耳遭遇的这场风暴源自章邯围赵！章邯在秦帝国危亡之际受命镇压义军，在相继摆平了陈胜、项梁、田儋、魏咎等义军领袖之后，又移师北上，攻打义军最后一个重镇——赵国。张耳和赵王歇逃到巨鹿（今河北平乡县），被秦军长城军团困在城中。陈馀收聚了常山数万士兵，但面对秦帝国两支强大军团——章邯军团与长城军团，这点兵力根本无法逆转形势。巨鹿城中的张耳多次请求陈馀出兵相救，但陈馀却说自己的兵力太弱，实在无法与强大的秦军对抗，所以不敢进兵。得不到陈馀的救援，困在巨鹿城中的张耳将如何解围呢？

反目为仇

转眼间几个月过去了，张耳被困在巨鹿城中是危在旦夕，生死之交陈馀却一直按兵不动。“张耳大怒”，怨恨之情油然而生。他派了两位将军张黡、陈泽前往陈馀兵营问责：我和你是生死之交，如今赵王和我随时都有可能丧命，你“拥兵数万，不肯相救”，难道这就叫同生共死？如果你真讲义气，为什么不和秦军拼了，或许还有一丝取胜的可能。

数月，张耳大怒，怨陈馀，使张黡、陈泽往让陈馀曰：『始吾与公为刎颈交，今王与耳旦暮且死，而公拥兵数万，不肯相救，安在其相为死！苟必信，胡不赴秦军俱死？且有十一二相全。』——《史记·张耳陈馀列传》

陈馀回复说：我已经多次考虑这件事情了，贸然出兵绝不可能取胜，只能白白送死。我之所以不和您一块儿战死，是想日后为赵王和您报仇。如果非要现在共生死，那就像把肉扔给饿虎，哪有什么用处？张黡、陈泽催促陈馀：军情紧急，我们只能和敌人拼了，以此表明我们遵守信义，哪里还能考虑什么后事？陈馀说：我死了，不顶任何用；如果你们一定要拼命，我借兵五千，你们试试看吧。张黡、陈泽率兵杀到秦军阵前，全军覆没。

陈馀曰：『吾度前终不能救赵，徒尽亡军。且馀所以不俱死，欲为赵王、张君报秦。今必俱死，如以肉委饿虎，何益？』张黡、陈泽曰：『事已急，要以俱死立信，安知后虑！』陈馀曰：『吾死顾以为无益。必如公言。』乃使五千人令张黡、陈泽先尝秦军，至皆没。——《史记·张耳陈馀列传》

此时，反秦义军和秦军主力全部集中在赵地巨鹿。燕将臧荼、齐将田都、楚将宋义也已经赶到巨鹿。原先被置于宫中做人质的张敖，在陈胜被杀后逃归张耳，成为赵将。张敖此时也收聚到代地一万多士卒，赶到巨鹿救援。然而，各路诸侯慑于秦军两大军团的强大威势，都不敢贸然出兵，都驻扎在巨鹿附近观望。

> 当是时，燕、齐、楚闻赵急，皆来救。张敖亦北收代兵，得万余人，来，皆壁馀旁，未敢击秦。——**《史记·张耳陈馀列传》**

此种局面最终被项羽打破。项羽杀宋义，夺军权，率领楚军几番断绝章邯输送长城军团的粮道，致使王离军团军粮供应受阻。随后，项羽亲率大军打败章邯，各路救赵的诸侯军见此势头，才敢率兵出战，包围王离军团，大败秦军，俘虏王离。巨鹿之围，就这样被解开了。

> 项羽兵数绝章邯甬道，王离军乏食，项羽悉引兵渡河，遂破章邯。章邯引兵解，诸侯军乃敢击围钜鹿秦军，遂虏王离。涉间自杀。——**《史记·张耳陈馀列传》**

项羽大败章邯，巨鹿大捷，也使张耳在必死之时意外获救。毕竟，在此之前谁也想不到屡战屡胜从未失手的章邯军团也会有大败的一天。

项羽大破巨鹿之围是张耳人生的第六个幸运转折点。

赵王歇、张耳走出巨鹿城，对各路救赵诸侯将领感激涕零，对不愿救赵的陈馀好一顿责备。张耳又问到张黡、陈泽的下落，陈馀怒气冲冲地说：他们逼着我出兵，我只好给了他俩五千士兵尝试冲击秦军，结果全部战死了。张耳不信，认为是陈馀挟私怨杀了张黡、陈泽，便多次责问陈馀。陈馀气得没办法，只说：真没想到你对我成见这么深。你以为我就这么看重将军的位置吗？说完，他解下身上的将军印，交给张耳。张耳一时愣了，没有伸手去接。陈馀起身如厕，张耳的门客悄悄劝张耳接收将军印：现在陈将军把将军印交给您，您要是不接，恐怕不吉利，赶快收起来。于是，张耳佩上陈馀的将军印，将陈馀的部下收归自己统领。

于是赵王歇、张耳乃得出钜鹿，谢诸侯。张耳与陈馀相见，责让陈馀以不肯救赵，及问张黡、陈泽所在。陈馀怒曰：『张黡、陈泽以必死责臣，臣使将五千人先尝秦军，皆没不出。』张耳不信，以为杀之，数问陈馀。陈馀怒曰：『不意君之望臣深也！岂以臣为重去将哉？』乃脱解印绶，推予张耳。张耳亦愕不受。陈馀起如厕。客有说张耳曰：『臣闻「天与不取，反受其咎」。今陈将军与君印，君不受，反天不祥。急取之！』张耳乃佩其印，收其麾下。——《史记·张耳陈馀列传》

陈馀负气交出将军印，原本只是为了表明自己绝无见死不救之心而已，并非真的就不想继续干了。但当他回到座位，看见张耳并无挽留之意，反将军权收回，于是一怒之下，头也不回地走了。

而陈馀还，亦望张耳不让，遂趋出。张耳遂收其兵。——《史记·张耳陈馀列传》

客观地说，陈馀绝不是不想去救赵王和张耳，实在是秦军气盛兵多。如果不是项羽打败章邯，巨鹿之战将会成为天下反秦义军的滑铁卢。张耳之子张敖也是诸侯联军之一，手握一万代兵，尽管父亲张耳就被困在巨鹿城中，但他同样不敢出兵。可见，张耳对陈馀不进兵的看法，确实有点委屈陈馀了。另一方面，面对张黡、陈泽的逼迫，明知道是送死，陈馀就不应当屈从于二将的威逼，不应当借出五千士兵，不但葬送了张黡、陈泽和五千士兵的生命，还造成了张耳日后的误解。这是陈馀犯下的一个错误，另一个错误则是负气交权。

张耳在敌众我寡的情况下，不顾客观现实，逼着陈馀和秦军拼命，实在是有失理智。巨鹿之战后，张耳对陈馀的怨恨有增无减，抓着张黡、陈泽之死严斥陈馀，实在有些过分。要是陈馀真杀了张黡、陈泽，岂能瞒得住？陈馀被逼无奈，借交出军权以表清白，张耳听信谗言，抢夺军权，亲手将两人的友谊画上了休止符。而转身离开的陈馀，带着与其关系极铁的数百名部下过起了隐居的生活。

陈馀独与麾下所善数百人之河上泽中渔猎。由此陈馀、张耳遂有郤。——《史记·张耳陈馀列传》

冤冤相报何时了

此后，张耳率领赵军追随项羽入关。汉元年（前206）二月，项羽大封天下诸侯，张耳平时人际关系搞得不错，这时很多人替他说话。而项羽呢，以前也早就听说张耳是位贤者，于是将赵国一分为二，立张耳为常山王，建都于原赵国都城信都（今河北邢台市西南），只是将信都改名为襄国。一些和陈馀友好的人对项羽说，陈馀、张耳功劳相当，也应当封王。项羽因为陈馀没有跟随自己入关，又听说陈馀现在南皮（今河北南皮县），于是将南皮附近三个县封给了陈馀。原来的赵王歇，被项羽迁往代地，封为代王。

赵王歇复居信都。张耳从项羽诸侯入关。汉元年二月，项羽立诸侯王，张耳雅游，人多为之言，项羽亦素数闻张耳贤，乃分赵立张耳为常山王，治信都。信都更名襄国。陈馀客多说项羽曰：『陈馀、张耳一体有功于赵。』项羽以陈馀不从入关，闻其在南皮，即以南皮旁三县以封之，而徙赵王歇王代。——《史记·张耳陈馀列传》

张耳到常山国走马上任，陈馀得知后气不打一处来。陈馀认为，张耳和自己功劳相当，现在张耳封王，自己却只被封侯，项羽分封不公。所以，当田荣叛楚的消息传来，陈馀便立即派人联络田荣：项羽主管天下政务不公，跟随他入关的将领全封到了好地方，原来的诸侯王个个被迁徙，被调到偏僻贫瘠的地方。赵王竟然被赶到代地，希望大王能借兵给我，我愿追随您。田荣正张罗着多树党羽，建立反楚联盟，当即决定派兵支援陈馀。陈馀率领他受封的三县的军队和田荣派来的齐军偷袭常山王张耳。张耳措手不及，大败。

> 张耳之国，陈馀愈益怒，曰：『张耳与馀功等也，今张耳王，馀独侯，此项羽不平。』及齐王田荣畔楚，陈馀乃使夏说说田荣曰：『项羽为天下宰不平，尽王诸将善地，徙故王王恶地，今赵王乃居代！愿王假臣兵，请以南皮为扞蔽。』田荣欲树党于赵以反楚，乃遣兵从陈馀。陈馀因悉三县兵袭常山王张耳。——**《史记·张耳陈馀列传》**

战败的张耳考虑再三，觉得诸侯之中只有刘、项两人值得投靠。刘邦是张耳的老朋友；但是呢，项羽的势力大，且立他做了常山王，所以张耳打算投奔项羽。

> 张耳败走，念诸侯无可归者，曰：『汉王与我有旧故，而项羽又强，立我，我欲之楚。』——**《史记·张耳陈馀列传》**

这时候，善于占星术的甘公劝张耳说：汉王入关时，金、木、水、火、土五星齐聚井宿，这是真龙天子出现的吉兆。而且井宿对应的正是秦地，意味着先入关者必能称霸。西楚目前势力虽强，但将来必被汉所取代。张耳听了这话，心动了，马上改变主意，投靠了刘邦。

> 甘公曰：『汉王之入关，五星聚东井。东井者，秦分也。先至必霸。楚虽强，后必属汉。』故耳走汉。——**《史记·张耳陈馀列传》**

这次“跳槽”是张耳人生中第七个幸运转折点。

当年，刘邦还是布衣百姓时，曾经多次到张耳家，一住就是几个月。那段时期的交往成为张耳此时最重要的政治资源。张耳之所以会

> 高祖为布衣时，尝数从张耳游，客数月。——**《史记·张耳陈馀列传》**

投靠刘邦，究竟是不是因为甘公的话我们无从知晓，不过可以确定的是，他投奔刘邦事出偶然。天下高官都是跟出来的，张耳在楚汉战争之初跟了刘邦，这成为他人生的一大转折。

当时刘邦还定三秦，大军围困章邯。见到自己的老朋友、常山王张耳来投奔自己，十分高兴，自然厚待张耳。

汉王亦还定三秦，方围章邯废丘。张耳谒汉王，汉王厚遇之。——《史记·张耳陈馀列传》

话说两头，这陈馀打跑了张耳，收复了赵地全境，派人到代地迎回了赵王歇。赵王歇十分感谢陈馀，立陈馀为代王。代王陈馀没有到自己的封国去，而是留下来辅佐赵王歇，派自己的部下以相国的身份守卫代国。

陈馀已败张耳，皆复收赵地，迎赵王于代，复为赵王。赵王德陈馀，立以为代王。陈馀为赵王弱，国初定，不之国，留傅赵王，而使夏说以相国守代。——《史记·张耳陈馀列传》

汉二年（前205），刘邦联合各地诸侯伐楚。派人出使赵国，力邀赵国参加反楚联盟。陈馀提出条件：“汉杀张耳乃从。”非要刘邦杀了张耳才加入联盟。刘邦为了争取赵国，找了一个长得酷似张耳的人杀了，派人将假张耳的头送到赵国。陈馀这才决定出兵助汉。然而到刘邦彭城大败时，陈馀发现张耳活得好好的，随即叛汉。

汉二年，东击楚，使使告赵，欲与俱。陈馀曰：『汉杀张耳乃从。』于是汉王求人类张耳者斩之，持其头遗陈馀。陈馀乃遣兵助汉。汉之败于彭城西，陈馀亦复觉张耳不死，即背汉。——《史记·张耳陈馀列传》

汉三年（前204），韩信平定魏地。刘邦派张耳协助韩信攻赵。韩信在井陉大败赵军，斩杀陈馀，追杀赵王歇，平定了赵地。

汉四年（前203）夏，刘邦封张耳为赵王。

至此，张耳终于完成了他的封王之路。

张耳、陈馀原为生死之交，却因为误解而反目为仇。陈馀非要杀了张耳才加入反楚联盟，发现张耳没死又立即叛汉。可见，此时的陈馀已视张耳为必杀的仇敌。张耳最终在井陉之战中大败赵军，杀了陈馀。这对势利之交从此成为千古笑谈。张耳的封王之路是以刎颈之交的生命为代价换来的。

可惜天不假年，张耳只做了一年赵王就病死了。

汉五年（前204），张耳去世，儿子张敖即位。张敖能够成为赵王，一是因为他的父亲张耳是赵王，二是因为他是刘邦的女婿。刘邦与吕后只有一个女儿——鲁元公主。这位皇家千金嫁给了张耳的儿子张敖。不过，张敖却远没有他的父亲张耳那么幸运，称王后遇到了一场大麻烦，还差点儿要了他的小命。这又是怎么回事呢？

汉五年，张耳薨，谥为景王。——《史记·张耳陈馀列传》

老大说话更要当心

前文我们提到的皇室谋杀案，便是险些要了张敖小命的大劫难。

高祖七年（前200），刘邦被困在平城七天才得以突出重围，路过赵地的时候暂做停留。赵王张敖每天都脱去外衣，戴上皮套袖，亲自为他端饭上菜，以尽翁婿之礼。可刘邦却表现得极为傲慢无礼，目中无人，动不动就对张敖破口大骂。

汉七年，高祖从平城过赵，赵王朝夕袒韝蔽，自上食，礼甚卑，有子婿礼。高祖箕踞詈，甚慢易之。

——《史记·张耳陈馀列传》

刘邦之所以表现出这样的态度，原因很复杂：一是因为他平素就是这个作风，特别喜爱骂人；二是因为张敖虽为赵王却是自己的女婿；三是在平城被困七天七夜，内心很不平衡。谁也没有想到，这种粗暴态度，会给刘邦惹来大麻烦。

赵国相国贯高等几十位大臣，原来都是赵王张耳的部下，一向重气节、讲义气。眼见赵王张敖对刘邦如此谦恭，刘邦却对赵王如此傲慢，都气愤地说：我们大王真是个软骨头！他们对赵王张敖说："天下豪杰并起，能者先立。"现在，大王对皇帝恭敬有加，但皇帝却极为无礼，请允许我们杀了他。张敖一听，马上将手指咬出血，说道：你们说得太荒唐了！先父亡国，仰仗着皇上才得以恢复，让我们晚辈受惠。这全是皇上的恩德！希望你们再也不要说这样的话。贯高等人私下说：我们大王是厚道人，不忘旧恩。但我们绝不受辱，现在皇上羞辱大王，我们一定要杀他，为什么要玷污大王的清白呢？事办成了，好处归大王；事办砸了，我们自己扛着。

赵相贯高、赵午等年六十余，故张耳客也。生平为气，乃怒曰：『吾王孱王也！』说王曰：『夫天下豪杰并起，能者先立。今王事高祖甚恭，而高祖无礼，请为王杀之！』张敖啮其指出血，曰：『君何言之误！且先人亡国，赖高祖得复国，德流子孙，秋豪皆高祖力也。愿君无复出口。』贯高、赵午等十余人皆相谓曰：『乃吾等非也。吾王长者，不倍德。且吾等义不辱，今怨高祖辱我王，故欲杀之，何乃污王为乎？令事成归王，事败独身坐耳。』——《史记·张耳陈馀列传》

高祖九年（前198），贯高的仇家知道了这件事，立即向刘邦举报。刘邦马上抓捕了赵王张敖、赵相贯高。十几个参与密谋的人都准备自杀。贯高气愤地说：谁让你们自杀的？大王没有参与此事却被逮捕，你们都死了，谁为大王洗掉不白之冤呢？

汉九年，贯高怨家知其谋，乃上变告之。于是上皆并逮捕赵王、贯高等。十余人皆争自刭，贯高独怒骂曰：『谁令公为之？今王实无谋，而并捕王；公等皆死，谁白王不反者！』——《史记·张耳陈馀列传》

刘邦派了囚车押送赵王张敖、相国贯高进京，并下诏：敢跟从赵王进京者，一律灭族。于是，只有孟舒、田叔等十几个参与谋反的人打扮成家奴，跟随进京。

乃轞车胶致，与王诣长安。治张敖之罪。上乃诏赵群臣宾客有敢从王皆族。贯高与客孟舒等十余人，皆自髡钳，为王家奴，从来。——《史记·张耳陈馀列传》

贯高入狱，交代说，这事是我们下面的人策划的，赵王完全不知情。廷尉不信，遂严刑拷打，皮鞭、棍棒、锥子轮番上阵，以致贯高身上没有一块完好的皮肤，但贯高始终不改口。吕后多次劝说刘邦：张敖是自家女婿，不会这样干。刘邦气呼呼地说：假如他张敖得了天下，难道还会缺少像你女儿那样的女人吗？

廷尉把贯高的“口供”报给刘邦。刘邦看后大为震惊，不禁感慨道：壮士啊！快去查查谁和贯高是朋友，让他以个人的名义找贯高谈谈，了解一下情况。中大夫泄公说：贯高是我的同乡，我和他很熟。他在赵国很有名气，很守信义。于是，刘邦便让泄公带着皇帝的旌节前去探监。狱卒用担架将贯高抬了出来，贯高看了看来人，问道：是泄公吗？泄公像平时老朋友见面一样安慰了一番，气氛一时放松下来。泄公问他：张敖真的没有参与谋划吗？贯高回答：谁不爱自己的父母、妻子？现在我家三族都要为这项大罪掉脑袋，难道我会用他们的性命去换赵王的性命？关键是赵王真的没有谋反，是我们这些人私下干的事。接着，贯高将他们一帮人如何为赵王抱不平，如何策划报复行动，以及赵王不知内情的缘由本末一一向泄公道来。之后，泄公把这次谈话的详情报给了刘邦，赵王张敖得以赦免。

贯高至，对狱，曰：『独吾属为之，王实不知。』吏治榜笞数千，刺剟，身无可击者，终不复言。吕后数言张王以鲁元公主故，不宜有此。上怒曰：『使张敖据天下，岂少而女乎！』不听。廷尉以贯高事辞闻，上曰：『壮士！谁知者，以私问之。』中大夫泄公曰：『臣之邑子，素知之。此固赵国立名义不侵为然诺者也。』上使泄公持节问之箯舆前。仰视曰：『泄公邪？』泄公劳苦如生平欢，与语，问张王果有计谋不。高曰：『人情宁不各爱其父母妻子乎？今吾三族皆以论死，岂以王易吾亲哉！顾为王实不反，独吾等为之。』具道本指所以为者王不知状。于是泄公入，具以报，上乃赦赵王。——**《史记·张耳陈馀列传》**

刘邦非常欣赏贯高的为人——讲气节，重信用。他让泄公告诉贯高，赵王已无罪获释，对他也予以赦免。贯高兴奋地问：我们赵王真的被开释了吗？泄公说：真的被放了。皇帝非常看重你，也赦免了你的罪过。贯高说：我之所以没有选择自杀，宁愿饱受刑讯之苦，没有其他目的，只为了能证明赵王没有参与谋反。现在，赵王已出狱，我的使命也已完成，死而无憾了。身为人臣却背负谋逆恶名，还有什么脸面再见皇上呢？即使皇上不杀我，难道我心里就不惭愧吗？说完，贯高自刎而亡。

泄公曰：『上多足下，故赦足下。』贯高曰：『所以不死一身，无余者，白张王不反也。今王已出，吾责已塞，死不恨矣。且人臣有篡杀之名，何面目复事上哉！纵上不杀我，我不愧于心乎？』乃仰绝肮，遂死。——**《史记·张耳陈馀列传》**

贯高的所作所为，不是常人能做到的，他的仁义之举也使他名闻天下。

当此之时，名闻天下。——《史记·张耳陈馀列传》

张敖被释放。因为女婿的身份，也因为有吕后帮忙说好话，刘邦最后免了他的赵王，仍封他为宣平侯。

张敖已出，以尚鲁元公主故，封为宣平侯。——《史记·张耳陈馀列传》

这场让刘邦勃然大怒的赵国谋逆案，最终水落石出。刘邦在处理这场谋逆大案中看到了贯高等赵国臣子的忠诚，让他备感可贵。刘邦称帝以后，越来越重视臣子的气节与忠诚。这种重视，一方面是来自阅历的积累，一方面是来自对身后之事的考虑。

贯高自杀后，张敖向刘邦推荐了当年以家奴身份随他进京的臣子们。刘邦召见了孟舒、田叔等十几人，几番交谈下来，发现他们个个都是人才。刘邦很兴奋，把他们全部任命为郡守或诸侯王的相国。后经惠帝、高后、文帝、景帝，这些赵国臣子的子孙，大多数都做了两千石的高官。

贯高事明白，赵王敖得出，废为宣平侯，乃进言田叔等十余人。上尽召见，与语，汉廷臣毋能出其右者，上说，尽拜为郡守、诸侯相。——《史记·田叔列传》

及孝惠、高后、文帝、孝景时，张王客子孙皆得为二千石。——《史记·张耳陈馀列传》

女婿谋反的事件就此完结，结局可悲可喜也不悲不喜。没等刘邦喘口气，又传来一个惊人的消息。究竟是什么事让刘邦震惊不已呢？

请看：成败萧何。

成败萧何

三十七

韩信谋反，吕后杀之——这当然是足以让所有人震惊不已的事。韩信怎么会谋反呢？当年武涉、蒯通力劝他和大汉保持距离，他坚决不干，为什么会在此时谋反呢？即便他有谋反的举动，处理此事的一定是高祖刘邦，可现在竟然是吕后摆平了此案。那么，刘邦此时在干什么呢？

爱将变叛臣

刘邦晚年身体相当不好，一身伤病，所以大部分时间都在宫里养病。不料，统一监管赵、代两国军队的将领突然叛变，刘邦不得不前往赵地平定叛乱。

这头刘邦一心对付着赵地的叛乱，哪里想得到后院又失火了——淮阴侯韩信趁机谋反。

韩信在高祖六年（前201）被降为淮阴侯后，一直居住在京城内，虽然有“软禁”之嫌，但安度晚年应该不会有任何问题，他怎么会突然谋反呢？当年韩信大权在握的时候，忠心耿耿事奉汉王，武涉、蒯通力劝他保持中立都那么费劲，现在手中一无所有，怎么竟会和谋反扯上关系呢？

这一切都和一个无名小卒有关。此人本非名将，亦非大功臣，却最终成为刘邦诛杀三位异姓诸侯王的导火索。他一个人牵连到三位异姓诸侯王，制造了古代历史上的三大奇案。

此人叫陈豨。陈豨是宛朐（今山东曹县西北）人，早年率五百人起兵，后投奔刘邦。进入关中后，刘邦封陈豨为游击将军。

陈豨者，宛朐人也，不知始所以得从。——《史记·韩信卢绾列传》

平定燕地臧荼叛乱时，陈豨立了功。所以，高祖六年大分封时受封阳夏侯。

高祖七年（前200）冬，韩王信叛乱，逃入匈奴。刘邦率兵追至平城，命陈豨以赵国相国的身份统领赵、代两国军队。这个职位实在是太重要了。代地是汉、匈两军交兵的重要战场，而赵地又毗邻代地，为中原重镇。陈豨一人统率赵、代两军，权力极重。虽然此时名义上只是赵国相国，但他统领的重兵事关西汉北部的边防。

及高祖七年冬，韩王信反，入匈奴，上至平城还，乃封豨为列侯，以赵相国将监赵、代边兵，边兵皆属焉。——《史记·韩信卢绾列传》

那么，刘邦为什么会把如此重要的职位安心交给陈豨呢？一是因为陈豨是刘邦的老部下，值得信任。二是陈豨熟悉赵、代两国的形势，便于统领边地。

然而，高祖十年（前197）九月陈豨叛乱。消息传至京城，刘邦大为震惊。深得刘邦信任与重用的陈豨怎么说叛乱就叛乱了呢？

陈豨的叛乱真不是他的本意，而是一步步被赶到那个地步的。

这话怎么讲呢？

陈豨这个人有个嗜好——养士。养士之风盛行于战国时期，著名的“战国四公子”平原君、信陵君、春申君、孟尝君都好这口儿。秦末汉兴之际，士人还沿袭着战国遗风。陈豨生长在这个时期，也耳濡目染了当时养士的盛况。当他受命监管赵、代两地并建立起自己威势的时候，便开始广招门客，大力养士。所以每到一地，门客们都前呼后拥，陈豨那是威风八面。

有一次，陈豨回京，路过邯郸城。手下门客的车辆有一千多辆，而且这些门客包下了整个邯郸城的客栈，一直喧嚣不已，也颇有些仗势欺人的苗头。此时的赵相正是刘邦特意委任的原御史大夫周昌。他冷眼目睹了这一状况。当周昌进京见到刘邦时，便详细讲述了陈豨门客的盛况，并特别强调：陈豨统重兵数年，门客如此众多，担心有变。相较而论，周昌更得刘邦信任。听周昌这么一说，刘邦心里也嘀咕上了，于是连忙派人核查了一番。这一查不要紧，发现陈豨的门客还真有不少违法之事，而且很多事还牵连到陈豨。

豨常告归过赵，赵相周昌见豨宾客随之者千余乘，邯郸官舍皆满。豨所以待宾客布衣交，皆出客下。豨还之代，周昌乃求入见。见上，具言豨宾客盛甚，擅兵于外数岁，恐有变。上乃令人覆案豨客居代者财物诸不法事，多连引豨。——《史记·韩信卢绾列传》

陈豨一听说皇上派人调查自己，大为惊慌，赶快派人和叛王韩信的部将王黄、曼丘臣取得联系。

豨恐，阴令客通使王黄、曼丘臣所。——《史记·韩信卢绾列传》

陈豨怎么会和韩王信的叛将勾搭上呢？原来，之前韩王信叛乱时曾派王黄等人劝说陈豨投降匈奴。虽然当时没有被韩王信拖下水，但是陈豨表现出的态度很暧昧，其实是给自己留了条后路。所以刘邦这一查，陈豨马上派人联系王黄。

高祖十年（前197）七月，太上皇病故。刘邦派人召陈豨进京治丧，陈豨一听皇上召自己进京，更加惊恐不安，谎称自己病重，不能进京。

及高祖十年七月，太上皇崩，使人召豨，豨称病甚。——《史记·韩信卢绾列传》

刘邦得到这样的答复还能怎么想，立即断定陈豨反了。于是，他赦免赵、代两地被陈豨劫持的官吏，并亲自带兵到达邯郸。到达邯郸后，刘邦高兴地说：陈豨南面不占领漳水，北面不据守邯郸，我断定陈豨不可能有什么大作为了。

> 九月，遂与王黄等反，自立为代王，劫略赵、代。上闻，乃赦赵、代吏人为豨所诖误劫略者，皆赦之。上自往，至邯郸，喜曰：『豨不南据漳水，北守邯郸，知其无能为也。』——《史记·韩信卢绾列传》

赵相周昌向刘邦建议，应当处死常山郡的郡守、郡尉。为什么呢？因为常山郡二十五座城，竟然丢了二十座城。刘邦反问周昌：常山郡的郡守、郡尉参与谋反了吗？周昌回答：没有。刘邦马上说：那是因为郡守们兵力不够，无法平叛，赦免他们，官复原职吧。

> 赵相奏斩常山守、尉，曰：『常山二十五城，豨反，亡其二十城。』上问曰：『守、尉反乎？』对曰：『不反。』上曰：『是力不足也。』赦之，复以为常山守、尉。——《史记·韩信卢绾列传》

刘邦又问：赵国有壮士可以担当将军的吗？周昌回答：有四个人。周昌举荐的四位壮士前去拜见刘邦。刘邦只看了一眼，立马怒骂道：你们这帮小子能当将军吗？四个人一听，惭愧得伏在地上。刘邦封他们四个人每人千户食邑，作为偏将。刘邦身边的近臣劝阻说：当年跟随入蜀、伐楚的功臣还没有封完呢，这四个人有什么功劳可封？刘邦说：这个你们就不懂了。陈豨谋反，邯郸以北全部被他攻占。我紧急征调全国部队，至今没有一支部队到达。目前只有邯郸的兵力可用，我怎么能吝啬这四千户呢？封他们四个人其实是在安抚赵地青年啊！左右一听，都齐声喊好。

> 上问周昌曰：『赵亦有壮士可令将者乎？』对曰：『有四人。』四人谒，上谩骂曰：『竖子能为将乎？』四人惭伏。上封之各千户，以为将。左右谏曰：『从入蜀、汉，伐楚，功未遍行，今此何功而封？』上曰：『非若所知！陈豨反，邯郸以北皆豨有，吾以羽檄征天下兵，未有至者，今唯独邯郸中兵耳。吾胡爱四千户封四人，不以慰赵子弟！』皆曰：『善。』——《史记·韩信卢绾列传》

刘邦再问：陈豨的爱将有谁？答：王黄和曼丘臣，他俩原来都是商人。刘邦一听，马上说：我明白了。于是悬赏千金抓捕王黄、曼丘臣等人。

> 于是上曰：『陈豨将谁？』曰：『王黄、曼丘臣，皆故贾人。』上曰：『吾知之矣。』乃各以千金购黄、臣等。——《史记·韩信卢绾列传》

高祖十一年（前196）冬，汉军在曲逆县大败叛军，杀了陈豨手下大将侯敞和王黄，接着又在聊城拿下陈豨部将张春的军队，斩首一万多。同时，太尉周勃也平定了太原郡。

> 十一年冬，汉兵击斩陈豨将侯敞、王黄于曲逆下，破豨将张春于聊城，斩首万余。太尉勃入定太原、代地。——《史记·韩信卢绾列传》

十二月，刘邦率兵攻打东垣（今河北石家庄市正定县南），一时没能攻下。东垣有一个守城的士卒在城上臭骂刘邦。后来东垣投降，刘邦杀了骂他的那个士卒，其余的士卒全部受黥刑，并将东垣改名为真定。

> 十二月，上自击东垣，东垣不下，卒骂上；东垣降，卒骂者斩之，不骂者黥之。更命东垣为真定。——《史记·韩信卢绾列传》

不久，刘邦悬赏的策略生效。叛军士兵为了赏金，活捉了王黄、曼丘臣。就这样，陈豨的叛军被彻底击败。

> 王黄、曼丘臣其麾下受购赏之，皆生得，以故陈豨军遂败。——《史记·韩信卢绾列传》

刘邦回到京城洛阳，任命第四子刘恒为代王，并把代郡、雁门郡都归代国管辖，以扩大代王刘恒的实力。

> 上还至洛阳。上曰：『代居常山北，赵乃从山南有之，远。』乃立子恒为代王，都中都，代、雁门皆属代。——《史记·韩信卢绾列传》

高祖十二年（前195）冬，樊哙的军队杀死陈豨，陈豨叛乱全部平定。

> 高祖十二年冬，樊哙军卒追斩豨于灵丘。——《史记·韩信卢绾列传》

陈豨本人不是汉初的异姓诸侯王，但他监管赵、代两地军队，手中握有军权。加之，陈豨盘踞的代地毗邻匈奴，又和叛王韩信的部将有勾结，叛军声势颇大，最终历时三年才被刘邦完全平定。

陈豨作为刘邦的爱将，原来没有背叛刘邦的想法，他最终走上叛乱之路是多种原因促成的。

第一，陈豨手握重兵。

陈豨监管赵、代两军，手握重兵。手握重兵者必须万分谨慎，皇帝将军权交给你，固然是信任，但信任的背后隐藏的是提防和监视。没有哪个皇帝，会对手握军权的将军百分之百地信任。当年王翦奉命率六十万大军灭楚，一而再、再而三地要地、要钱、要房，以此打消秦王政对自己的怀疑。为什么这么说呢？王翦不断地要地、要钱、要房，正好说明自己无意谋反。若王翦真打算谋反，凭手中的军队，秦王宫也攻下来了，哪里需要伸手去要？

可惜的是，陈豨对此一无认识，比王翦差远了。

第二，陈豨为人张狂。

陈豨羡慕战国时期四公子养士数千的风尚，也东施效颦，殊不知战国争雄那会儿，养士是用来储备人才的。而如今刘邦称帝后，天下一统，大规模养士必然会招来非议，甚至被人认为是图谋不轨。握有重兵，手下再养数千门客，一出行便是浩浩荡荡的车队，的确是威风凛凛。但是，在陈豨风光无限的背后隐藏着巨大的危机：会不会有人看不惯这一套做派？会不会有人告陈豨谋反？果然，赵相周昌看见陈豨回京路过邯郸，手下的门客竟然把邯郸的宾馆全部住满，马上想到陈豨干吗要养那么多士呢。他担心陈豨别有用心，马上向刘邦告发陈豨。陈豨是否想到自己这么张扬会有人告发？应该没有想到！陈豨要是想到了，早就把数千门客赶走了。这些门客不是帮忙，而是添乱。

第三，陈豨经不起查。

常言道：林子大了什么鸟都有。陈豨养了上千门客，谁能保证这些门客都是老实本分的人？万一有仗势欺人、违法乱纪的怎么办呢？这就是隐患！细想想，这些门客为什么会投靠陈豨？图的就是陈豨有军权，有强大的后台，这些门客中难保有人不嚣张。如果事情闹大了，最后还得陈豨去收场。时间一长，陈豨也和违法之事沾上了。

第四，陈豨与叛军联手。

刘邦开始对陈豨非常信任，所以才会委任他掌管赵、代两军。但是，周昌一说陈豨手握重兵，养士众多，刘邦立即派人查陈豨的门客。三查两查，就查到陈豨头上。陈豨最不应当做的是立即联系叛军。韩王信叛乱后，曾经派人联络过陈豨，当时陈豨手握重兵，备受刘邦信任，站在高地上的人当然不愿蹚浑水。所以，韩王信手下的叛将联络陈豨，陈豨置之不理。而现在他担心朝不保夕，马上想到和叛军联手。这样，陈豨就走上了谋反的不归之路。

第五，刘邦的做派。

陈豨尽管是刘邦的爱将，但是，他也担心落个韩信那样的下场。刘邦诱捕韩信，活干得漂亮、利索，但是，伪游云梦，抓捕韩信，夺爵削王，后果极为严重。无论是封疆大吏，还是南面之君，一听说刘邦召见，下意识就想到谋反。

那么，陈豨叛乱怎么会把韩信扯进来呢？

原来，韩信被人诬告谋反后，被降为淮阴侯，住在京城。韩信认为这是刘邦害怕、防备、厌恶自己的结果，于是心生怨恨，常常以有病为借口不上朝，更耻于自己和绛侯周勃、颍阴侯灌婴等同朝为官。

韩信被降为淮阴侯后，曾经去过一次樊哙的府上。樊哙是刘邦的连襟，又是军功卓著的将军，但一看到韩信到访，连忙“跪拜送迎”，甚至对韩信说：大王竟然光临寒舍，实在是大出臣的意外。樊哙的表现说明了什么？说明在刘邦集团中，韩信的地位无人可及。樊哙既亲且贵，见到韩信，还一改常态，“跪拜送迎”。樊哙一生对谁这么做过？这是生平第一次，也是最后一次！原因在于，韩信的军事才能让樊哙等列侯佩服得五体投地。韩信出了樊哙的府第，自嘲地说：我现在和樊哙等人平起平坐了。

信尝过樊将军哙，哙跪拜送迎，言称臣，曰：『大王乃肯临臣！』信出门，笑曰：『生乃与哙等为伍！』——《史记·淮阴侯列传》

陈豨被任命为巨鹿郡守时，曾到韩信府上辞行。韩信拉着陈豨的手，命令身边的随从全退下去，然后在庭中仰天长叹：可以和你说几句话吗？想和你说几句心里话。陈豨说：愿听将军之令。韩信说：你就职的地方是天下精兵驻扎之地，你又是皇上最信任的将军。要是有人说你造反，“陛下必不信”；第二次传来消息，皇上才会怀疑；第三次说你反了，皇上一定会愤怒，说不定会亲自率兵出征。到时候，我在京城作内应，天下将大有可图。陈豨一向知道韩信本事极大，非常相信他的判断。他回答说：遵命！

陈豨拜为钜鹿守，辞于淮阴侯。淮阴侯挈其手，辟左右与之步于庭，仰天叹曰：『子可与言乎？欲与子有言也。』豨曰：『唯将军令之。』淮阴侯曰：『公之所居，天下精兵处也；而公，陛下之信幸臣也。人言公之畔，陛下必不信；再至，陛下乃疑矣；三至，必怒而自将。吾为公从中起，天下可图也。』陈豨素知其能也，信之，曰：『谨奉教！』——《史记·淮阴侯列传》

高祖十年（前197），陈豨果然叛乱。刘邦亲自率兵出征。韩信宣称有病没有跟随刘邦出征，暗中派人给陈豨报信：你一出兵，我就在京城助你一臂之力。

汉十年，陈豨果反。上自将而往，信病不从。阴使人至豨所，曰：『弟举兵，吾从此助公。』——《史记·淮阴侯列传》

韩信和家臣商议，连夜诈称皇上下诏，赦免了京城各个官府的奴工，将他们武装起来准备偷袭吕后、太子。全部部署完毕，只等陈豨的消息。可关键时刻竟枝节杂生，韩信的一个门客犯了罪，被关了起来，拟处死。这位门客的弟弟得知哥哥将要被杀，立即上书告发韩信谋反。吕后接到举报，想召韩信入宫，但又担心韩信的心腹不会听从，便召集相国萧何商议。萧何建议：不如这样，你诈称皇上从前方传来消息，陈豨已被杀，召集全体列侯、大臣入宫祝贺。然后，萧何亲自到韩信府上邀请韩信入宫，韩信自然不愿去。萧何说：就是有病在身，还是去一下比较好。韩信见萧何诚心相邀，而自己又一向多受萧何关照，便和萧何一起入宫。韩信一入宫，吕后立即命令武士将韩信抓起来，并押送到长乐宫的钟室处死。韩信被杀之前，悔恨地说：我真后悔当初不听蒯通的话，竟然被一女子骗了，真是天意啊！遂被诛灭三族。

信乃谋与家臣夜诈诏赦诸官徒奴，欲发以袭吕后、太子。部署已定，待豨报。其舍人得罪于信，信囚，欲杀之。舍人弟上变，告信欲反状于吕后。吕后欲召，恐其党不就，乃与萧相国谋，诈令人从上所来，言豨已得死，列侯群臣皆贺。相国绐信曰：『虽疾，强入贺。』信入，吕后使武士缚信，斩之长乐钟室。信方斩，曰：『吾悔不用蒯通之计，乃为儿女子所诈，岂非天哉！』遂夷信三族。——**《史记·淮阴侯列传》**

刘邦平定陈豨叛乱归来，听说韩信被杀，既高兴又感慨。问起韩信死前说过什么，吕后回答：韩信临刑前说，真遗憾自己没有用蒯通的计谋。刘邦听后说：蒯通是齐国的善辩之人。于是下诏抓捕蒯通。蒯通被抓到京城，刘邦亲自审问：你教韩信谋反了吗？蒯通利索地回答：是啊，我让他中立，不要听您的，这家伙不听我的话，所以今天被杀。如果他按我说的办，陛下怎么能够杀了韩信呢？刘邦一听，气得浑身直哆嗦，下令说：烹了他！蒯通一听，大呼：冤枉啊！刘邦说：你教韩信谋反，杀你有什么冤枉？蒯通回答：秦国崩溃，山东大乱，英雄并起。秦帝国失去政权，天下人都可以争夺，但只有跑得最快的人才能得到。古时有盗跖骂尧，这并不是尧不好，是因为狗本来就会咬陌生人。当时，我只认韩信为主，不知道皇上，这有什么好奇怪的！天下愿意为皇上效劳的人很多，只是力量达不到，您怎么能够把不为您效力的人全杀了呢？刘邦一听，倒吸了一口凉气，不得不佩服蒯通讲得非常有道理，于是下令：放了他！蒯通因此免罪。

然而，一代名将韩信就这样走完了自己悲剧的一生。

女人的野心不能小觑

遥想当年，在汉中时，凭借萧何力荐，韩信一跃而成为刘邦的大将军，开始了他光辉的军事生涯；再看今朝，功成名就过后，却因萧何诱骗，入了吕后的长乐宫，上了悲壮的断头台。此后的历史上遂有了“成也萧何，败也萧何”八个字，道出了韩信与萧何一生的纠缠。

据《史记·淮阴侯列传》记载，关于韩信被杀一事，刘邦是在平定叛乱回到京城之后才得知的，但据《史记·萧相国世家》的记载，其实刘邦在平叛的前线就已经知道了。

《史记·萧相国世家》这样记载此事：高祖十一年（前196），刘邦在邯郸平定陈豨叛乱。淮阴侯韩信在关中谋反，吕后用萧何之计诱杀韩信。刘邦听说韩信谋反被杀，立即派使者慰问萧何，加封萧何五千户，还专门为萧何配了五百人的卫队。

《史记》中的这两条记载相互矛盾，哪一条

高祖已从豨军来，至，见信死，且喜且怜之，问：『信死亦何言？』吕后曰：『信言恨不用蒯通计。』高祖曰：『是齐辩士也。』乃诏齐捕蒯通。蒯通至，上曰：『若教淮阴侯反乎？』对曰：『然，臣固教之。竖子不用臣之策，故令自夷于此。如彼竖子用臣之计，陛下安得而夷之乎！』上怒曰：『亨之。』通曰：『嗟乎，冤哉亨也！』上曰：『若教韩信反，何冤？』对曰：『秦之纲绝而维弛，山东大扰，异姓并起，英俊乌集。秦失其鹿，天下共逐之，于是高材疾足者先得焉。跖之狗吠尧，尧非不仁，狗因吠非其主。当是时，臣唯独知韩信，非知陛下也。且天下锐精持锋欲为陛下所为者甚众，顾力不能耳。又可尽亨之邪？』高帝曰：『置之。』乃释通之罪。——《史记·淮阴侯列传》

记载更可靠呢？我个人认为《史记 · 萧相国世家》的记载更为可靠，《史记 · 淮阴侯列传》的记载可能有误。为什么这么说呢？吕后虽然有胆量自作主张，紧急处理掉了韩信，但她绝对不敢隐瞒实情，不上报给高祖刘邦。为什么不敢隐瞒呢？

第一，事关重臣。

韩信在刘邦集团中的军功是绝对的第一位，他的地位、功勋、声望绝非一般功臣可比。所以，诛杀韩信可是一件大事。况且，此次吕后诛杀韩信，并没有刘邦的手令，属于擅杀大臣。吕后在摸透刘邦心思的前提下，可以事前不请示，但绝不敢事后不汇报。

第二，事关易储。

刘邦此时正在酝酿易储，吕后的地位朝不保夕，万一处理失当，惹恼了刘邦，自己的皇后位、刘盈的太子位，都极有可能易主。

第三，邀功心切。

在刘邦决意易储的关键时刻，吕后诱杀韩信可以展示自己的政治头脑，彰显她对刘姓江山的特殊作用。既然如此，她必定会火速通报给在前方平叛的刘邦，显示自己的存在感。若是等刘邦平叛归来再汇报，岂不是失去了显摆邀功的大好机会？

从各个方面看，吕后都会立即将此事上报刘邦。

就这样，韩信走完了他辉煌而短暂的一生。据《史记 · 淮阴侯列传》的记载，韩信最后被定罪为与陈豨联手谋反，夷灭三族。然而，自古至今的许多人都不相信韩信谋反，这是为什么呢？

请看：反乎冤乎。

反乎冤乎

三十八

韩信之死的话题备受后人关注。一来他是西汉天字第一号的开国功臣，二来牵涉到对刘邦的评价。韩信之死不仅仅是个人的悲剧，更拉开了刘邦剪除异姓诸侯王的序幕。我们究竟应该如何看待这样的历史事件呢？刘邦又为何要向昔时的战友们下手呢？

狡兔死乃烹走狗

对韩信之死历来有两种截然不同的观点：第一，谋反被杀，咎由自取；第二，冤杀功臣，实在可惜。韩信冤还是不冤，关键就在于是否谋反上。

断定韩信谋反者认为:《史记 · 淮阴侯列传》对韩信谋反之事有明确记载，而且韩信谋反有一个长期的发展过程。

韩信灭齐后，项羽便派武涉游说韩信中立，韩信断然拒绝，坚决不愿背叛刘邦，甚至讲出“虽死不易”的话。此后，蒯通又多次游说韩信，最终也一无所获。那时候，韩信是坚若磐石，一心跟随刘邦。我们不妨来看一下蒯通力劝韩信时的说辞。

夫人深亲信我，我倍之不祥，虽死不易。——《史记 · 淮阴侯列传》

蒯通首先告诫韩信，你别以为帮汉王打下江山，立有大功，就应当称王，而且还可以世世代代传承下去，你这是痴人说梦。蒯通这一点抓得非常准，彻底洞穿了韩信誓不叛汉的危险所在。

为什么说韩信的这种想法是错误的呢？因为历史无数次地证明：没有永远的朋友，只有永远的利益。韩信死心塌地地对刘邦寄予厚望，实在是单纯幼稚。

蒯通为了说服韩信，还引用了两个例证：

第一，张耳、陈馀反目成仇。

常山王张耳与成安君陈馀那可是半个饼都得分着吃的生死之交啊，却在巨鹿之战中反目成仇。在楚汉之争中，陈馀以张耳的人头作为出兵支持刘邦的条件。后来张耳降汉，率兵灭赵，斩了陈馀。要说这交情，张耳和陈馀可是一起出生入死的兄弟，为何终究还是分道扬镳，势不两立？因为一切灾难与罪恶都源于欲望太多而人心难测。您现在效忠汉王，但您和汉王的交情显然不及张耳、陈馀两人，而矛盾却远比那两位将军更深、更复杂。所以，您认为汉王一定不会杀害您，这绝对是错误的判断。

蒯生曰：『足下自以为善汉王，欲建万世之业，臣窃以为误矣。始常山王、成安君为布衣时，相与为刎颈之交，后争张黡、陈泽之事，二人相怨。常山王背项王，奉项婴头而窜逃，归于汉王。汉王借兵而东下，杀成安君泜水之南，头足异处，卒为天下笑。此二人相与，天下至欢也。然而卒相禽者，何也？患生于多欲而人心难测也。今足下欲行忠信以交于汉王，必不能固于二君之相与也，而事多大于张黡、陈泽。故臣以为足下必汉王之不危己，亦误矣。』

——《史记·淮阴侯列传》

第二，文种功成被杀。

文种当年帮助越王勾践富国强兵，称霸天下，立下盖世奇功，最终却被杀害。俗话说：飞鸟尽，良弓藏，狡兔死，走狗烹。从交情上来说，天下没有人能胜过张耳和陈馀曾经拥有的情谊；从忠诚方面来说，天下没有人能超过大夫文种的忠诚，但他们最终都没落得好下场。

除了朋友关系的不牢靠，蒯通还明确指出，自古以来功高震主的人没有一个有好下场的。韩信的功劳太大：渡西河，虏魏王，擒夏说，下井陉，杀陈馀，胁燕国，定全齐。消灭楚兵二十万，斩杀楚将龙且。在当时，不敢说后无来者，但绝对是前无古人。立下

大夫种、范蠡存亡越，霸句践，立功成名而身死亡。野兽已尽而猎狗亨。夫以交友言之，则不如张耳之与成安君者也；以忠信言之，则不过大夫种、范蠡之于句践也。

——《史记·淮阴侯列传》

“不赏之功”，身在人臣之位，坐拥“震主之威”，“归楚，楚人不信；归汉，汉人震恐”。韩信还可以去哪儿呢？

且臣闻勇略震主者身危，而功盖天下者不赏。臣请言大王功略：足下涉西河，虏魏王，禽夏说，引兵下井陉，诛成安君，徇赵，胁燕，定齐，南摧楚人之兵二十万，东杀龙且，西乡以报，此所谓功无二于天下，而略不世出者也。今足下戴震主之威，挟不赏之功，归楚，楚人不信；归汉，汉人震恐：足下欲持是安归乎？夫势在人臣之位而有震主之威，名高天下，窃为足下危之。——《史记·淮阴侯列传》

一番慷慨陈词之后，蒯通得到的回答很出人意料：先生，您说了大半天了，渴不渴啊，来喝杯水，歇一歇，这是一件大事，不能草率的，让我考虑考虑。

韩信谢曰：『先生且休矣，吾将念之。』——《史记·淮阴侯列传》

过了几天，蒯通见韩信还在犹豫，没有任何行动。于是，他再次游说韩信。其实，蒯通要讲的道理已经讲完讲透，他还能再讲出什么高见呢？

一是人要善于听劝。

蒯通告诉韩信，善于听取正确意见是成功的征兆，反复考量是把握成败的关键。一旦做了错误的决定，想长保平安就会非常困难。能广泛听取意见而又能做出正确判断的人，就不会被花言巧语迷惑。

夫听者事之候也，计者事之机也，听过计失而能久安者，鲜矣。听不失一二者，不可乱以言；计不失本末者，不可纷以辞。——《史记·淮阴侯列传》

二是奴仆思想后果严重。

甘心屈人之下必然会失去当帝王的可能，满足于做个普通臣子定然会丧失做卿相的机遇。

夫随厮养之役者，失万乘之权；守儋石之禄者，阙卿相之位。——《史记·淮阴侯列传》

三是犹豫不决将会丧失良机。

聪明人善于决断，多疑者易误大事。只

盯着眼前的小事，必然会忽视天下的大局。看得很清楚却不敢行动，“百事之祸也”。所以说，猛虎犹豫，不如蜂虿(chài)螫(shì)人；骐骥徘徊，不如劣马悠闲地前进。勇士犹豫不决，不如庸人果断行动。有圣人的智慧却闭口不言，不如哑巴以手示意。这些例证都告诉我们：“言贵能行之。”“夫功者难成而易败，时者难得而易失也”，机不可失，时不再来。

故知者决之断也，疑者事之害也，审豪氂之小计，遗天下之大数，智诚知之，决弗敢行者，百事之祸也。故曰『猛虎之犹豫，不若蜂虿之致螫；骐骥之跼躅，不如驽马之安步；孟贲之狐疑，不如庸夫之必至也；虽有舜禹之智，吟而不言，不如瘖聋之指麾也』。此言贵能行之。夫功者难成而易败，时者难得而易失也。『时乎时，不再来』。——《史记·淮阴侯列传》

韩信仍然不忍心背叛刘邦，再加上自认为功劳极大、地位稳固，于是谢绝了蒯通的劝告。

韩信犹豫不忍倍汉，又自以为功多，汉终不夺我齐，遂谢蒯通。——《史记·淮阴侯列传》

蒯通看韩信主意已定，便不再劝，但他知道自己惹下了大祸，便装疯为巫了。

蒯通说不听，已详狂为巫。——《史记·淮阴侯列传》

这个时期，韩信不谋反取决于以下四个原因：

（一）对刘邦仍存幻想。

（二）没有称霸之志。

（三）对刘邦臣服的惰性。

（四）遇事徘徊犹豫。

韩信灭齐后对刘邦仍存幻想是有两方面考虑的。

首先，韩信对自己战功的充分自信。

灭魏、亡代、破赵、胁燕、占齐，韩信一

生最值得骄傲的经典战例都是在这段时间内发生的，这是韩信一生之中最为辉煌的时期。他的才能天下无人不知，功勋天下无人可比。对此，韩信充满自信。

其次，韩信知恩图报。

当年漂母的一饭之恩，韩信当楚王后以千金相报；令他蒙受胯下之辱的无赖，韩信也没有打击报复，而是用为中尉（管理社会治安）。寄食果腹之情，尚且要涌泉相报，隆恩浩荡之义，韩信更是念念不忘。

信至国，召所从食漂母，赐千金。及下乡南昌亭长，赐百钱，曰：『公，小人也，为德不卒。』召辱己之少年令出胯下者以为楚中尉。告诸将相曰：『此壮士也。方辱我时，我宁不能杀之邪？杀之无名，故忍而就于此。』——**《史记·淮阴侯列传》**

正是因为韩信一生以知恩图报作为为人准则，所以他相信刘邦也绝对不会亏待他。这种幻想让他不可能在此时和刘邦分道扬镳。灭掉项羽后，刘邦立即剥夺了韩信三十万精兵的控制权。这是极为凶险的信号，韩信却没有提升任何警觉。

再次，韩信没有称霸之志。

韩信是一个胸有大志的人，但韩信的大志，不是项羽的霸主之志，更不是刘邦的帝王之志，而是裂土封王之志。他在汉中对策时建议刘邦“以天下城邑封功臣”**《史记·淮阴侯列传》**，既是一种笼络人心的手段，也是自己的人生追求。灭齐后，韩信其实有两个选择：一是甘心交出军权，当顺臣；二是与刘邦、项羽鼎足三分天下。前者，韩信不甘心；后者，韩信不敢想。求封“假齐王”正是韩信裂土封王志向的外在表现，所以武涉、蒯通都无法说服他。

从次，韩信对刘邦的臣服惰性。

韩信有着浓厚的传统主仆思想，正因为如此，他才会对刘邦愚忠到底。

最后，韩信处事优柔寡断。

高祖六年（前201）刘邦凭借陈平伪游云梦之计谋，突然出现在韩信面前，夺去了他的军权并抓捕了他。这件事，让韩信蒙了。

面对刘邦突然造访，韩信甚至想到了“欲发兵反”。原因有两点：一是刘邦曾夺自己的齐王军权，二是自己收留了钟离眜。前者是远因，后者是近因。远有教训，近有祸根。

高祖且至楚，信欲发兵反，自度无罪，欲谒上，恐见禽。——《史记·淮阴侯列传》

韩信被剥夺齐王军权之事，虽然《史记》没有记载韩信的不满，但这件事在韩信心中肯定留下了挥之不去的阴影，否则韩信此时就应当毫无顾忌地去陈地拜见刘邦才对。“欲发兵反”，说明韩信此时已经不再自信了，已经开始动摇了。那么，韩信究竟在顾忌什么呢？他顾忌的是，自己会不会判断错了。既然如此，韩信为什么“恐见禽”呢？因为韩信担心刘邦真的会对自己动手。可见，此时韩信的内心极为矛盾。想反，害怕判断失误；想见，担心为刘邦所抓。

此时韩信谋反了吗？没有！有没有证据呢？有！

“自度无罪！”

如果韩信真的谋反了，他会“自度无罪”吗？如果韩信“自度无罪”，肯定就不会谋反。

韩信尽管“自度无罪”，但刘邦会放过这次削弱韩信的机会吗？不会，刘邦毫不犹豫地将韩信降王为侯。

刘邦用陈平之计抓捕韩信后，将韩信带回京城，仅是削去楚王之位，降为淮阴侯。如果韩信真有谋反行为，刘邦会轻易放过他吗？那怎么可能，一旦谋反那就是你死我活的斗争！

韩信收留钟离眛是出于义气和交情，并不是想要谋反。

韩信甘心为臣为奴，却没有修炼好为臣为奴的心态。和萧何比一比，这方面就可以看得很清楚。萧何从来不在刘邦面前逞强争胜，时时低调，处处自危；而韩信则毫不避讳，被封为楚王后，他千金酬漂母，高官待少年。出行则陈列军阵，威风八面，一副衣锦还乡的架势。其实，刘邦对韩信已经处于高度戒备状态，韩信此时如能韬光养晦，不再张扬，低调做人，或可保全性命。可惜韩信陈列军阵保持戒备，而这恰恰是最招惹刘邦忌讳的行动。加之收留钟离眛，更是触动了刘邦的大忌。

说到底，韩信的军事天才天下无人能及，对登上帝位的刘邦来说，韩信已成为刘氏江山的最大威胁。说到底，这才是刘邦对韩信下手的根本原因。

明摆着一件冤案，刘邦当然找不到任何证明韩信谋反的证据。所以，他只能将韩信带到京城后无罪释放。失去了封国的韩信，居住在京城，手中无一兵一卒，完全赋闲在家，怨恨之情从此萌生。

韩信此时的怨恨之情表现在两个方面：一是拒不上朝；二是耻于和绛、灌为伍。被袭捕时，韩信高喊：“‘高鸟尽，良弓藏；敌国破，谋臣亡。’天下已定，我固当亨！”《史记·淮阴侯列传》这说明他开始觉醒了。被降为淮阴侯之后，他更是痛切地感受到刘邦对自己的不公正。

诱捕械囚、削王降侯，让韩信一生为之奋斗的人生目标彻底丧失，也让韩信大失脸面，无法抬头，此前的感恩心态化为此后的仇恨。韩信由不反，到“欲发兵反”，再到与陈豨谋反，一步步走上了谋反之路。

关于韩信谋反之事，史料中还有一条佐证，《史记·高祖功臣侯者年表》里提到，慎阳侯栾说被封侯是因为告发韩信谋反。还有一个期思侯贲赫，因为告发黥布谋反被封侯。诬告彭越谋反者没有封侯，因为那是彻头彻尾的诬告，是受吕后指使所为。三个异姓诸侯王的谋反有真有假，三个告发者也依照实情论功行赏，这也从一个侧面证明了韩信谋反属实。

为淮阴舍人，告淮阴侯信反，侯，二千户。——《史记·高祖功臣侯者年表》

淮南王布中大夫，有郄，上书告布反，侯，二千户。布尽杀其宗族。——《史记·高祖功臣侯者年表》

再说韩信被冤杀。

对于韩信谋反一事，从古至今读《史记》者不相信的居多。既然史有明载，为什么大家还是不相信呢？

第一，策反陈豨不合情理。

韩信又不傻，他当然了解陈豨是刘邦的“信幸臣”《史记·淮阴侯列传》，正备受重用，以代相的身份监管赵、代两国军队。陈豨自己没有透露出任何的谋逆之意，韩信怎么敢冒昧策反？此时的韩信已经是闲人一个，备受冷遇，轻言谋反岂不是自找倒霉？就算他真的有意劝说陈豨谋反，前途一片光明的陈豨又怎么会轻易答应呢？

所以，即便是韩信对刘邦的怨恨日深，打算铤而走险，也不应当联合地处赵代、能力低下的陈豨，而应当去联络黥布、彭越这样久经沙场、大权在握的诸侯王！至少这些诸侯王能与韩信产生鸟尽弓藏的共鸣。

第二，谋反时机不合情理。

退一万步说，韩信有反叛之心，为什么不选择在楚汉胜负未卜、可以坐收渔人之利的时机？当时韩信拥有全齐，兵锋正盛，是上位的绝好机会。刘邦、项羽两方在荥阳、成皋相持二十八个月，兵疲力尽。项羽的说客武涉游说韩信时说："当今二王之事，权在足下。足下右投则汉王胜，左投则项王胜。"蒯通献计也说："莫若两利而俱存之，参分天下，鼎足而居。"《史记·淮阴侯列传》

武涉、蒯通对形势的分析相当中肯。韩信此时反叛当是最佳时机！但是韩信并没被武涉、蒯通两个人的话所打动，不愿意"乡利倍义"，反而感谢刘邦的知遇之恩。而此时此刻，天下已定，自己又手无实权，只能整天称病闲居，这样的状况下，韩信怎么会跳起来谋反呢？

唐代诗人许浑的《韩信庙》一诗对此有精彩表述：

朝言云梦暮南巡，已为功名少退身。
尽握兵权犹不得，更将心计托何人。

此诗第一句说，刘邦清晨的时候说要游云梦泽，晚上便已经出发了，表明刘邦志在铲除韩信，所以行动迅速。第二句慨叹韩信为功名所累，不知功成身退。后两句为韩信鸣冤，当年“尽握兵权”时不谋反，怎么可能在削王夺爵后再反呢?

第三，动用的兵力不合情理。

韩信降为淮阴侯后，手中没有兵权，凭什么去袭击重兵保护着的吕后和太子呢？即使“赦诸官徒奴”《史记·淮阴侯列传》，让他们跟自己一起造反，也不过是一帮乌合之众，其中有多少人真可用？一个列侯，根本无法弄到天子的符玺节信，没有皇帝的“诏书”，谁会相信你？谁会听从呢?

第四，动手的条件不合情理。

韩信在京城谋反最重要的条件是：刘邦得知“陈豨果反”的消息后，“自将而往”《史记·淮阴侯列传》，镇压叛乱。刘邦离开京城就是动手的最佳时机。可是在刘邦离京之后，却不见韩信有任何具体行动。假如韩信真和陈豨约定谋反，就应该趁此良机赶紧拿下吕后、太子才对。千钧一发之际，还要等陈豨报信后才采取行动，难道不担心节外生枝、走漏风声吗？作为天才军事家的韩信难道连这些都不懂吗?

第五，诛杀韩信的过程不合情理。

事实上，告密者衔私仇而诬告是完全有可能的。吕后、萧何为什么对此案涉及的其他重要证人，比如参与谋划的其他人都一律不闻不问，只轻信一人之言呢？而且将韩信骗到即缚，缚住即诛，不审讯，不对质。如此匆忙，是什么道理呢?

第六，刘邦得知韩信被杀后的态度不合情理。

韩信对西汉帝国的建立有不赏之功，如果没有刘邦的暗示或默许，吕后怎么敢轻举妄动？何况，此时的刘邦把万千宠爱都给了戚夫人，本来就对吕后心有不满，如果吕后再擅杀重臣，刘邦岂能饶了她？吕后这一步棋若是走错，易储之事将更成定局。

刘邦对吕后的先斩后奏有何反应呢？《史记·淮阴侯列传》记载："高祖已从豨军来，至，见信死，且喜且怜之，问：'信死亦何言？'吕后曰：'信言恨不用蒯通计。'"这里的一个"喜"字活脱脱地揭示出刘邦得知心腹大患终于被剪除时欣喜的神态。至于"怜"，不仅仅是怜惜其才，更重要的是，刘邦很清楚韩信是无罪被杀。

对开国功臣被杀这样的重大事件，刘邦的态度是三不问：一不问韩信谋反的具体情况，二不问韩信谋反案的真伪，三不问惩处韩信的轻重。明知韩信死不瞑目定有怨言，所以才问韩信死前说了什么。当他得知蒯通曾经煽动过韩信反汉时，竟然在审问蒯通后赦免了他。无罪者被杀，有罪者赦免，你说怪也不怪？凡此种种，无不证明"谋反"是假，"谋害"是真。

面对质疑派的观点，力主韩信谋反者也做出了相应的解释：

第一，韩信谋反为什么找上陈豨？

从陈豨方面说，他在委以重任之时专程拜访已是闲人一个的韩信，说明他已有异志，但他的心思轻易不会被人发现。从韩信方面说，如果他联手手握重兵的彭越、黥布则更加不妥。这些人本就是刘邦防范的对象，一有异动，马上会引起刘邦的高度重视，反倒不容易得手。其实陈豨的实力不容小觑，不仅手握重兵，而且身处赵、代重镇，一旦行动，足以牵制刘邦。

第二，韩信任齐王时手握重兵不反，为什么降为淮阴侯后手无军权却反了？

这是质疑派最重要的一个理由。但是力主韩信谋反者却从逻辑推理的角度认为韩信任齐王时不反与后来联手陈豨谋反，两者之间没有必然性因果关系，只是或然性因果关系。不能用韩信任齐王不反来否定他饱受凌辱之后谋反的可能。再说，谋反是量变到质变的过程，心理上由不反到想反，由想反再到真反。

第三，韩信手无一兵一卒。

韩信居住于京城期间确实手中无兵，但是他的计划是诈称皇帝有诏，释放京城各衙署所拘管的苦役和官奴，然后利用这些底层贫民对自身卑贱地位的不满，起兵偷袭吕后和太子。韩信是军事家，动员和武装这些人发动突然袭击，未必不能成功。更何况，韩信一生都是以奇兵制胜的高手。

第四，韩信和陈豨的密谋应该是高度机密，怎么会被司马迁知道？

这里涉及一个重大问题，即司马迁所写韩信和陈豨密谋造反一事到底可靠吗？我们无从知晓这段描写的原始材料出自何处，但可以肯定地说，司马迁所载绝非空穴来风。史书中只有两个人的秘密商议，往往见诸史家笔端，这的确让人心生疑问，但白纸黑字，证据确凿，不容轻易否定。

第五，抓捕韩信的手段。

吕后和萧何采用了诱骗的方式抓捕韩信，因为韩信已经聚集了一部分力量。假如韩信没有聚集一定的力量，吕后完全可以霸王硬上弓，也用不着萧何骗韩信入宫了。

第六，彭越、黥布的传记的记载。

司马迁在彭越、黥布的传记中直接宣扬两位诸侯王是被诬陷的，但在《淮阴侯列传》中却没有为韩信鸣冤抱屈，可见韩信的确是谋反了。

历史的误读

为什么那么多学者会认为韩信是被冤杀的呢？

首先，韩信的军事才能有目共睹，功劳无人能及。

韩信是兴汉灭楚的大功臣。司马光在《资治通鉴》中称："世或以韩信为首建大策，与高祖起汉中，定三秦，遂分兵以北，禽魏，取代，仆赵，胁燕，东击齐而有之，南灭楚垓下，汉之所以得天下者，大抵皆信之功也。"刘邦自己也盛赞韩信的战功："连百万之军，战必胜，攻必取。"正是因为韩信的才能与功劳已至"不赏"的地步，后人自然而然就会想到功高震主的危机，同时，历朝历代的文人学士难免会对这样一位军事天才抱有惺惺相惜的赞许与同情，更愿意相信他是无过而被冤杀的典型。

其次，韩信曾被刘邦夺权夺王。

韩信在被杀之前，并非从未遭受过打压，除削王为侯外，汉五年（前202），韩信刚刚助刘邦打下天下时，刘邦就曾收夺了他的军权，后改封为楚王。由此可见，韩信的遭遇并非都是因为自己的所作所为而咎由自取的结果，很有可能是皇权危机的牺牲品。

再次，韩信死得太惨。

韩信的死太突然、太潦草、太匆忙，以至于连韩信自己恐怕都来不及反应，先抛开韩信当时是否正准备谋反不说，单是被对自己有恩的伯乐萧何骗至宫中，又遭吕后毒手，就足以令其痛哭流涕了。萧何当初多次向刘邦引荐韩信，终于使得韩信有机会施展自己的军事才华，结束了之前寄食遭嫌、胯下受辱、不受重用的郁闷人生。按照韩信以德报怨的性格，他对萧何也应是深怀感恩之心的。可就是这样一个自己信赖、感激的人，竟然骗了自己，把自己送上了断头台，韩信怎能不痛心！汉初最杰出的军事家，临死之前无法面圣，欲辩白不知该向谁诉，只能生生死于一女子之手，怎能不让后世文人学士为其掬一把辛酸泪，喊一声冤乎哉呢！

最后，七位异姓诸侯王中有六位被剪除，只有势力最小的长沙王保留了下来。

七位异姓诸侯王的命运，除韩信备受争议外，其余的可以分为三类：一类是并没谋反，也无他罪，而终以“谋反”借口被杀贬者，如梁王彭越、赵王张敖；一类是由于刘邦的怀疑、逼迫以致走上反叛道路的，如淮南王英布、燕王卢绾；一类是免于杀戮活下来的，如势力最小的长沙王吴芮。这样看来，功高震主的将领，不管是否谋反，皇帝总是要找理由杀掉的。后人得以综观几位异姓诸侯王的命运，很容易明白韩信免不了一死的结局，自然会认为韩信很有可能是被冤杀的了。

韩信跟项羽一样，死后成了不朽的艺术典型。中国古代诗歌中咏叹韩信的诗篇有很多，在此我们举三首为例：

第一首，唐人胡曾的《云梦》：

汉祖听谗不可防，伪游韩信果罹殃。
十年辛苦平天下，何事生擒入帝乡。

这首诗慨叹韩信被刘邦伪游云梦诱捕。首句写刘邦听信谗言防不胜防，次句写刘邦伪游云梦韩信遭殃，第三句写韩信多年奋战平定了天下，第四句带着情绪低声反问—韩信为什么被刘邦抓到京城？

第二首，唐人刘禹锡的《韩信庙》：

将略兵机命世雄，苍黄钟室叹良弓。
遂令后代登坛者，每一寻思怕立功。

这首诗写韩信之死令后世功臣心有余悸，不敢立功。首句写韩信的将帅之才堪称举世无双，次句写韩信在长乐宫钟室被杀时慨叹鸟尽弓藏，第三、四句写韩信功高被杀，令后世登坛拜将的人们都有所顾忌，担心自己也会功高被杀。

这里借后代功臣大将的疑虑与恐惧，表达了对韩信遭遇的叹惋及对刘邦大肆杀戮功臣行径的暗暗讽刺。

第三首，唐人罗隐的《韩信庙》：

剪项移秦势自雄，布衣还是负深功。
寡妻稚女俱堪恨，却把余杯奠蒯通。

罗隐这首诗首句夸韩信厥功至伟，第二句写布衣刘邦太厉害，末两句将视角转向韩信的家人，韩信死后，其寡妻幼女当愤恨悲痛，在祭奠韩信的同时，将残酒分给蒯通一杯。韩信被诛三族，怎么还会有寡妻幼女呢？诗人只不过借她们之口表达了自己对韩信不听蒯通的劝告，竟落得如此下场的悲愤之情。

韩信具有义士的气质，任侠的雄豪，大将的风度，元帅的韬略，唯独缺少政治家的狡诈。最终，这位旷世奇才被刘邦、吕后夫妻联手杀害。

对韩信之死的评价，历史上一直众说纷纭，具有代表性的说法层出不穷。那么，这些说法都表明了怎样的态度和观点呢？说得有没有道理呢？

请看：盖棺未必定论。

三十九

盖棺未必定论

作为中国古代最著名的军事家，韩信就像一颗耀眼的流星一闪而过，引发了无数后人长期的争论，并形成了对韩信之死几个颇为有名的观点。这些观点不仅影响着世人对韩信的评价，也影响着人们对刘邦的评价。那么，关于韩信之死，后人都提出过哪些著名的观点呢？这些观点到底有没有道理呢？

争强好胜埋祸根

第一个著名观点是：齐降后赶尽杀绝埋下祸根。

韩信攻下赵国后稍作休整，便准备向齐地进军。而与此同时，刘邦手下的顶级说客郦食其已经单车独骑，游说齐国，一番利害得失分析之后，田横决定降汉。消息传来，韩信准备罢兵，蒯通却力劝韩信继续伐齐。

既然齐国已经投降，为什么蒯通还要赶尽杀绝呢？他讲了两个理由：第一，郦食其动动嘴皮子就拿下齐地七十多城，将军您打了这么久，才拿下赵国五十多城，功劳明显不如郦食其；第二，齐国虽然降汉了，但汉王还没有给您下达停止灭齐的军令，所以原来的命令依然有效。

蒯通说的第一点，点燃了韩信和郦食其一争高下的功利心；第二点则给了韩信发动灭齐之战的借口。于是，韩信立即决定继续向齐地进发。

已经降汉的齐国，完全放松了历下军团的战争准备。韩信大军一阵突袭，齐国一败涂地。最后，韩信武力灭齐，恼羞成怒的齐王将郦食其烹杀。

有些研究者认为：韩信此举，让刘邦极不高兴。因为这不但使刘邦失去了一位超一流的说客，还令刘邦背上了不信守承诺的恶名。从此，刘邦和韩信的关系渐行渐远。韩信军功虽大，但让人觉得太贪心。所以韩信执意灭齐，成为他最终被杀的一个重要原因。

事情真的是这样的吗？想得到准确答案，我们需要正视三个关键问题。

一是刘邦为什么不给韩信下达停止灭齐的军令？

二是刘邦为什么在命令韩信灭齐后又派郦食其前去游说？

三是刘邦到底是否赞成韩信的灭齐行动？

韩信灭赵后，刘邦明确下令，让新任赵王张耳留守赵地，韩信继续率兵灭齐。此时郦食其主动请缨前往齐地游说，刘邦没有多想便批准了。郦食其果然不辱使命，马到成功。齐国慑于韩信灭魏、亡代、下赵、胁燕的威势，考虑到自身势力单薄，决定降汉。

臣请得奉明诏说齐王，使为汉而称东藩。——《史记·郦生陆贾列传》

既然如此，刘邦为什么不下令给韩信让他停止灭齐之战呢？

有两种可能性：第一，刘邦有意为之；第二，刘邦忘记下达停止攻击的命令。哪一种可能性更大呢？我个人认为应该是第二种。为什么这样讲？

刘邦若是有意为之，无非只有一个原因，那就是借此机会试探韩信。这种可能性大吗？不大。因为这样做是拿郦食其的生命做赌注。郦食其自加入刘邦集团后，多次奔走于敌营，为刘邦立过大功。刘邦西入秦关时遇阻峣关，多亏郦食其、陆贾两人游说秦将，达成共同灭秦的协议，才得以偷袭成功，顺利过关，消灭了关中秦军最后的主力。

高祖十二年（前195），郦食其的弟弟郦商平定黥布叛乱。

刘邦由郦商念及郦食其，由郦食其又念及郦食其之子郦疥。郦疥虽然多次率军参战，但“功未当侯”，刘邦怀念自己与郦食其当年的情分，封郦疥为高梁侯。可见，虽然在郦食其被烹杀之后，刘邦没有多说什么，但他终究对郦食其之死感到悲痛。所以，刘邦不顾郦食其的性命而有意试探韩信的可能性不大。

上以其父故，封疥为高梁侯。——《史记·郦生陆贾列传》

那么，事情的真相更可能是——刘邦忘记了。有这种可能吗？从理论上讲，只有这一种可能；从实践上讲，有此可能吗？不好说，这么大的事怎么可能忘了呢？可是不忘了又怎么解释呢？只能理解为忘了。

刘邦为什么在命令韩信灭齐之后，又批准郦食其的请缨呢？

原因有两个：第一，说降的方式简单快捷；第二，避免韩信功劳过大。

韩信出马，灭齐不在话下，但费时费力。采用说降的方式，显然更便捷、更省时省力。

韩信灭魏、代两国后，刘邦调走了韩信的精兵。在韩信灭赵后，刘邦再一次调走了韩信的精兵。刘邦之所以这样做，一是方便自己调度军队。毕竟荥阳的战线吃紧，自己常常打到手无寸兵，需要不断补充兵力。二是防止韩信坐大。韩信善于带兵，他能够迅速将一批新兵训练成能征善战的精兵，不能不防患于未然。这里涉及刘邦对韩信的一个基本态度——边

信之下魏破代，汉辄使人收其精兵，诣荥阳以距楚。——《史记·淮阴侯列传》

汉王夺两人军，即令张耳备守赵地，拜韩信为相国，收赵兵未发者击齐。——《史记·淮阴侯列传》

用边防。

说了这么多，刘邦到底赞不赞成韩信发动灭齐之战呢？

在我看来，刘邦对此事的态度很不明确，想必他心里也非常矛盾。

降齐与灭齐是两个截然不同的概念。降齐，是让齐国自愿降汉，其军事武装并无损失，齐国的实力派人物田横也安然无恙，仍然有巨大的影响力。而灭齐，是通过暴力彻底打掉齐国的政权，消灭齐国的军事武装，将齐国实力派田横打垮，以绝后患。

二者相比，自然是灭齐更有利于刘邦集团的长远利益。

韩信在郦食其已经说降齐国的背景下，突然出手，一举灭掉了齐国全部的军事力量，还顺便消灭了项羽大将龙且率领的楚军。此后，韩信拥兵三十万，严重威胁到项羽的西楚国国都彭城，扰乱了楚军的后方根据地和军需供应，这种效果远远超出了郦食其的口舌之功。

但是，韩信发动的灭齐之战牺牲了郦食其。刘邦对此非常惋惜，却没有因此责罚韩信。毕竟韩信是受命伐齐，而且，灭齐的巨大效果也有目共睹。

这么一来，韩信的实力大增，声望大增，俨然成为当时天下最强的一支武装力量。刘邦很不放心，但也很没办法，因为他还要依靠韩信聚歼项羽，他不能和韩信闹翻。

总之，韩信灭齐之战功大于过，刘邦对他顶多是埋怨与防备，还不至于怀恨在心，也就是说，韩信的死和当年灭齐之战并没有太大的关联。

邀功请赏惹祸端

第二个著名观点是，求封假齐王惹下祸端。

韩信灭齐，意味着战争的天平再次向刘邦集团倾斜。因为韩信可以出兵荥阳，帮助刘邦打垮项羽。

刘邦左等右等，就是等不到韩信的大军。直到韩信的使者到来，才知道韩信要求封“假齐王”。刘邦当时就火了，破口大骂。多亏张良、陈平一人给了他一脚，又一阵耳语，才让刘邦冷静下来：此时不能得罪韩信！于是，刘邦立即派张良赶赴齐地，封韩信为齐王。

古今许多论者都认为，韩信攻占全齐后没有立即发兵荥阳，帮助刘邦灭掉项羽，反而派使者面见刘邦要求封“假齐王”，是一大政治失误。

宋人钱昆的《题淮阴侯庙》一诗便专讲了此事，诗中写道：

筑坛拜日恩虽厚，蹑足封时虑已深。
隆准早知似鸟喙，将军应有五湖心。

首句写刘邦登坛拜韩信为大将军恩重如山，次句写韩信要求封“假齐王”，张良、陈平踩刘邦的脚，劝刘邦先封韩信为齐王以稳住他时，韩信已惹下大祸。“虑已深”，指刘邦此时已对韩信恨之入骨，只是自己此时无法制约对方，不得已而封韩信为齐王。第三句，“隆准”，高鼻梁，特指刘邦；“鸟喙”，嘴长得像鸟，指代越王勾践。此句的意思是说，韩信早就应当明白，刘邦就像当年的越王勾践，只能共患难，不能共富贵。最后一句便是慨叹韩信不如范蠡，不懂得功成身退，遨游五湖，远害全身。

这首咏叹韩信的诗非常有名。尤其是“蹑足封时虑已深”一句，最能体现作者的观点：韩信求封“假齐王”，又惹祸了。

那么，韩信求封，究竟算不算惹祸呢？这又涵盖了两个小问题：

第一，韩信求封“假齐王”错了吗？

第二，刘邦是因为韩信求封之事才动了杀心吗？

我们先说第一问。

韩信在汉中对策时，曾明确向刘邦提出：

“任天下武勇，何所不诛！以天下城邑封功臣，何所不服！以义兵从思东归之士，何所不散！”《史记·淮阴侯列传》

这三个“何所不”的句子中，最关键的是第二句——“以天下城邑封功臣，何所不服”。

汉中对策谈的不是战役，而是战略；不是局部，而是全局。“以天下城邑封功臣”是韩信为刘邦制定的打败项羽的战略部署，成为刘邦战胜项羽最重要的法宝之一。韩信本人既是这一方针的提出者、制定者，又是这一方针的受益者。他希望能通过立功而封王，这个想法在汉中对策中体现得很明确，并得到刘邦的高度认同。

汉王大喜，自以为得信晚。——《史记·淮阴侯列传》

所以，韩信求封“假齐王”并不为过，何况他是求封，又不是自封。《汉书·陈平传》记载韩信是“自立为假齐王”

《汉书 · 张陈王周传》。如果退一万步说，即便此时韩信自封齐王，刘邦又能怎样？和项羽打了两年多，胜少负多，如果再树韩信为敌，这日子真的过不下去了。

而第二个问题，其实很难说清楚。

韩信不愿出兵协助，的确是令人头疼的事儿，但刘邦生气归生气，是不是就此打定主意日后要灭掉韩信？这一点我们谁也不能肯定。不过防范之心更加强烈倒是真的。项羽自刎后，刘邦做的第一件事就是夺了齐王韩信三十万精兵的军权。防范之心，路人皆知。

韩信派使者求封："齐伪诈多变，反复之国也，南边楚，不为假王以镇之，其势不定。愿为假王便。"《史记 · 淮阴侯列传》这话说得很清楚：首先，齐国是多变之国；其次，齐国临近西楚国；最后，不封我为代理齐王就很难镇抚。这三点理由讲得都有道理，更有道理的是，功大如此者应当封王。

那么，韩信的错误究竟在哪里呢？错在他不知在帝国专制政体下，臣子的官位、待遇都是君王所赐，不是臣下去申请。韩信公开向刘邦申请，尽管在道理上并不错，但作为领导，刘邦的面子上可过不去。一句话，韩信违反了专制政体下君臣之间的游戏规则。

宋人黄庭坚《韩信》一诗中写道：

成皋日夜望救兵，取齐自重身已轻。
蹑足封王能蚤寤，岂恨淮阴食千户。

这首诗说的是，刘邦在成皋日夜盼望韩信出兵，韩信却要请封齐王，当他以此“自重”时“身已轻”。假如韩信在“蹑足封王”时能早日醒悟，岂会到最后怨恨自己只当了个食邑千户的淮阴侯？

这首诗把韩信求封假齐王与夺爵削王联系起来，直言求封齐王是韩信人生的一大败笔！

连连惹祸不自知

第三个观点是，先要求扩大封地再出兵灭项，又一次惹祸了。

借着形势逼刘邦封自己为齐王已经惹了祸端，可韩信依旧我行我素，不断给自己招来麻烦。

无奈地封韩信为齐王之后，刘邦马不停蹄地追赶一路败逃的项羽，遭遇反击，刘邦的二十万人马被项羽的十万军队打得龟缩在固陵（今河南周口市淮阳区西北）城中，不敢出战。刘邦约齐王韩信、梁王彭越合围项羽，韩信、彭越竟然都不赴约。

张良直言不讳地说：项羽现在已经是穷途末路，韩信和彭越他们都看在眼里，拒绝出兵是因为汉王您马上就可以夺得整个天下，但他们两个的封国还那么小，心里不痛快。只要加大他们的封地，他们立马就会出兵合围项羽。刘邦依计而行，果然合围项羽于垓下，逼得项羽自刎。

韩信求封“假齐王”已经惹火上身，此番在关键时刻再次向刘邦讨价还价，岂不是火上浇油？

韩信在刘邦大面积地加封自己的封地后才出兵助汉，这确实让刘邦感到非常难堪。这件事很明显地暴露出两人之间的雇佣关系。

你出价合理，我就帮忙；你出价不合理，我就不管。这样的讨价还价充满了市井的气息。有英雄之才，却怀市井之心，这大概才是真实的韩信。他以市井之心追求自己的利益最大化，又以君子之心企望别人能够厚待自己，现实中会有这么称心如意的事儿吗？

面对韩信的待价而沽，《史记》并没有记载刘邦的表现，但我们相信他这一次定然是恼到骨子里去了。之前的张口大骂是在发泄惊讶与意外的情绪，而这次经张良的点拨，刘邦不再骂了，但是，不骂比大骂更可怕！骂，是出乎刘邦的意料；不骂，是在其意料之中——你韩信就是趁火打劫的人！

功高盖主太惹眼

第四个著名观点是，功高盖主惹大祸。

从蒯通开始，人们常说：韩信死于挟不赏之功，戴震主之威。简单来说，就是功劳太大，而且已经是王爵，再也没有什么可以封赏的了，从而令君主猜忌，危及自身安全。事实是这样吗？恐怕未必！

与韩信一样功高者还有张良与萧何。

张良一生平平安安，从未受过刘邦的任何猜忌。为什么呢？因为他懂得“运筹帷幄之中，决胜千里之外”。客观上来讲，张良既没有韩信的军权，也没有萧何的政权，他就是刘邦身边的一位高参，刘邦不需要对张良有任何防范。张良“愿弃人间事，欲从赤松子游”《史记·留侯世家》，置身于功名利禄之外，优哉游哉，为的就是明哲保身。

萧何一生兢兢业业，治国理财，管理天下，民望甚高，曾两次惹来刘邦猜忌。但他深谙专制制度下的官场之道，或令子孙兄弟参军，或以家财佐军，或自毁声名，即使买地买房，也都尽挑穷乡僻壤，以免招来他人的非议或妒忌。萧何不仅功勋卓著，而且特别善于吸取他人的意见，知道怎么跟刘邦斗智，得以保全身家性命。

可见，功高震主者未必一定会被杀，关键看自己如何趋利避害，正确应对。

韩信是典型的高智商、低情商之人，精明于战场，愚笨于官场。战场上指挥若定，千军万马，视若无物。但是，一听说刘邦要游云梦泽，就方寸大乱，全无应对之策。一会儿要反，一会儿又“自度无罪”，一会儿又杀友求荣，十足的政治小白。

纵观韩信一生，他始终有四件事没搞懂：

（一）不懂开国君王与功臣的关系——打天下是手足，共天下是心患。

（二）不懂谋反不一定要有谋反的证据，只要有谋反的能力就可认定。

（三）不懂功臣被杀无关个人恩怨，而关乎江山的安危。

（四）韩信不懂冒犯君王是为臣大忌。

刘邦夺了天下，当了皇帝，确保刘姓江山千秋万代是他应有的使命。韩信先为张耳请封赵王。刘邦与张耳关系颇深，韩信之请立即得到恩准。其实，韩信为张耳请封赵王是为自己请封“假齐王”埋下伏笔。韩信这两次请封，一是越权，二是邀功。封不封赵王是刘邦的事，犯得着韩信管吗？封不封齐王也是刘邦的事，用得着韩信要吗?

韩信不仅在灭齐前后两次触怒汉王刘邦，更在被诱捕夺爵后直言不讳，冒犯已身为皇帝的刘邦。

某次，刘邦和韩信讨论诸将的军事能力。刘邦突然问韩信：像我这样的人能带多少兵？韩信直言：皇上不过能带十万大军。刘邦再问：那你能带多少军队？韩信立即回答：我带兵自然是越多越好。刘邦听后笑着说：既然你带兵“多多益善”，你为什么会被我抓了呢？韩信回答：陛下不能带兵却善于用将，所以我韩信被您所擒。何况，帝王乃天授，不是人力所能达到的。

这番话倒是实话，刘邦带兵确实不如韩信。不过，韩信在自己被诱捕夺爵后还如此出言不逊，丝毫不顾及皇帝的感受，实在是有些傲慢自负。尽管韩信还补充了“将兵”和“将将”的区别，承认刘邦是“天授”,“非人力”之类的话，但刘邦心里绝不会舒畅。

韩信的一生是一出令人扼腕的悲剧。其悲剧具有多重性：

一是社会的悲剧。韩信生活在帝国专制的社会中，专制帝王不允许才高功大的臣僚威胁到一家一姓的江山，“国士无双”的韩信同样无法走出这个魔障。

上常从容与信言诸将能不，各有差。上问曰：『如我能将几何？』信曰：『陛下不过能将十万。』上曰：『于君何如？』曰：『臣多多而益善耳。』上笑曰：『多多益善，何为为我禽？』信曰：『陛下不能将兵，而善将将，此乃信之所以为陛下禽也。且陛下所谓天授，非人力也。』

——《史记·淮阴侯列传》

二是人性的悲剧。依附性的人格使得韩信滋生出“甘心为奴”的心态，让他当主子他都不敢。

三是政治的悲剧。韩信不懂政治，最终死在不懂政治上。一个人可以不搞政治，但最好要懂一些政治，特别是那些在各个领域中获得了巨大成就的人，不能不懂点政治。

韩信因联手陈豨发动叛乱而命丧黄泉。城门失火，殃及池鱼。其实，陈豨叛乱影响所及不仅有韩信，还有其他诸侯王。那么，究竟还有谁被株连了呢？

请看：将星陨落。

将星陨落

四十

陈豨叛乱不但导致韩信被杀，还牵连到另外两位异姓诸侯王梁王彭越和淮南王黥布，最终导致彭越、黥布被杀。韩信因谋反被杀，彭越、黥布又是如何被卷入陈豨叛乱事件中的呢？

不白之冤

彭越在刘邦消灭项羽之前就已经被封为梁王。西汉建国后，彭越作为大功臣，继续在梁地称王。虽然他曾在楚汉战争后期收留过齐国大将田横，但后来田横自动消失，刘邦也就没有再追究下去。最后田横和五百壮士上演了集体殉节事件，一切恩怨到此为止。

韩信谋反被杀，原本也与彭越了不相干。但人不找麻烦，麻烦却主动找上门。就在彭越优哉游哉地当着梁王时，一起突发事件把他卷进了陈豨的叛乱，并让他陷入灭顶之灾。

原来，刘邦听说陈豨叛乱后，立即亲临平叛。到达赵地邯郸后，刘邦发现自己的兵力明显不足，可能会吃亏。于是，他立即向天下诸侯征兵，当然也包括梁王彭越。彭越称病没有亲自去，仅派了一个将军带兵前往邯郸参战。刘邦见此勃然大怒，立即派人前往梁国责备彭越不遵皇命。彭越一见这架势，有点吓蒙了，便想亲自赶去邯郸向刘邦解释。此时，彭越手下的将领扈辄说：大王您一开始不应诏，现在被严厉批评后再去解释，去了还能回来吗？不如趁此机会反了。彭越一听，也不敢去邯郸请罪了。可是造反吧，彭越也不同意，于是只好继续称病。

十年秋，陈豨反代地，高帝自往击，至邯郸，征兵梁王。梁王称病，使将将兵诣邯郸。高帝怒，使人让梁王。梁王恐，欲自往谢。其将扈辄曰：『王始不往，见让而往，往则为禽矣。不如遂发兵反。』梁王不听，称病。——《史记·魏豹彭越列传》

就在这个关键时刻，一件意想不到的事情将彭越推入了万劫不复的境地。原来，彭越手下的太仆得罪了彭越，彭越就想杀他。太仆一得知消息，撒腿就逃。他逃到邯郸，向刘邦告发了彭越和部下扈辄谋反的事情。刘邦得到消息，立刻派人抓捕彭越。彭越毫无防备，一下子被逮个正着，被押送到洛阳。司法官审理后报告刘邦：彭越谋反证据确凿，请求依法惩办。刘邦下令，将彭越贬为百姓，押送到蜀地青衣县（今四川名山区北）居住。

梁王怒其太仆，欲斩之。太仆亡走汉，告梁王与扈辄谋反。于是上使使掩梁王，梁王不觉，捕梁王，囚之洛阳。有司治反形已具，请论如法。上赦以为庶人，传处蜀青衣。——**《史记·魏豹彭越列传》**

彭越这个委屈啊，窝囊啊，那滋味就甭提了。然而，他万万没有想到，前面还有更大的旋涡等着自己。押送的队伍一路走到郑县（今陕西渭南市华州区），刚好遇见从长安前往洛阳的吕后。彭越向吕后那是好一通哭诉，鼻涕一把泪一把，一再强调自己是被冤枉的。吕后貌似为其所动，答应为他洗清冤屈。于是，吕后把西行的彭越又带回了洛阳，并马上去见刘邦，说：彭王是豪杰好汉啊，现在把他贬到蜀地，这不是给自己留下隐患吗？不如借这个机会杀了他，我已经把他带回来了。刘邦幡然醒悟，表示同意。吕后暗地里指示彭越的手下再次告发其谋反，并命廷尉审理此案。廷尉遵照吕后的意思，定了彭越的罪，请求灭族。刘邦批准。就这样，彭越三族被诛，梁国也随之撤销。

西至郑，逢吕后从长安来，欲之洛阳，道见彭王。彭王为吕后泣涕，自言无罪，愿处故昌邑。吕后许诺，与俱东至洛阳。吕后白上曰：『彭王壮士，今徙之蜀，此自遗患，不如遂诛之。妾谨与俱来。』于是吕后乃令其舍人告彭越复谋反。廷尉王恬开奏请族之。上乃可，遂夷越宗族，国除。——**《史记·魏豹彭越列传》**

与韩信相比，彭越那可是真冤，他可是一点儿谋反之心都没有啊！把《史记 · 淮阴侯列传》和《史记 · 彭越列传》做个对比，我们可以看到司马迁对梁王彭越的不白之冤讲得极为清楚明白。

男女双打

彭越之死直接源于称病，没有亲自参加刘邦征兵平定陈豨叛乱。刘邦为什么会对彭越不亲自参加平定陈豨叛乱这么敏感呢？

事出有因啊！

如前文所言，高祖十年（前197）九月，陈豨勾结叛王韩王信的部将王黄谋反，“自立为代王”，攻略了赵、代大片土地。刘邦平叛，亲自出征，在邯郸召见了周昌举荐的四位赵地好汉，这四个人才干并非十分出众，也没有什么功劳，可刘邦给他们每人一千户食邑。众人不解，刘邦解释道：“陈豨反，邯郸以北皆豨有，吾以羽檄征天下兵，未有至者，今唯独邯郸兵耳，吾胡爱四千户封四人，不以慰赵子弟！”《史记 · 韩信卢绾列传》

陈豨一反，整个邯郸以北都归陈豨了。我用加急羽檄征调天下军队，没有一支军队到来。现在只有邯郸的兵力可用。用这四千户封四个赵国将军，可以慰劳赵国的子弟啊。

可见，刘邦平定陈豨叛乱之时，天下诸侯态度消极。除中央政府掌管的军队外，其他诸侯国的军队根本调遣不动。可以临时应急的，只有赵国的本土军队。

梁国和赵国相邻，彭越又是能征善战的大将，久经沙场。刘邦本对彭越寄予厚望，但彭越接到征兵令，竟然来都不来，刘邦能不上火吗？

上火还不至于杀人。梁国太仆的告密才是重磅炸弹，它让彭越吃了一个大亏。眨眼之间，彭越就被夺爵削王，发配蜀地。

这是彭越一生中的第一大冤案。彭越没有谋反，他未处罚劝自己谋反的部将扈辄，但并不代表他真有反心，而且他也确实没有任何行动啊。刘邦接到告密，突然袭击，逮捕彭越，夺爵迁蜀，彻底暴露了刘邦打击开国功臣的阴暗内心，也暴露了刘邦铲除异姓诸侯王的真实意图。

吕后假意带回彭越，说服刘邦斩尽杀绝。这对政坛上的“男女双打”冠军的目的最终实现了，但他们的卑鄙手段也永远被钉刻在历史的耻辱柱上了。

吕后为什么对诛杀彭越的事情这么积极呢？

因为她无时无刻不在琢磨刘邦的身后之事。韩信、彭越、黥布是帮助刘邦诛杀项羽打下江山的三员虎将。刘邦活着的时候，吕后可以得过且过。但是，刘邦与吕后有较大的年龄差距，而刘邦的身体状况，吕后比任何人都清楚。一旦刘邦下世，继承帝位的是自己的儿子刘盈。以刘盈的年龄、阅历、能力，能驾驭韩信、彭越、黥布这些猛将吗？当然不能！所以，在刘邦在世之时，将这些猛将除掉一个算一个。这样，太子刘盈继位后遇到的阻力自然会小得多。这就是刘邦不杀彭越，吕后却不愿放过彭越的原因。

灭了彭越三族后，刘邦还办了两件事：第一，下令谁敢为彭越下葬，一律逮捕！第二，将彭越的尸体剁成肉酱，分送天下诸侯王，要求他们当着皇帝使者的面吃下去。

刘邦这两手又引发了两件大案。一是栾布哭祭，一是黥布谋反。

生活经常这样，越是怕什么，越是来什么。

刘邦冤杀了彭越，最忌讳有人为彭越发丧。但是，偏偏有这么一个不顾皇帝的严令哭祭彭越的人。这个人就是栾布。

梁王彭越被杀之前，曾派他手下的大夫栾布出使齐国。栾布回国复命时，才知道梁王彭越被杀，而且头还被砍下来悬挂在洛阳城头示众。栾布知道刘邦下了死令，但他仍跑到彭越的人头下哭祭自己的主子，汇报出使情况。守卫的士兵立即将栾布抓起来，报告了刘邦。

使于齐，未还，汉召彭越，责以谋反，夷三族。已而枭彭越头于洛阳，下诏曰：『有敢收视者，辄捕之。』布从齐还，奏事彭越头下，祠而哭之。吏捕布以闻。——《史记·季布栾布列传》

刘邦见到栾布，气不打一处来：你想和彭越一块儿谋反吗？我命令禁止任何人为彭越收殓，你为什么还要去哭祭？给我烹了！左右一拥而上，要把栾布架走行刑。栾布回头冲着刘邦说：我希望能讲完话再死。刘邦厉声问：你还有什么可讲的？栾布说：当年您困于彭城，败于荥阳、成皋时，项羽之所以不能西进，全靠梁王彭越驻扎梁地，和汉兵合作，搞得楚军苦不堪言。那时候，梁王若和西楚联手，汉军就会失败；若和汉军联手，西楚军就会失败。垓下之战时，若是没有梁王，项羽不会败亡。天下安定，彭王受封梁王，本希望能够传承给子孙。如今皇上征兵，彭王因病不能亲征，陛下就怀疑他谋反。谋反的迹象没见到，仅因为一点小事就杀了梁王。我担心从此以后，天下功臣“人人自危”。现在，梁王死了，我也生不如死，请让我受烹吧！

上召布，骂曰：『若与彭越反邪？吾禁人勿收，若独祠而哭之，与越反明矣。趣亨之。』方提趣汤，布顾曰：『愿一言而死。』上曰：『何言？』布曰：『方上之困于彭城，败荥阳、成皋间，项王所以不能遂西，徒以彭王居梁地，与汉合从苦楚也。当是之时，彭王一顾，与楚则汉破，与汉而楚破。且垓下之会，微彭王，项氏不亡。天下已定，彭王剖符受封，亦欲传之万世。今陛下一征兵于梁，彭王病不行，而陛下疑以为反，反形未见，以苛小案诛灭之，臣恐功臣人人自危也。今彭王已死，臣生不如死，请就亨。』——《史记·季布栾布列传》

最终，刘邦下令放了栾布，并任命栾布为都尉。

于是上乃释布罪，拜为都尉。——《史记·季布栾布列传》

栾布为什么会为彭越鸣冤呢？

彭越和栾布曾是布衣之交的好朋友。栾布家里穷，到齐地打工，当了几年酒保。彭越还在当强盗那会儿，栾布被人劫卖到燕地为奴。因为主人被杀，栾布为主人报了仇。燕将发现了栾布，就推荐他当了都尉。后来臧荼做了燕王，升任栾布为将。臧荼谋反，栾布被汉军抓获。此时，彭越已经当上了梁王，听说自己当年的好友栾布被抓，便请示刘邦，用重金将他赎了出来，任命栾布当了梁国的大夫，并派他出使齐国。

始梁王彭越为家人时，尝与布游。穷困，赁佣于齐，为酒人保。数岁，彭越去之巨野中为盗，而布为人所略卖，为奴于燕。为其家主报仇，燕将臧荼举以为都尉。臧荼后为燕王，以布为将。及臧荼反，汉击燕，虏布。梁王彭越闻之，乃言上，请赎布以为梁大夫。——《史记·季布栾布列传》

在栾布看来，彭越对自己有救命之恩，知遇之恩。所以，彭越被冤杀，栾布要哭祭。当然，这只是问题的一个方面；另一方面，彭越也确实是战功赫赫！

栾布在陈述中表达得很清楚，彭越的功劳主要有两方面：一是袭扰项羽后方，二是合围项羽于垓下。彭越受冤枉是因为刘邦征兵之时他生病，没能亲自率兵出征，因此刘邦怀疑彭越谋反，在“反形未见”《史记·季布栾布列传》的情况下抓捕彭越，最后竟然强行杀了彭越。栾布哭祭彭越的行为触犯了刘邦的旨意，在栾布义正词严的质问下，刘邦为什么又宽恕了他呢?

最重要的原因在于刘邦此时需要提倡忠诚之风。栾布作为彭越的部下，敢于冒死哭祭彭越，为其申冤，充分显示了他对主人的忠诚。刘邦不杀策动韩信谋反的蒯通，不杀策动谋杀自己的贯高，不杀哭祭彭越的栾布，都和此时重视臣子的忠诚密不可分。

谋反？激反？

刘邦冤杀彭越的举动不但没有震慑住异姓诸侯王，反而激起了一位诸侯王的反心。这个人是谁呢？他就是淮南王黥布。此时，异姓诸侯王中，燕王臧荼、韩王信、楚王韩信、梁王彭越相继被杀，长沙王吴芮和赵王张耳病死，侥幸苟活下来的只剩下淮南王黥布一人。刘邦杀了彭越，株连三族后还不过瘾，又将彭越的尸体剁成肉酱分送天下诸侯吃掉。这事让淮南王黥布心中更加不安，原来没想过要谋反，此刻也实在熬不下去了。

黥布和韩信、彭越乃是“同功一体”，三人的命运息息相关。高祖十一年（前196），吕后杀韩信，消息传到黥布耳中，已经令他十分忐忑。同年夏天，又传来彭越被杀的消息。接着，“肉酱”被送到淮南，黥布震惊不已。韩信、彭越先后被杀，黥布已成惊弓之鸟。震惊之余，黥布开始暗中布防，高度戒备，时刻监视着临近各郡县的军队调动。

十一年，高后诛淮阴侯，布因心恐。夏，汉诛梁王彭越，醢之，盛其醢遍赐诸侯。至淮南，淮南王方猎，见醢，因大恐，阴令人部聚兵，候伺旁郡警急。——《史记·黥布列传》

自从刘邦称帝以来，黥布一直恪守己任奉法行事。高祖七年（前200），他到陈地拜见刘邦。高祖八年（前199），又到洛阳拜见刘邦。虽然在秦末大起义之前，黥布是江洋大盗，但当了淮南王后，他毫无违法之事。

人要倒霉起来，喝口凉水都塞牙缝。就在刘邦瞄上黥布之时，黥布的后院不争气地“失火”了。

原来，黥布的一个爱姬病了，黥布安排了一位医生为她诊病。这位医生刚好和中大夫贲赫是邻居。爱姬多次到医生家就诊，贲赫见到后便给医生送了厚礼，讨好爱姬。这位爱姬在和黥布谈话时偶然提到贲赫，称他是个厚道人。常言道，说者无意，听者有心。一听自己喜欢的女人夸耀别的男人，黥布的心里就不舒服了，厉声问道：你怎么知道他是个厚道人？爱姬害怕了，一股脑儿将自己知道的情况都说了出来。黥布听后，怀疑贲赫和自己的爱姬私通。贲赫听说了，被吓得称病在家，不敢露面。结果适得其反，黥布更恼了，想抓贲赫。贲赫知道后直奔京城，向朝廷递交了一封告密信，告发黥布叛乱，并建议刘邦趁黥布没有起兵前先出兵讨伐。

布所幸姬疾，请就医，医家与中大夫贲赫对门，姬数如医家，贲赫自以为侍中，乃厚馈遗，从姬饮医家。姬侍王，从容语次，誉赫长者也。王怒曰：『汝安从知之？』具说状。王疑其与乱。赫恐，称病。王愈怒，欲捕赫。赫言变事，乘传诣长安。布使人追，不及。赫至，上变，言布谋反有端，可先未发诛也。——《史记·黥布列传》

刘邦看了告密信，征询相国萧何的意见。萧何说：黥布不应该反啊，恐怕是他的仇人陷害他。先把贲赫关押起来，再派人暗中查一查吧。

上读其书，语萧相国。相国曰：『布不宜有此，恐仇怨妄诬之。请系赫，使人微验淮南王。』——《史记·黥布列传》

萧何为黥布辩护，这一点让人很不解。当初韩信被诱杀是萧何下的套，彭越被冤杀萧何一言不发。唯独黥布被告发，萧何竟肯为黥布辩护。之所以这么做，估计萧何是想改善一下自我形象罢了，毕竟诱杀韩信让他的正面形象大打折扣。何况黥布和韩信不同，韩信是萧何力荐之人，韩信谋反，萧何必须有个明确的态度。黥布和自己却毫不相干，说一两句慎重起见的场面话，无关紧要。

黥布得知贲赫逃到京城，还向朝廷上了奏折，担心他告发自己那点见不得人的事儿。碰巧来核查的汉使也搜罗到一些蛛丝马迹，于是黥布干脆一不做二不休，先派人杀了贲赫全家，随即宣布造反。黥布叛乱的文告送呈刘邦，刘邦放了贲赫，任命他为将军。

淮南王布见赫以罪亡，上变，固已疑其言国阴事；汉使又来，颇有所验，遂族赫家，发兵反。反书闻，上乃赦贲赫，以为将军。——《史记·黥布列传》

刘邦召集众将商议：黥布反了，怎么办？众将齐声说：派兵打，灭了这家伙，他还能有啥作为？

上召诸将问曰：『布反，为之奈何？』皆曰：『发兵击之，坑竖子耳，何能为乎！』——《史记·黥布列传》

就在刘邦匆忙问计众将时，滕公召见了项羽手下原来的宰相（令尹）薛公，向他打听黥布的事。薛公说：黥布应当反！滕公奇怪地问：皇上让他称王，他面南当了万乘之君，为什么还要反呢？

汝阴侯滕公召故楚令尹问之。令尹曰：『是故当反。』滕公曰：『上裂地而王之，疏爵而贵之，南面而立万乘之主，其反何也？』——《史记·黥布列传》

薛公说：先杀韩信，再杀彭越。黥布、韩信、彭越三个人功劳相同，休戚与共。他现在怀疑大祸将要落到自己头上，当然要反了！

令尹曰：『往年杀彭越，前年杀韩信，此三人者，同功一体之人也。自疑祸及身，故反耳。』——**《史记·黥布列传》**

滕公把薛公推荐给刘邦，说：我有一位客人，原来是项羽西楚国的宰相，此人有运筹帷幄的本领。刘邦召见薛公，询问他相关情况。薛公说：黥布叛乱没有什么大不了。假如黥布采用上策，崤山以东的土地恐怕就不归汉了。假如黥布采用中策，谁胜谁败恐怕一时难以断定。假如黥布采用下策，皇上就可以高枕无忧了。

滕公言之上曰：『臣客故楚令尹薛公者，其人有筹策之计，可问。』上乃召见问薛公。薛公对曰：『布反不足怪也。使布出于上计，山东非汉之有也；出于中计，胜败之数未可知也；出于下计，陛下安枕而卧矣。』——**《史记·黥布列传》**

刘邦听得一头雾水，问薛公：什么叫上策？薛公回答：向东攻占吴国，向西攻取楚国，吞并齐鲁，发文让燕赵投降，稳守本土，崤山以东就不归汉了。

上曰：『何谓上计？』令尹对曰：『东取吴，西取楚，并齐取鲁，传檄燕、赵，固守其所，山东非汉之有也。』——**《史记·黥布列传》**

什么叫中策呢？薛公说：向东攻占吴国，向西攻取楚国，吞并韩、魏之地，据守敖仓的军粮，堵住成皋的通道，谁胜谁负不好说。

『何谓中计？』『东取吴，西取楚，并韩取魏，据敖庾之粟，塞成皋之口，胜败之数未可知也。』——**《史记·黥布列传》**

下策又是什么呢？薛公说：向东攻占吴国，向西攻取楚国，把辎重运到越地，自己带人投奔长沙王。黥布要是这样干，皇上就可以安安稳稳地睡大觉了。

『何谓下计？』『东取吴，西取下蔡，归重于越，身归长沙，陛下安枕而卧，汉无事矣。』——**《史记·黥布列传》**

刘邦又问：黥布到底会怎么做呢？薛公

答：黥布肯定采用下策。刘邦不明白了：黥布为什么不用上策、中策而选择下策呢？薛公答：黥布原来不过是骊山的刑徒罢了，凭战功成为一方诸侯。此人原本就是一个只顾眼前利益，从不为子孙后代，更不会为黎民百姓考虑的人。所以说，这次他必定只会取下策。刘邦听后大喜：讲得好！立即封薛公为关内侯。

上曰：『是计将安出？』令尹对曰：『出下计。』上曰：『何谓废上中计而出下计？』令尹曰：『布故丽山之徒也，自致万乘之主，此皆为身，不顾后为百姓万世虑者也，故曰出下计。』上曰：『善。』封薛公千户。——**《史记·黥布列传》**

于是，刘邦先立了自己的儿子刘长为淮南王，然后率兵东征黥布。

乃立皇子长为淮南王。上遂发兵自将东击布。——**《史记·黥布列传》**

黥布叛乱开始时，对手下的将军们说：皇上老了，不愿打仗，一定不会亲自来！汉军中的将领，我只担心韩信和彭越，现在他俩都死了，其他将领不值得一提。

布之初反，谓其将曰：『上老矣，厌兵，必不能来。使诸将，诸将独患淮阴、彭越，今皆已死，余不足畏也。』故遂反。——**《史记·黥布列传》**

黥布起兵后，果然像薛公估计的那样，向东攻打荆地，荆王刘贾战死，黥布借机劫持了荆国的军队。然后渡过淮河，攻打楚军，楚王刘交把楚兵分成三拨，轮番出战，相互救应。有人对楚王说：黥布善于用兵，将士们都怕他，何况士兵们在家乡本土作战，特别容易溃散，现在还兵分三路，他要是打败我们三拨中的一拨，其余两拨肯定会逃散，怎么可能相互救援呢？楚王不听劝。黥布果然集中兵力打败楚兵的一拨，其余两拨四散奔逃。

果如薛公筹之，东击荆，荆王刘贾走死富陵。尽劫其兵，渡淮击楚。楚发兵与战徐、僮间，为三军，欲以相救为奇。或说楚将曰：『布善用兵，民素畏之。且兵法，诸侯战其地为散地。今别为三，彼败吾一军，余皆走，安能相救！』不听。布果破其一军，其二军散走。——《史记·黥布列传》

于是，黥布与刘邦两军在蕲县（今安徽宿州市南）相遇。黥布的军队十分精良。刘邦驻扎下来后，远远看见对方摆出的阵势酷似当年项羽的军阵，心中很厌恶。他朝远处的黥布喊道：你为什么造反呢？黥布回答得很痛快：想当皇帝啊。刘邦气得跳脚，两军大战。黥布手下的将领们原以为刘邦年老体衰，未必亲临战场，才同意谋反。现在见刘邦亲自督阵，个个心里直打鼓。军心不稳，再精良的部队也打不了胜仗。最后，黥布只率一百多人逃到今天的长沙一带。

遂西，与上兵遇蕲西会甀。布兵精甚，上乃壁庸城，望布军置陈如项籍军，上恶之。与布相望见，遥谓布曰：『何苦而反？』布曰：『欲为帝耳。』上怒骂之，遂大战。布军败走，渡淮，数止战，不利，与百余人走江南。——《史记·黥布列传》

长沙王吴芮的女儿是黥布的妻子，吴芮的儿子给黥布送来一封信，伪称要和他一起流亡，实则是想引诱其逃往南越。黥布和他一块儿逃到番阳（今江西鄱阳县），在一户百姓家中被杀。黥布叛乱，就这样结束了。

布故与番君婚，以故长沙哀王使人绐布，伪与亡，诱走越，故信而随之番阳。番阳人杀布兹乡民田舍，遂灭黥布。——《史记·黥布列传》

事后，刘邦的第七子刘长正式到任淮南王，告发黥布谋反的贲赫被封为期思侯。

立皇子长为淮南王，封贲赫为期思侯。——《史记·黥布列传》

黥布是楚汉战争时期的一代枭将，英勇善战，项羽能成为诸侯上将军和黥布有着极为密切的关系。巨鹿之战，第一个过河与秦军作战的楚军将领是黥布。他打得足够勇猛，项羽才敢破釜沉舟，渡河击秦。战后，救赵的诸侯们服从楚兵的原因之一，也在于黥布常常能够以少胜多，打败占有优势的秦军。刘邦彭城大败后，张良为刘邦下邑画策时提到的三大将领是韩信、黥布、彭越，直接肯定了他不俗的战力。

> 诸侯兵皆以服属楚者，以布数以少败众也。
> ——《史记·黥布列传》

黥布如此骁勇善战，这一次为何会一败涂地呢？

一是见利忘义。

黥布跟随项羽灭秦，立下不世之功。项羽分封十八诸侯王，对自己的手下仅封了九江王黥布一人，其他功臣如范增、钟离昧、龙且、周殷等众多亲信都没有被封王。可见，项羽对黥布相当不薄。然而，田荣叛乱，彭城失守，本应积极助项羽一臂之力的黥布却冷眼旁观。项羽兵发齐地，向九江王黥布征兵，“九江王布称病不往”，只派了一名部将带了几千人参加平叛。这使项羽非常不快。等到项羽回师，发动彭城之战时，黥布还不派兵参战。项羽终于忍无可忍，屡次派使者责问，并召见黥布。黥布心中有鬼，“不敢往”，两人的嫌隙由此产生。事实上，黥布完全有实力帮助项羽，也理应伸出援手，但他的消极态度令项羽失望之极。但是，为了争取黥布，项羽没有发兵征讨，仅是派使责问。即使如此，黥布最后还是叛楚投汉了。其实不难理

> 汉二年，齐王田荣畔楚，项王往击齐，征兵九江，九江王布称病不往，遣将将数千人行。汉之败楚彭城，布又称病不佐楚。项王由此怨布，数使使者诮让召布，布愈恐，不敢往。项王方北忧齐、赵，西患汉，所与者独九江王，又多布材，欲亲用之，以故未击。
> ——《史记·黥布列传》

解，黥布当年跟随项羽南征北战，为的是立功封王，并不笃信什么忠孝节义。一旦目的达成，自然见利忘义，还有什么好顾忌的呢！

二是素无大志。

黥布从一介布衣混到南面称王，乃时代和个人两方面原因合力促成。布衣之时，有一个年轻人为黥布相面说：你啊，将来受刑后称王！黥布听了不以为然。后来果然因犯法而遭受黥刑，他笑着说：有人说我受刑后便能称王，大概说的就是这个吧。在当时，“王”是何等概念？众人听后，都拿这事儿取笑他。黥布被判押往骊山服役。当时在骊山服役之人有几十万，黥布借机交往了一大批犯人中的人尖儿，并带着这帮人成功逃亡，成为江湖上一个知名的强盗团体。

秦时为布衣。少年，有客相之曰：『当刑而王。』及壮，坐法黥。布欣然笑曰：『人相我当刑而王，几是乎？』人有闻者，共俳笑之。布已论输丽山，丽山之徒数十万人，布皆与其徒长豪杰交通，乃率其曹偶，亡之江中为群盗。——《史记·黥布列传》

黥布受黥刑，沦为骊山役夫，再变身为强盗，和陈胜、吴广有什么区别？同样是秦帝国的罪犯，陈胜、吴广面临死亡敢于起兵反秦，黥布却没有这种胆量。他也没有政治远见，仅以个人力量对抗社会，缺乏“王侯将相宁有种乎”的勇气。

黥布的一生曾有过三次机遇：一是他聚兵参加了反秦大起义；二是起兵后他投靠了项梁集团，功封九江王；三是他归汉被刘邦封为淮南王。参加反秦大起义给了他转变身份的机会，加入项梁集团让他登上历史舞台，归汉使他成为西汉的开国功臣。

可惜黥布的理想仅仅停留在“南面称王”的层次。刘邦质问他为何谋反，他脱口而出：“欲为帝耳。”其实，他的谋反只是一种自救。韩信、彭越相继被杀，逼得他不得不反，哪里是为了当皇帝？黥布既没有称帝的宏愿，又没有称帝的才能。他起兵反汉时，身边没有一个优秀的谋士，没有一位能征惯战的勇将，这哪能成事啊？“欲为帝耳”只是气气刘邦，过过嘴瘾罢了！

薛公对刘邦讲解的那套上策、中策、下策的分析未必是先知先觉的定论，但黥布对刘邦不会亲征的预判显然是错误的。涉及异姓诸侯王谋反，刘邦怎会懈怠？在巩固西汉帝国政权的问题上，刘邦向来不会掉以轻心！面对黥布叛乱，刘邦还破例召开了战前会议，聆听各方面的意见。这一切都表明，刘邦对这位枭将的叛乱极为重视。

陈豨的叛乱导致韩信、彭越、黥布三位开国功臣相继被杀。刘邦杀戮开国功臣的愿望被点燃，燃烧，终于酿成汉初异姓诸侯王的集体覆灭！

高祖十二年冬十月，在击败黥布的主力之后，刘邦回到阔别已久的故乡。从秦帝国的小小亭长成为大汉帝国的开国皇帝，算是绝对的荣归故里，不想这次回乡却上演了他一生中最为悲壮的一幕。刘邦在他的家乡到底遭遇了什么呢？

请看：高祖还乡。

高祖还乡

四十一

高祖十二年十月，刘邦大败黥布主力，令手下继续追杀，自己则率军回到故乡沛县。刘邦于秦二世元年（前209）九月起兵，以故乡丰邑作为大本营作战。加入项梁军团后便离开了故乡，算起来距他此次回乡已有十五年。功成名就，衣锦还乡，刘邦将会怎样度过这段在故乡的时光呢？

荣归故里

刘邦一回到沛县就做了四件事：

一是开怀畅饮。

当初的刘邦只是一个混吃混喝的基层小吏，现在富有四海，衣锦还乡，不显摆一下真对不起父老乡亲。于是，他特意安排了盛大的酒宴，召集了所有的故交好友一起畅饮。一天不能尽兴，最后竟持续了十几天之久。准备返京之时，沛县的父老乡亲再三挽留，刘邦对乡亲们说：这次我们来的人太多了，你们供应不起啊。临别之时，沛县百姓空城相送，献上酒肉。刘邦为此又在沛县城西设帐畅饮了三天。

悉召故人父老子弟纵酒。——《史记·高祖本纪》

十余日，高祖欲去，沛父兄固请留高祖。高祖曰：『吾人众多，父兄不能给。』乃去。沛中空县皆之邑西献。高祖复留止，张饮三日。——《史记·高祖本纪》

二是载歌载舞。

返乡期间，刘邦创作了生平第二首楚声短歌——《大风歌》。他亲自挑选了一百二十名沛县少年，组成了一个少年合唱团，教他们演唱，每到酣畅之时，刘邦亲自击筑，放声高歌：“大风起兮云飞扬，威加海内兮归故乡，安得猛士兮守四方？”沛县的少年合唱团应和伴唱，刘邦翩翩起舞，热泪夺眶而出。

发沛中儿得百二十人，教之歌。酒酣，高祖击筑，自为歌诗曰：『大风起兮云飞扬，威加海内兮归故乡，安得猛士兮守四方！』令儿皆和习之。高祖乃起舞，慷慨伤怀，泣数行下。——《史记·高祖本纪》

三是施恩沛邑。

酒宴上，刘邦对沛县乡亲们说：外出的游子

永远都会揣着悲凉之情怀念自己的故乡。我现在虽然住在关中，但百年之后我的灵魂仍然会思念着故土。当年我以沛公的身份起兵，诛灭暴逆，拥有天下，现在我决定将沛县作为我的汤沐邑，永久免除这里百姓的赋税和徭役。

谓沛父兄曰：『游子悲故乡。吾虽都关中，万岁后吾魂魄犹乐思沛。且朕自沛公以诛暴逆，遂有天下，其以沛为朕汤沐邑，复其民，世世无有所与。』——《史记·高祖本纪》

四是加恩丰邑。

沛县的乡亲们纷纷向刘邦请求：我们有幸得以永久免除赋税徭役，可是您故乡丰邑的百姓并没有这样的幸运，恳请皇上怜悯丰邑的百姓，让他们也享受到您的恩泽。刘邦说：丰邑是我出生的地方，我绝对不会忘记，但当年雍齿叛乱时，丰邑百姓都反对我，投靠了魏国，这一点我也不会忘记。在沛县百姓的再三恳请下，刘邦最终答应：丰邑百姓也世世代代免除赋税徭役，和沛县的百姓享受一样的待遇。

沛父兄皆顿首曰：『沛幸得复，丰未复，唯陛下哀怜之。』高祖曰：『丰吾所生长，极不忘耳，吾特为其以雍齿故反我为魏。』沛父兄固请，乃并复丰，比沛。——《史记·高祖本纪》

衣锦还乡，刘邦着实风光了一把；快意恩仇，也借机报复了一把；施恩丰沛，更是得意了一把。

刘邦对这次还乡很是重视。从时间上看，前前后后共停留了近二十天。从健康上看，他的身体状况良好。在出征讨伐黥布之前，刘邦的病情已经相当严重，还曾下严诏不见大臣。后来樊哙闯宫，大臣规劝，吕后相托，才逼得刘邦打消了让太子挂帅出征的念头，亲自率兵出征。征伐黥布很顺利，

高祖击布时，为流矢所中，行道病。——《史记·高祖本纪》

但刘邦不幸第二次身受致命箭伤。旧病新疾积于一身，导致他回到京城五个月后就与世长辞。而在沛县的近二十天时间里，他兴致勃勃地与乡亲们痛饮、长歌、击筑、起舞，不能不说是奇迹。从活动上看，他的一系列安排都规模浩大，情真意切，足见其对故乡的怀念与感恩之心。

到底是什么原因让刘邦如此重视这次还乡之旅呢？

一是布衣出身。

只有布衣出身的开国皇帝才会如此激情隆重地庆祝自己的衣锦还乡。从父辈手中顺承王位的君王大都没有这样的情怀，因为他们从小生活在深宫之中，与故乡几乎没有什么联系，甚至终生都没有回过故乡。布衣出身的开国之君则不一样，他们本来就是一介平民，在故乡生活了多年，对故乡自然有种眷恋之情。刘邦在故乡生活了四十八年，在外面打拼不过十五载，对故乡的眷恋之情自然比世袭的皇帝们浓厚许多。如果说他的儿子、孙子们都没有这般浓烈的故乡情谊，那是情有可原的。

二是衣锦还乡。

所谓布衣天子，也就是说天子原本是一介平民。他们从小的玩伴、亲戚在故乡。一朝成为天子，渴望回乡看看，不只是为了炫耀，更为了满足自身的情感需求。尤其是刘邦打小就生活得不得意，连父亲都看不起他，使他更需要得到故乡民众的认可。

解析《大风歌》

此次刘邦荣归故里，沛县、丰邑的百姓们深受皇恩，遗憾的是，这段君民关系在历史上并没有留下太多痕迹，反而是刘邦在这期间创作的《大风歌》备受后人关注！

据《新唐书·礼乐志》载，唐太宗李世民出生于陕西武功郡的庆善宫。贞观六年（632），李世民回到他的出生地陕西武功郡，在那里，“宴从臣，赏赐闾里，同汉沛、宛”，还写下了《幸武功庆善宫》一诗。

唐太宗将自己这次还乡与高祖还乡相比：“共乐还乡宴，欢比大风诗。”可见，刘邦的还乡宴和《大风歌》在后世皇帝心中有着非同一般的地位。

据李世民的“共乐还乡宴”诗句可知，李世民觉得自己的“还乡宴”堪比汉高祖刘邦的还乡宴，自己诗歌中的“欢乐”堪比《大风歌》中的欢乐。

《大风歌》真像唐太宗李世民所理解的那样，是胜利者的“欢”歌吗？

在我看来，它其实更像是胜利者的悲歌。

为什么这样说呢？

首先，刘邦还乡时谁在欢乐呢？

在故乡的这些天里，刘邦自己当然也很放松很愉悦，但真正感到欢乐的是沛县的父老乡亲。

沛父兄诸母故人日乐饮极欢，道旧故为笑乐。——《史记·高祖本纪》

其次，刘邦的真实内心写照是什么？

高兴是肯定的，但高兴之余，刘邦却两度生悲。

第一次是刘邦起舞，"慷慨伤怀，泣数行下"；第二次是在众人都很亢奋的情形下，他却说着"游子悲故乡"。情系故土可以理解，但这份悲情似乎有点过了头，在不知不觉中又说到了死，乍一看是无意，细想想却隐藏着对命运的某种预感——刘邦深知自己大限将至。

可见，刘邦还乡时的心情极为复杂，核心情绪是对刘姓江山能否永世长存的隐忧。具体而言，大致有三点：

一是对臣子忠诚方面的担心。

《大风歌》是高祖十二年十月创作完成的，刚好是击败黥布主力之后。过去的一年里，陈豨、韩信、黥布相继叛乱，韩信、彭越被杀，黥布逃亡。刘邦诛杀项羽的三大功臣如今一个个成为"叛臣"，无论是铁了心要反叛，还是被逼上了梁山，这都让刘邦痛苦不堪。彭越是被吕后诬告"谋反"，但是，韩信、黥布确确实实是反了。如果说这三位功臣变"叛臣"刘邦还能想得通，那么，爱将陈豨的叛乱让刘邦实在不能接受。陈豨作为刘邦的信臣爱将，备受信任，肩负重任，统率重兵，最终还是反了，这让刘邦的精神受到沉重打击。

六个月后（高祖十二月三月），刘邦下了一道明诏：

"吾立为天子，帝有天下，十二年于今矣。与天下之豪士贤大夫共定天下，同安辑之。其有功者上致之王，次为列侯，下乃食邑。而重臣之亲，或为列侯，皆令自置吏，得赋敛，女子公主。为列侯食邑者，皆佩之印，赐大第室。吏二千石，徙之长安，受小第室。入蜀汉定三秦者，皆世世复。吾于天下贤士功臣，可谓亡负矣。其有不义背天子擅起兵者，与天下共伐诛之。布告天下，使明知朕意。”《汉书·高帝纪》

这道诏书的中心意思是说，我刘邦没有亏待任何功臣！有功之臣，上等封为王，中等封列侯，下等者有食邑。两千石的高官都在京城有自己的小宅。入蜀汉、定三秦的士兵们世世代代都免除了徭役。所以，我对于天下功臣贤士没有任何亏欠。如果仍然有人擅自起兵造反，我将和天下之人共同诛伐他。

这些都是刘邦早就想说的话，在奔命各地平定叛乱之后，他终于有机会做一次“真情告白”。连年的平叛让他感到困惑和不安，手下的大臣将领们，还有谁可信？还有谁可用？就连一向忠诚的萧何也难免要遭受怀疑。

韩信叛乱的消息传到正在赵地征伐陈豨的刘邦耳中，他首先想到的“犯罪同伙”便是萧何。刘邦立即给萧何加封五千户，另派去五百人的卫队。此事被秦国故东陵侯召平一语点破，萧何巧妙地让封，并以家财佐军，这才化解了信任危机。

高祖十二年，刘邦亲征黥布，再次对萧何产生疑惧，萧何不得不委曲求全，以自辱的方式化解危机。

萧何不仅有开国之功，而且对刘邦忠心耿耿。连如此忠诚的重臣刘邦都将信将疑，更何况其他人。

此后，刘邦听信谗言下令立斩樊哙。纵然樊哙跟他沾亲带故，也无法赢得他的信任。

刘邦不相信异姓诸侯王，不相信萧何，不相信樊哙，把身边所有的将相大臣都拉进了黑名单，几乎无人可信。这到底是什么心态？四个字——草木皆兵！

二是对继承人的忧虑。

刘邦衣锦还乡那年，正是易储想法最强烈的时期。太子刘盈为人仁弱，刘邦对他越来越失望，爱子刘如意被格外看好。说到底，刘邦关心的不是选哪个儿子来继位，而是选哪个儿子可以让刘氏江山永存。爱子“类我”，太子“不类我”，成为刘邦易储最过硬的理由。当然，对爱妃戚夫人和赵王刘如意的宠爱也是原因之一。身在故乡的刘邦，难免不被这些烦心事牵动心绪。

三是对自己健康的隐忧。

刘邦不仅比吕后年长二十多岁，而且两次致命箭伤给他的健康造成严重损害。此时，对自己生命不永的隐忧，成为刘邦挥之不去的又一个阴影。乡亲们的盛情所带来的欣慰，无时无刻不反衬其内心的焦灼与抑郁。

综上所述，刘邦的《大风歌》并非胜利者的欢歌，而是胜利者的悲歌。

刘邦不是知识分子，更不是诗人，他不会也不必掩饰自己灵魂深处的悲恐之情。《大风歌》之所以能赢得后人的推崇，完全得力于其所抒发的真情实感。

《大风歌》久负盛名，刘邦当年吟唱它时的遗址，也成为今天著名的“歌风台”。中国文学史上有关“歌风台”的诗篇不胜枚举。我们在此选读其中的两首：

第一首，唐人胡曾《沛公》：

汉帝辛苦事干戈，帝业兴隆俊杰多。
犹恨四海无壮士，还乡悲唱大风歌。

这首诗说，高祖刘邦一生辛苦征战，最终成就帝业，拥有了众多的名臣猛将。即使如此，他还嫌手下可用之人不多，回乡时悲唱《大风歌》。全诗抒发了和刘邦一样的对刘氏江山能否长期保有、忠贞之臣能否再得的忧虑。

第二首，宋人张方平《歌风台》：

落魄刘郎作帝归，樽前感慨大风诗。
淮阴反接英彭族，更欲多求猛士为？

这首诗说，称帝之后的刘邦好不容易回趟故乡，竟然饮酒高唱《大风歌》，说要寻求更多壮士。淮阴侯韩信、淮南王黥布、梁王彭越相继因为“谋反”被灭族，再找更多的猛士还有何用？

《高祖还乡》

与大量的《歌风台》诗词相比，元代著名散曲作家睢景臣的【般涉调·哨遍】《高祖还乡》更为世人所熟知。这支散套由八支曲子组成，描写了高祖还乡的情形，借还乡一事敷衍成曲，极尽讽刺之能事。该散套的内容可以分成三部分。第一部分是第一曲，描述村里为迎接刘邦还乡忙忙碌碌地做着准备；第二部分是从第二曲到第四曲，写刘邦车队进村；第三部分是第五曲到第八曲，揭露刘邦早年的所作所为。

第一部分：迎驾。

“社长排门告示，但有的差使无推故。这差使不寻俗，一壁厢纳草也根，一边又要差夫索应付。又言是车驾，都说是銮舆。今日还乡故。王乡老执定瓦台盘，赵忙郎抱着酒胡芦。新刷来的头巾，恰糨来的绸衫，畅好是妆么大户。”杨朝英选《朝野新声太平乐府》卷九（中华书局1958年版）

社长挨家挨户通知有差事要做，且不准以任何借口请假。这件差事不寻常，一是要缴纳草料，还必须把草根除掉；一是要出差夫，还要上交接待的物件。有的说是车驾来了，有的说是銮舆到了，反正今天会回乡。只见喧嚣的集市上，王乡老拿着个陶托盘，赵忙郎抱着个酒葫芦，装模作样冒充有钱人。

第一句“社长排门告示，但有的差使无推故”，造成了一种紧张气氛，这次的差事是社长亲自挨门挨户通知，而且不管什么理由都不能推托。什么差事这么“不寻俗”呢？缴纳喂牲口的草料，草料必须除根，还要支应服劳役的苦力。这事情，村里人一个都不能少。为什么呢？“又言是车驾，都说是銮舆。今日还乡故”，点出缘由——皇上回来了。

百姓忙着干活儿，有钱人在干什么呢？也忙，忙应酬。王乡老托了个呈献礼物的盘子，赵忙郎抱着个献酒的葫芦，一个个戴着新洗的帽子，穿着刚浆过的绸衫，准备接驾。

第二部分：接驾。

【耍孩儿】瞎王留引定火乔男女，胡踢蹬吹笛擂鼓。见一彪人马到庄门，匹头里几面旗舒：一面旗白胡阑套住个迎霜兔，一面旗红曲连打着个毕月乌，一面旗鸡学舞，一面旗狗生双翅，一面旗蛇缠胡芦。

【五煞】红漆了叉，银铮了斧。甜瓜苦瓜黄金镀。明晃晃马镫枪尖上挑，白雪雪鹅毛扇上铺。这几个乔人物，拿着些不曾见的器杖，穿着些大作怪衣服。

【四】辕条上都是马，套顶上不见驴。黄罗伞柄天生曲。车前八个天曹判，车后若干递送夫。更几个多娇女。一般穿着，一样妆梳。**杨朝英选《朝野新声太平乐府》卷九**

突然，瞎王留领着一帮不务正业的男女，胡吹笛、乱擂鼓，宣示皇帝车驾已到。先来的是仪仗队，众多彩旗引头，旗帜迎风舒展，有月旗、日旗、凤凰旗、飞虎旗，还有蟠龙戏珠旗。紧接着一队兵器，用红漆刷过的叉，用银镀过的斧，有金瓜锤、朝天镫，耀眼夺目。引道的鹅毛宫扇后便是皇帝的专车。拉车的是清一色的马匹，车上用黄色丝绸做成圆盖，车前站着八个像判官一样的导驾，车后跟着一群捧着御用物品的内侍，以及漂亮的嫔妃宫女们。统一的穿着，统一的打扮，气派非凡。

这个没见过世面的农民，自然不懂得其中奥妙，他用自己掌握的那点知识来观察和理解着眼前的一切，就像哈哈镜映出的世界，走了形，变了样。在他眼里，那些代表着吉祥如意的旗帜，只不过是白环套住个兔子，红圈内住着个乌鸦；凤凰，不过是跳舞的鸡；飞虎，是狗插上了翅膀；象征帝皇的龙，和蛇没啥区别。那些光闪锃亮的武器，他也从未见过，只能拿自己所熟知的事物去类比，于是金瓜锤成了甜瓜、苦瓜，朝天镫成了倒放的马鞍。不光东西不伦不类，人也奇怪，尽穿了些稀奇古怪的衣裳。

经他这么一“理解”，这支威风凛凛的皇家仪仗队，更像是耍把戏的马戏团，让人忍俊不禁。

睢景臣用一种反复铺陈、欲抑故扬的手法，营造出戏剧性的效果。车驾来到以前，全村男女老少穷人富户都忙得不可开交。看这忙乱劲儿，这位农民料想，定是来了大人物，没想到这位大人物的行为竟是这么“奇怪”。

第三部分：骂驾。

【三】那大汉下的车，众人施礼数。那大汉觑得人如无物。众乡老展脚舒腰拜，那大汉那身着手扶。猛可里抬头觑。觑多时认得，险气破我胸脯。**杨朝英选《朝野新声太平乐府》卷九**

那个大汉下了车，人们马上行礼，但他却目中无人。见乡亲们跪拜，他赶紧上前用手搀扶。我起头一看，才发现这个人我认识，气得我差点背过气去。

第五曲的时候，主角终于上场，但作者并未点明他的身份。皇上驾到，老百姓都得跪迎，自然来不及辨认。最初的印象只是一个大汉，架子极大。等到跪拜后抬头看，这才认出那人是谁。

【二】你须身姓刘，您妻须姓吕。把你两家儿根脚从头数。你本身做亭长，耽几盏酒，你丈人教村学，读几卷书。曾在俺庄东住。也曾与我喂牛切草，拽埧扶锄。

【一】春采了桑，冬借了俺粟。零支了米麦无重数。换田契强秤了麻三秤，还酒债偷量了豆几斛。有甚胡突处？明标着册历，见放着文书。

【尾】少我的钱差发内旋拨还，欠我的粟税粮中私准除。只道刘三谁肯把你揪捽住？白甚么改了姓更了名唤做汉高祖！**杨朝英选《朝野新声太平乐府》卷九**

你本姓刘，你妻子姓吕，我把你的底细从头说起。你以前是亭长，喜欢喝酒。你丈人在村里教书，你曾在俺庄儿东头住，也曾给我家割草喂牛，扶耙耕地。

春天你偷摘了我的桑叶，冬天你借了我家的米，平日里借的东西不知其数。趁着换田契，强称了我三十斤麻，还酒债时偷着少给我几斛豆。装什么糊涂？这些都清清楚楚地写在账簿上，现成的放着字据文书。

少我的钱你在官差内赶紧偿还，欠我的粮你要从粮税里给我扣出来。刘三啊刘三，真该有人上去把你揪住，让你好好解释一下，为什么改了姓、换了名，叫什么汉高祖。

第六曲写刘邦的出身，曲文直截了当：你本姓刘，妻子姓吕。什么皇帝、天子，什么汉高祖或其他尊号都瞒不了我。这样立刻就给读者一种印象：“我”是个知根知底的人物，所说的事都是真实可信的。然后接着叙述刘邦的身世，一家都是平民百姓，种过地，喂过牛，丈人读过几卷书，但也只不过是个教村学的。今天你“耍大牌”，目中无人，我恭恭敬敬，下跪叩头，怎能叫人不气恼？

第七曲叙述刘邦当年在村里的作为。春采桑，冬借粟，其间零零星星借支的米麦不计其数。说是借，实是拿，从来没见归还过。趁着换田契，借机勒索三秤麻！说是还酒债，又乘机偷去几斛豆！这些不是“我”的瞎编乱造，都有账本、借据可查。至高无上的皇帝，原来竟是如此的劣迹斑斑，剥开神圣的外衣，这皇帝还不如一个正直的平民。

结尾一曲是全组套曲的高潮，特别是最后三句：“白甚么改了姓更了名唤做汉高祖”，更是妙不可言。结尾明确表明欠债要还，而且提出了还债的办法；同时又故意揶揄刘邦，不想还债可以堂堂正正叫刘三，没必要偷偷摸摸改姓更名，“唤做汉高祖”。在这位知根知底的老百姓看来，刘邦改姓换名就是想赖账。

其实，“汉高祖”是刘邦下世之后的称呼，作者故意把庙号放在刘邦生前使用，一是因为“汉高祖”的称谓已为大家所熟悉；二是暗指大活人为了赖账竟要用死后的庙号作掩护，具有强烈的讽刺意义，也增加了喜剧的效果。

不论如何，高祖这次还乡是他人生闭幕前难得的美好时光。回京之后他将面临什么样的状况呢？又会做些什么事情呢？

请看：英雄末路。

英雄末路

四十二

从汉五年（前202）二月在山东定陶登基称帝，刘邦就一直在为稳定西汉政权四处征战。从高祖十年（前197）陈豨叛乱开始，刘邦进入了一生中最繁忙、最揪心的时刻。高祖十二年十月，打垮了黥布的主力后，刘邦回到故乡短暂休整。从这一个月算起，刘邦的生命只剩下短短六个月。在生命的最后时刻，高祖刘邦都做了些什么呢？

萧何入狱

衣锦还乡，显摆完了，兴致正高的刘邦刚刚回到关中，就遇上数千百姓拦路告状，称相国萧何强行用低价购买了数千田宅。不久，当萧何觐见刘邦时，刘邦却笑呵呵地说：身为相国，强夺百姓田宅，人家都告到我这里来了，状纸在这儿，这件事我就不管了，你自己去搞定，给百姓一个说法。

> 上罢布军归，民道遮行上书，言相国贱强买民田宅数千万。上至，相国谒。上笑曰：『夫相国乃利民！』民所上书皆以与相国，曰：『君自谢民。』——《史记·萧相国世家》

萧何说：长安土地稀少，上林苑有许多空地，闲着也是闲着，希望皇上能恩准百姓进入上林苑种地，庄稼秸秆留在地里作为上林苑中动物的食物。刘邦一下子恼了：你这人真不知足啊，刚占了百姓的田地，现在又打起我的土地的主意。你收了商人多少财物，现在又替他们说话请求开放我的皇家林苑，这到底唱的是哪出啊？随即下令给萧何戴上了镣铐，下到狱中，交付给廷尉审理处置。

> 相国因为民请曰：『长安地狭，上林中多空地，弃，愿令民得入田，毋收稿为禽兽食。』上大怒曰：『相国多受贾人财物，乃为请吾苑！』乃下相国廷尉，械系之。——《史记·萧相国世家》

数天后，一位姓王的皇宫卫队长在侍奉刘邦的时候借机问道：萧相国犯了什么大罪，皇上怎么突然把他关起来了？刘邦回答说：李斯担任秦始皇丞相的时候，有了善举，全部归功于皇帝；有了坏事，自己全部承担。现在我的这位相国，背地里收人财物不说，还请求开放我的皇家林苑讨好百姓，我当然要治他的罪。王队长说：凡是职责范围内利民惠民的事一定要为之请命，这是相国应当做的，陛下怎么会怀疑相国收受贿赂呢？您和西楚国打了那么多年，后来陈豨、黥布叛乱，您也都是亲征。当时，相国镇守关中，只要随便搞点儿小动作，关中以西的地方就不属于您了。相国不在那时谋求大利，现在会贪图商人送的那点儿小钱吗？秦帝国的皇帝因为认识不到自己的过失最终丢了天下，李斯为皇帝分担过失又有什么可值得仿效的呢？皇上为什么将萧相国估计得那么坏呢？

数日，王卫尉侍，前问曰：『相国何大罪，陛下系之暴也？』上曰：『吾闻李斯相秦皇帝，有善归主，有恶自与。今相国多受贾竖金而为民请吾苑，以自媚于民，故系治之。』王卫尉曰：『夫职事苟有便于民而请之，真宰相事，陛下奈何乃疑相国受贾人钱乎！且陛下距楚数岁，陈豨、黥布反，陛下自将而往，当是时，相国守关中，摇足则关以西非陛下有也。相国不以此时为利，今乃利贾人之金乎？且秦以不闻其过亡天下，李斯之分过，又何足法哉。陛下何疑宰相之浅也。』——**《史记·萧相国世家》**

刘邦心中五味杂陈，当天就赦免了萧何。萧何虽然年迈，但一向对刘邦恭敬有加，进入大殿谢恩时还光着脚（古人请罪的一种姿态）。刘邦见此情形赶紧说道：相国别这样，相国为天下百姓请求开放上林苑，我不答应是我不对，就像夏桀、商纣一样，相国却是贤相。我有意囚禁相国，其实也是为了让百姓知道我的过失啊。

高帝不怿。是日，使使持节赦出相国。相国年老，素恭谨，入，徒跣谢。高帝曰：『相国休矣！相国为民请苑，吾不许，我不过为桀纣主，而相国为贤相。吾故系相国，欲令百姓闻吾过也。』——**《史记·萧相国世家》**

萧何怎么会被刘邦投入狱中呢？只能说是冰冻三尺非一日之寒。刘邦对萧何的不放心，不是一朝一夕的事情，这次算是爆发了。

前文提过萧何一生经历过三次信任危机，第三次便是这次刘邦亲征黥布之时。多置田产民宅，自泼污水便是一位门客为萧何提出的化

解危机之道:“今君胡不多买田地，贱贳贷以自污？上乃心安。”《史记·萧相国世家》

实际上，但凡刘邦出征，留守关中的必是萧何。萧何越是兢兢业业，勤政为民，越让刘邦放心不下。萧何贪婪了，刘邦反倒放心了。这就是皇权下的生存法则。一方面，皇帝是要反腐败的；另一方面，皇权却容许一定程度的腐败。官员的腐败实际上是授人以柄，皇帝只要想整谁，查一查所谓的腐败问题就可以将大臣整倒。这种“法则”最大的风险在于，纵容腐败必然会动摇帝国的根基，担着亡国的风险。

萧何听了门客的意见，靠自污勉强过关，最终却由于为民请命被下了大牢，成为汉初“三杰”中第二个徘徊于鬼门关的人。这一次，萧何已经无法靠自己的力量化解危机了，帮他大忙的是“王卫尉”。这个在历史上不知名的人物，他的一番话直击要害，说服了刘邦。

萧何的三次信任危机，以第三次最为凶险。不久于人世的刘邦似乎进入了抓狂的状态，绝不放过任何一个可能危及大汉政权的人。在这样的背景下，萧何的自污实属无奈，毁了自己十几年来在关中百姓心中树立的美好形象，也失去了在关中一呼百应的威信。这样的人还有什么可怕的？所以，才会有刘邦的“大说”。

挚友叛乱

刘邦在生命的最后时刻仍然不得安宁。先是关押相国萧何的事情令他颜面尽失，随后还遇上了一场最预料不到的叛乱——自己的铁杆兄弟、异姓诸侯王卢绾谋反。这让刘邦心力交瘁，心痛不已！

我们前文已经交代过，卢绾与刘邦的关系是君臣中最铁的，不仅是街坊，还同年同月同日生，父辈们是世交，上学后两人又是最要好的同学，真是铁得不能再铁了。

在铲除了黥布叛乱后，刘邦认为天下终于太平了。但是，刘邦的这一美梦被卢绾打破了。

被刘邦视为知己的卢绾为什么会反叛呢？这事儿还得从陈豨叛乱说起。

陈豨叛乱后，曾派人向匈奴求救。卢绾作为燕国国君，参加了打击陈豨的军事行动，同时向匈奴派出使者张胜，力图阻止匈奴救援陈豨。

汉十一年秋，陈豨反代地，高祖如邯郸击豨兵，燕王绾亦击其东北。当是时，陈豨使王黄求救匈奴。燕王绾亦使其臣张胜于匈奴，言豨等军破。——《史记·韩信卢绾列传》

张胜到达匈奴那边后，巧遇已故燕王臧荼之子臧衍。而正是臧衍的一番话，彻底改变了卢绾的命运！

张胜至胡，故燕王臧荼子衍出亡在胡。——《史记·韩信卢绾列传》

臧衍对张胜说：您受燕王卢绾的重用是因为您熟悉与匈奴的外交事务。燕国可以长存的原因在于其他诸侯屡屡反叛，战事不断。如果你们急于打败陈豨，那么燕国无疑将会成为下一个被整顿的对象，您也将成为囚徒。如果放缓对陈豨的军事行动，再和匈奴人联手。只要陈豨在，燕王便可长存，即使受到皇上的猜疑，仍可长治久安。

> 见张胜曰：『公所以重于燕者，以习胡事也。燕所以久存者，以诸侯数反，兵连不决也。今公为燕欲急灭豨等，豨等已尽，次亦至燕，公等亦且为虏矣。公何不令燕且缓陈豨而与胡和？事宽，得长王燕；即有汉急，可以安国。』——《史记·韩信卢绾列传》

臧衍的话确实杀伤力很强，而且够直白。他讲了一个很简单的道理：一个人的价值在根本上取决于他的使用价值！

张胜被深深折服，于是暗中与匈奴联手，帮助陈豨攻击燕军。此前，燕王卢绾已经对张胜产生了怀疑，便急忙上书朝廷请求族诛张胜。张胜回到燕国，将出使匈奴的情况向卢绾做了详尽的汇报。卢绾听后恍然大悟，赶快处决了一些人，谎称是杀了张胜的家族，并立即决定：让张胜作为间谍长期潜伏于匈奴，为自己传递消息；再派使者范齐协助陈豨，设法让平叛之战久拖不决。

> 张胜以为然，乃私令匈奴助豨等击燕。燕王绾疑张胜与胡反，上书请族张胜。胜还，具道所以为者。燕王寤，乃诈论它人，脱胜家属，使得为匈奴间，而阴使范齐之陈豨所，欲令久亡，连兵勿决。——《史记·韩信卢绾列传》

但是，卢绾的这两件事竟然意外地暴露了。

这么机密的事怎么会暴露呢？

原来，陈豨被周勃斩杀后，其副将降汉，透露了范齐协助陈豨叛乱的事情。刘邦派人召卢绾进京以查明事实，卢绾称病不敢前往。

> 汉十二年，东击黥布，豨常将兵居代，汉使樊哙击斩豨。其裨将降，言燕王绾使范齐通计谋于豨所。高祖使使召卢绾，绾称病。——《史记·韩信卢绾列传》

刘邦让辟阳侯审食其和御史大夫赵尧前往燕国迎接卢绾，并就地调查此事。卢绾更害怕了，干脆躲起来不见天子使者，并对近臣说：现在的异姓诸侯王只剩下我和长沙王了。之前韩信、彭越被灭族，都是吕后在作祟。现在皇上病得很重，无法处理朝政，国家大事都被吕后操控。这个女人一心想诛灭异姓诸侯王和功臣。

> 上又使辟阳侯审食其、御史大夫赵尧往迎燕王，因验问左右。绾愈恐，闭匿，谓其幸臣曰：『非刘氏而王，独我与长沙耳。往年春，汉族淮阴，夏，诛彭越，皆吕后计。今上病，属任吕后。吕后妇人，专欲以事诛异姓王者及大功臣。』——《史记·韩信卢绾列传》

审食其在燕国打听到卢绾的怨言，据实上报，刘邦更生气了。

> 语颇泄，辟阳侯闻之，归具报上，上益怒。——《史记·韩信卢绾列传》

恰在此时，一个投降的匈奴降人又透露出张胜奉卢绾之命勾结匈奴的情报。刘邦长叹道：卢绾果然反了！

> 又得匈奴降者，降者言张胜亡在匈奴，为燕使。于是上曰：『卢绾果反矣！』——《史记·韩信卢绾列传》

二月，刘邦废掉卢绾的燕王，任命皇八子刘建为燕王，并派樊哙率兵攻燕。卢绾带着全体部下、家属，以及数千骑兵驻扎在长城边上，想等刘邦的病情好转一些再入朝解释。

> 使樊哙击燕。燕王绾悉将其宫人家属骑数千居长城下，侯伺，幸上病愈，自入谢。——《史记·韩信卢绾列传》

四月，刘邦下逝。卢绾在绝望中率领部下逃入匈奴，被匈奴任命为东胡卢王，一年后病逝。

> 四月，高祖崩，卢绾遂将其众亡入匈奴，匈奴以为东胡卢王。绾为蛮夷所侵夺，常思复归。居岁余，死胡中。——《史记·韩信卢绾列传》

错上加错

在汉初的所有大臣中，卢绾最受刘邦宠信，他们俩经常“出双入对”，一起吃喝，萧何、曹参等重臣都无法和卢绾相比。卢绾最终走上了反叛之路，投降了匈奴，对刘邦精神上的打击无以言表。卢绾作为刘邦“因亲封王”的第一人，为何会选择背叛呢?

第一，私欲膨胀。

臧衍对西汉初年政局的分析让卢绾在公私之间选择了一己私利。

卢绾作为刘邦的亲信重臣，身处边地，处理一切问题的出发点应当是国家利益。在个人利益与国家利益之间进行抉择，是大是大非的原则问题。但卢绾自私得很，梦想长期保持自己的荣华富贵，为此不惜出卖国家利益，消极应对平叛任务，暗中帮助叛将陈豨，最终走上不归之路。

卢绾一生的悲剧就是从他为确保燕王之位勾结陈豨、匈奴开始的。这一步走错了，下面一步一步全错了!

第二，疑惧之心。

我们这里说的疑惧之心包含两层意思：一是刘邦对天下异姓诸侯王的疑惧，二是天下异姓诸侯王对汉高祖刘邦的疑惧。这两种疑惧之心，前者是因，后者是果，二者交互作用，愈演愈烈，直至异姓诸侯王被铲除殆尽，刘邦本人病死为止。

刘邦对汉初异姓诸侯王的疑惧不言而喻：在没有任何理由的情况下剥夺了齐王韩信的军权，在没有任何实证的情况下诱捕了楚王韩信，在没有任何过失的情况下降楚王韩信为淮阴侯。特别是伪游云梦抓捕韩信，造成了极为严重的后果。谁都怕被刘邦猜忌！无论谁被刘邦盯上，此人除了反叛，无路可走！所以刘邦的召见成为形势的风向标，而托词不见也成为当时天下诸侯王和在外领兵者的通病。

这两种疑惧相互作用，导致一个又一个异姓诸侯王走上叛乱之路。

臧荼担心被刘邦做掉，第一个跳出来反叛。

楚王韩信因受猜忌被降为淮阴侯，于是与陈豨勾结谋反。

韩王信被强行迁往代地，迫于匈奴军队的巨大压力，投降匈奴。

梁王彭越受到刘邦责难后，不敢面见刘邦解释缘由，消除顾虑，最终被夷三族。

淮南王黥布见楚王韩信、梁王彭越等人一个个被杀，为求自保铤而走险，先下手为强，举旗叛乱。

卢绾做好了投降匈奴的准备，但心中念及和刘邦的旧情，不愿轻易叛汉。即使被刘邦定性为谋反，并被汉军追杀到长城下，他仍然抱有侥幸心理，“幸上病愈，自入谢”。直到刘邦下世才痛下决心，率部投降匈奴。

对卢绾的叛乱，后人多认为是西汉政府对功臣不厚道所致。

“唐宋八大家”的提出者、明人茅坤曾评论道：

> “然亲爱如绾，而犹为臧衍、张胜所诖误，至于亡入匈奴，亦由汉待功臣太薄，数以猜忌诛之，故反者什七八耳，悲夫！”**茅坤《史记钞》卷六十（明泰昌元年乌程闵氏刊朱墨套印本）**

南宋黄震则认为卢绾叛乱是自身顾虑太多所致：

“卢绾与帝居同里，生同日，学同师，平生至相得，非有大功而王之燕，帝之于绾厚矣。亦以贰心自成疑惧而走匈奴，此则绾之罪也。”**黄震《黄氏日钞》卷四十六（元后至元刻本）**

这样一比较我们就发现，卢绾自身的问题还是很大的。毕竟是卢绾投了敌，不能把问题都赖在刘邦身上。

韩王信、陈豨、卢绾等上层人物相继投降匈奴，还与匈奴单于的拉拢有一定关系。匈奴对投降的汉朝官员始终坚持“宜皆降之”的政策，表现出十足的信任，授予实权，委以重任，使汉朝降官甘心为匈奴所用。这种宽松的政治环境对汉朝失意官员有着很强的诱惑力。

病甚，吕后迎良医。医入见，高祖问医。医曰：『病可治。』于是高祖嫚骂之曰：『吾以布衣提三尺剑取天下，此非天命乎？命乃在天，虽扁鹊何益！』遂不使治病，赐金五十斤罢之。——**《史记·高祖本纪》**

临终遗言

刘邦在平定黥布叛乱时又受伤了，而且伤得极重。回到宫里，吕后很着急，赶紧请御医给他看病。刘邦问御医：我的病还能治好吗？御医当然得说能治好——保住脑袋要紧啊！刘邦骂道：我以布衣之身提三尺剑夺取天下，这不是天意吗？如今我的天命已尽，就算是扁鹊再世也没有救了。从此以后，刘邦就怎么也不肯让御医给他看病了。

吕后是个很精明的女人，她不但担心刘邦的身体，更担心刘邦下世以后的国家大事。有一天，她看刘邦心情还不错，就趁机问他：陛下觉得谁能接替萧相国管理国家呢？

刘邦说：可用曹参！

吕后再问：再往后呢？

刘邦说：那就王陵。不过这个人比较直，可以让陈平当他的副手。陈平智慧有余，但难以独当一面。周勃忠厚，文采稍弱，可用他担任太尉。

吕后再问：再下面呢？

刘邦说：下面的事，你也不用知道了。

这是刘邦最后的遗言，也是刘邦这辈子做的最有远见的决策。

高祖十二年（前195）夏四月甲辰（二十五日），刘邦在长乐宫驾崩，享年六十二岁。

四月甲辰，高祖崩长乐宫。
——《史记·高祖本纪》

刘邦下世后，吕后忠实执行刘邦的遗言，萧何、曹参、王陵、陈平相继为相，保证了汉帝国初年政局的稳定。

秘不发丧

刘邦刚一咽气，吕后立即召见审食其说：朝中诸将当年都是和先帝共患难过的，现在要让他们辅佐年轻皇帝，心里肯定不会痛快！如果不将他们全部灭族，天下就不会安定！

于是吕后一直秘不发丧，长达四天之久。

有人将这事告诉了将军郦商。郦商与审食其的关系一向不错，他立即求见审食其。一见面，郦商就说：我听说皇帝已经病故，四天秘不发丧，吕后想杀尽朝中将领。假如真有这样的计划，天下就完了。陈平、灌婴率领十万大军驻守荥阳，樊哙、周勃率兵二十万驻守燕、代。如果听说皇上病故，朝中诸将被杀，一定会立即攻打关中。大臣内叛，猛将外叛，朝廷马上就会灭亡。

审食其一听，赶快进宫，将郦商的话告诉了吕后。吕后被说服，取消了诛杀功臣的计划，并于丁未日（二十八日）宣布刘邦病故，“大赦天下”。

刘邦下世后第一场政治风暴因为郦商的劝阻，审食其的及时报告，吕后的妥协而未能发生。

无论如何，刘邦在生前肯定预想不到，第一个差点儿搞乱刘氏江山的竟然是他的发妻吕后。刘邦对相国人选的安排极富知人之明，可偏偏对吕后掉以轻心。从他下世到吕后下世的十五年间，年轻的汉帝国深受伤害。当然吕后胡作非为的初衷并非推翻西汉政权，而是一门子心思地想着怎样让年轻的儿子汉惠帝平稳过渡，掌握政权。

好在吕后的荒唐举动有惊无险，刘邦的下世最终没有引发朝政的大动荡。然而有关刘邦的话题才刚刚拉开帷幕，他究竟是怎样的一个人？我们该如何看待汉高祖刘邦呢？

请看：市井之气。

市井之气

四十三

刘邦是中国古代历史上第一位布衣皇帝，正是由于他出身平民，后人对他的印象才多了一分亲切。也正是由于这个出身，刘邦的形象在人们的心目中更加多姿多彩，印象最深的莫过于他的市井之气，这也是他饱受后人诟病的重要原因之一。刘邦身上的这股市井之气有什么表现？又是怎么形成的？为什么一身市井之气的刘邦最终能够成为秦末大起义的直接受益人呢？

市井之气很纠结

刘邦这个人有三大特点：一是骂人，二是说谎，三是傲慢。

刘邦爱骂人是出了名的，他骂人一不分对象，二不论关系远近，三不分场合地点，四不管有无理由。嬉笑怒骂，变化无常。

骂人不分对象。刘邦手下最受器重的莫过于“三杰”，但是，“三杰”之中唯一没有被刘邦骂过的只有张良。韩信、萧何都被刘邦痛骂过。韩信因求封“假齐王”被刘邦臭骂，萧何因为替关中百姓求开放上林苑遭到痛骂，还坐了大牢。韩信、萧何都被骂了，还有谁能不挨骂？栾布、郦食其、魏豹，无一幸免。一句话，要想跟着刘邦混，首先就得学会挨骂。

骂人不论关系远近。赵王张敖是刘邦唯一的女婿，却被刘邦骂惨了，最后骂得张敖的国相贯高都看不下去了，非要杀刘邦。如果不是骂得凶，骂得狠了，贯高身为赵王国相无论如何也狠不下心去杀自己君上的老丈人啊！这可是于国不忠、于家不义的大逆之罪啊！

骂人不分场合地点。刘邦当着韩信使者的面骂韩信，当着两个洗脚的下人骂郦食其，当着张良的面骂郦食其分封六国诸侯后人是馊主意，当面骂陆贾张口闭口说《诗经》《尚书》。这种当面指着鼻子的羞辱最使人难堪，但是，刘邦毫不在乎，丝毫不顾及挨骂人的个人感受。

骂人不管有无理由。刘邦病重，吕后出于善意请御医为他看病，刘邦毫无道理地把看病的医生痛骂了一顿。郦食其提出分封六国国君后人，本意是想分散项羽打击刘邦的力量，结果张良一个“八不可”就让刘邦把郦食其骂个狗血淋头。所以，“商山四皓”死活不见刘邦，其最大的理由就是不愿受辱。部下犯了错，刘邦骂两句，可以理解，但是没有错也要挨骂，谁受得了？

不过话说回来，刘邦骂人也并不能全怪他。怎么说呢？物以类聚，人以群分啊！

刘邦身边和他一起起事的人，多数出身于社会下层。灌婴是卖布的，樊哙是卖肉的，周勃是编草席的，这些人市井之气都很浓。刘邦好骂人，正好和这些人的生活习气相近。从这个意义上讲，刘邦的一口脏话恰是和这批出身社会底层的人打成一片的一种独特方式，也是驾驭这帮人的最佳方式。如果换个文质彬彬的书生，也许反而驾驭不了这帮市井之人，说不定还会被这帮人视为异类。

周勃是刘邦最信任的大臣之一。刘邦对周勃从不猜疑，临终遗言提到周勃时说：“然安刘氏者必勃也，可令为太尉。”《史记·高祖本纪》这是多么大的信任啊！在大分封中，周勃得到的食邑是八千一百户，比萧何还多一百户。周勃平日就粗野得很，找文人来商议战事时，他总是坐在面东的尊位上，颐指气使地对文人们说，有话快讲！你是向别人求救的，找别人问计的，竟然以这种态度待人，太不近情理了。刘邦身边的一帮人就是这种市井之气十足的人，刘邦和他们一起生活了四十八年，能不这样说话吗？

司马迁在《史记·绛侯周勃世家》中评价周勃说：“绛侯周勃始为布衣时，鄙朴人也，才能不过凡庸。”周勃在大起义之前，不过是个平庸的普通人，才能一般般。只是碰上了秦末大起义的时代风暴，才改变了他的人生，荣及后世。

和周勃这样的粗鄙之人相处，正好用上了刘邦的市井之气。这股市井之气让刘邦和周勃、樊哙等人相处得非常好。

刘邦说谎成性。一句“贺钱万”《史记·高祖本纪》混了一顿饭，骗了一个老婆。鸿门宴前，大战一触即发。惊慌失措的刘邦听了张良一句“请往谓项伯，言沛公不敢背项王也”《史记·项羽本纪》，立即就明白如何对付项伯了，下面也不用张良教了。不就是骗骗项伯吗！这可是刘邦的看家本领，不用人教。而且，刘邦的临场发挥好得出奇，大大超出了张良的想象。

刘邦的满嘴谎言也成就了他的传奇人生。试想，如果刘邦从不说谎，一说谎就脸红心跳，鸿门宴前怎么忽悠项伯？鸿门宴中怎么忽悠项羽？不仅刘邦需要说谎，跟他混的人还得配合他一块儿忽悠，樊哙闯帐忽悠项羽，搞得项羽竟无言以对。

在你死我活的政治斗争中，能全讲实话吗？刘邦要是承认自己封堵函谷关是不想让项羽入关，项羽能放过刘邦吗？刘邦恐怕早在鸿门宴前就命丧黄泉了。“十罪项王”尽管不全是实事，但是在政治上非常成功，刘邦得以继续高举着正义的大旗，讨伐“罪恶滔天”的项羽。

汉四年（前203），刘邦在广武大讲项羽“十罪”之时，愤怒的项羽用埋伏的机弩一箭射中刘邦胸部，刘邦疼痛钻心，但是，他却立即用手握着脚大喊：射中我的脚啦！本来是一箭中胸，楚汉将士全看见了；但是，刘邦一个动作、一句谎言将此事掩盖下去，还忍着剧痛，坐着车视察了各个军营，显得十分从容。巡视结束，刘邦立即转回后方养伤。如果不是反应快，不是张口一句谎言，刘邦能够稳定军心吗？谎言有时候也是一种特殊的斗争手段。

刘邦最让人受不了的就是他的傲慢无礼，“商山四皓”因此死活不见刘邦，魏豹叛汉所言的原因也是刘邦待人太无礼。刘邦确实有才，常常因此傲视他人，但是，有才并不是傲慢无礼的理由。

那么，刘邦身上的这股市井之气是怎么形成的呢？

一是家庭影响；

二是自身所致。

刘邦的家庭是个典型的市井之家，他的父亲太公一生喜爱酤酒卖饼、斗鸡蹴鞠一类的游戏，住进刘邦专门为他修建的宫殿以后都感到不快活，非要和家乡的那帮市井之徒混在一起才开心。

当然，“出身”不好不要紧，人的脾气秉性是可以在成长的过程中改造好的。但是刘邦呢，他改造好了吗？刘邦这个人从小不像四弟刘交酷爱读书，也不像二哥刘仲勤劳致富，而是游手好闲，整日交往三教九流，经常触犯秦律，需要有人不断从狱中向外捞人，甚至令他的妻子为他入狱。这种生活过了整整四十八年，他身上能够没有市井之气吗？

市井成功发人省

这样一个浸润着浓厚市井之气的人，怎么会在众多的起义领军人物中成为笑到最后的人呢？

刘邦的成功是多种因素造成的，特别是他既懂得追求手段的高明，又明白追求道德高尚的重要性。道德高尚和手段高明往往很难协调，刘邦将二者完美结合起来了。

一入关，刘邦也不管实用不实用就来了个“约法三章”。他通过“约法三章”获得了关中父老的民心，让他们都认为刘邦是明主！民心有了，这就是成功！民心难得啊！秦帝国那么强大，一旦失去民心，顷刻间烟消云散。刘邦一入关便获得关中民心，这是大本事！

一个“怀王之约”，让全天下的人都知道刘邦应当做关中王。项羽把刘邦封到了巴、蜀、汉中，这叫“汉王失职”。刘邦杀回关中，也就成了理所当然的事了。相反，项羽因为把刘邦封到了巴、蜀、汉中，就成了“负约”，成为项羽的一大罪状。这也是大本事啊！

刘邦自己的道德就很完美吗？未必！

一个浑身市井之气，张口就骂人，开口就说谎，又不懂尊重人的人，能是道德楷模吗？显然不是。

如果与项羽相比，二人差别就很大了。

项羽易怒，但是他不骂人，不说谎，待人不但不傲慢，还很厚道、讲义气，这正好和刘邦相反。

项羽讲义气。临终之前，项羽发现追杀他的汉兵中有吕马童。吕马童原是项羽的部下，后来归降了刘邦。项羽对吕马童说：我听说汉王用千金、万户邑来悬赏我的头颅，我为你做件好事。于是自刎而死。项羽宝马赠亭长，头颅送故人的做派，流传千古，令人动容。而刘邦呢？他遇到危难自己先跑，彭城大败逃命时竟然扔下自己的亲生儿女，鸿门宴后扔下一百多个随从，荥阳被围危急时让纪信为自己送命，自己却开西门逃之夭夭。刘邦的做法确实不符合道德规范，而项羽的所作所为尽显英雄本色，项羽的为人确实让人钦佩。

项羽不说谎。广武对阵时，项羽为了不让天下百姓受苦，情愿与刘邦单打独斗一决胜负。项羽说的全是实话。刘邦历数项羽“十罪”，其实顶多也就一条半罪，其他至多是错，或者是各自的利益冲突。项羽却不会用这种办法来争取同情票。

项羽厚道。刘邦老拿项羽“负约”说事儿，项羽从未说过刘邦也“负约”。其实，刘邦智取峣关是立约于前，“负约”偷袭于后；鸿沟议和后和约也很快在刘邦的进攻中成为一纸空文。

项羽不负爱姬。虞姬一直追随项羽，垓下败亡之前，项羽泪别虞姬，高唱《垓下歌》。其情其境，令人嘘唏。虞姬之死是项羽已经没有力量保护虞姬的无奈选择。刘邦不同，他是胜利者，是皇帝，他有足够的能力保护爱姬戚夫人。最终戚夫人被吕后残害，爱子刘如意被杀。刘邦难辞其咎。

有美人名虞，常幸从；骏马名骓，常骑之。于是项王乃悲歌慷慨，自为诗曰：『力拔山兮气盖世，时不利兮骓不逝。骓不逝兮可奈何，虞兮虞兮奈若何！』歌数阕，美人和之。项王泣数行下，左右皆泣，莫能仰视。——**《史记·项羽本纪》**

人们常常会想：历史为什么会眷顾一个道德操守远远不达标的人呢？为什么让这么一个人成为笑到最后的人？

在帝国制度的约束下，权力遵循的是权力运行的法则，道德充其量只是一个人的操守，无关权力。道德是高尚的，权力是现实的。刘邦这样在道德操守上有诸多亏欠的人，把全部精力都用到了夺取最高权力之上。在这个过程中，人们往往不在乎手段是否道德。唐太宗李世民夺取最高权力之时，杀兄逼父，他顾及道德了吗？顾不上！

在中国古代的帝国制度下，为争夺皇权上演的闹剧太多了。所有追求成功的人，追求的都是手段的高明，绝不是手段的高尚。高尚不实用，高明才实用。汉武帝为了立八岁的幼子刘弗陵，杀了刘弗陵年轻的母亲、自己的爱姬钩弋夫人，保证了汉昭帝继位后没有一位年轻的太后胡作非为。这道德吗？肯定不道德，但很实用，避免了秦王政母亲赵姬的祸事，也避免了如吕后专权的威胁。

笑到最后唯一人

陈胜是首义第一人，他是最有资格笑到最后的起义军领袖。但是，他却死在了自己的车夫手里。陈胜之所以被杀，原因颇多。俗话说得好，枪打出头鸟。陈胜作为秦末起义第一人，无论他是否称王，他都是秦帝国的头号要犯，是秦军打击的第一对象。

其御庄贾杀以降秦。——《史记·陈涉世家》

陈胜称王后，一心维护自己的王权。他滥杀故人，滥杀义军将领，开始了由农民起义领袖向帝王的蜕变。他没有利用秦末大起义迅速发展的有利形势，乘胜前进，或亲率大军西征，或深谋远虑，运筹帷幄，统筹全局，争取更大的胜利；而是逐渐丧失了披坚执锐、身先士卒的气概，深居简出，唯我独尊，沉醉于奢侈享乐之中。特别是重用了不该用的人，导致众叛亲离，人心尽失。

一旦遭到空前的军事打击，失败在所难免。

陈胜虽然失败了，但是他已经很不简单了：一是敢于首义；二是对“天下苦秦久矣”《史记·陈涉世家》的大势有明确认识；三是认识到王侯将相不可能世代相传；四是利用了扶苏、项燕的旗号；五是迅速建立自己的政权，没有将领导权拱手让给六国国君后裔；六是派出多路人马点燃全国反秦大火。可惜的是他没有笑到最后。

项梁是继陈胜之后最有希望笑到最后的人。项梁早就做好了灭秦的准备：他以“万人敌”教项羽兵法，使项羽成为秦末最能打仗的战神。他暗中以兵法安排丧事与徭役等事，了解每个人的能力，以备不时之需。他果敢地发动起义，夺取吴地军权，并在平日了解的基础上迅速组织起吴地反秦武装。他及时率领吴中八千子弟渡江而西，扩大了义军的影响，依靠项氏家族在楚地的巨大影响，使项梁集团成为楚地实力最强的反秦武装。他不搞帮派，慧眼识刘邦，助刘邦五千士兵、十员战将，帮助刘邦收复丰邑。他具有大局意识，无条件地救出了田荣的齐军。但是，项梁在一系列胜利之后产生了轻敌思想。

项梁失败的原因有三点：

一是章邯得到增援。章邯是秦帝国后期能征善战的大将，他先后在戏水、渑池两次大败周文。他一一击败了陈胜、魏咎、田儋等反秦武装。尽管在各路义军的共同努力下，项梁在山东定陶战胜了章邯，但是，战败的章邯迅速得到了秦帝国的全力增援，实力大振。

二是义军的分散。尽管项梁经过苦战，战胜了章邯，救出了被困在定陶的田荣，但是，田荣作为六国贵族的后裔，只关注自己的利益。田儋战死，齐地另立田姓国君，这使田荣不顾大局，撤兵回齐争夺王位。同时，项梁集团中的项羽、刘邦此时都在外地作战，没有和项梁的军队合兵，导致义军力量分散。

三是项梁的骄傲轻敌。章邯战败后迅速得到补充恢复，项梁却在连续的胜仗后变得骄傲轻敌。所以，当章邯率军前来偷袭时，项梁猝不及防而遭受灭顶之灾，一战而亡。项梁的阵亡是反秦义军的重大损失，也使得作为项梁部下的刘邦得到了一个出头的机会。

陈胜被杀，项梁战死，天下义军中能够成气候的人不多了。

田荣虽然据有齐地，但是此人心胸狭隘，既无眼光又无大志，不可能成为笑到最后的人。

武臣占领了赵地，但是他竟然被叛变投敌的部将所杀。

韩广踞燕地称王，毫无争夺天下的大志。

这些人都成不了气候，无法笑到最后，那么笑到最后的就只能是刘邦了。

刘邦笑到了最后，成为秦末大起义中的胜利者。这样一个满身市井之气的人究竟是靠什么完成统一天下的大业呢?

请看：自信人生。

自信人生

四十四

古人有两句诗："世味酸咸谁自信，人生声利古难全。"前一句说的是江湖险恶，世路艰难，很少有人能一生自信；后一句说的是人生难以名利双收。人为什么难以自信一生？因为每一个人都有自身无法避免的弱点和死穴，由此滋生出不同程度的自卑感。面对艰难的人生道路，恐怕很少有人能够将自信坚持到底。刘邦恰好是少数人中的典型，是中国历史上少有的将自信一以贯之的人物，他的一生是不折不扣的"自信人生"。

不知“怕”字怎么写：敢做敢当

为什么说刘邦的一生是不折不扣的“自信人生”呢?

第一，敢为沛公。

沛县起兵，萧何、曹参等人的官阶比刘邦高得多，可是他们“恐事不就，后秦种族其家”《史记·高祖本纪》，都不愿出头，“尽让刘季”《史记·高祖本纪》。刘邦倒毫无惧色，利利索索地接下造反队伍的领导职务。刘邦是光脚的不怕穿鞋的，他之前已经在芒、砀山落草为寇，何惧再当个造反头头呢？而且刘邦从起兵反秦之日起，压根儿就没想过造反可能会失败，以及失败以后该怎么办。

刘邦奉命西入秦关，陈胜部将周文战死，陈胜、项梁相继被杀，整个楚地义军被秦军打得群龙无首，谁都不敢再进军关中。刘邦却不以为然，直入秦关。当时楚军之中只有两个人这么胆大，一是项羽，二是刘邦。项羽因为叔叔项梁被杀而急于入关复仇，刘邦入关为哪门子呢？为当关中王。那可是提着脑袋干革命。刘邦此时根本没有想过西入秦关会失败。

刘邦没想到造反会失败是因为他看清了秦帝国灭亡的必然吗?是！刘邦在芒、砀山落草为寇时，并未看清天下大势。但是，秦二世元年（前209）七月陈胜首义后，九月刘邦沛县起兵时，他对天下大势已经看得比较清楚了。

再一点，刘邦敢于落草，敢于当头儿，都源于他天不怕地不怕的心态，源于他不相信失败的自信。做大事成大事者没有敢为天下先的精神成不了事，刘邦就是一位敢为天下先的勇士。

第二，失败不垮。

秦二世元年（前209）七月，陈胜起义；两个月后，刘邦在沛县起兵；秦二世二年十月，刘邦据守丰邑。十一月，他从丰邑出兵，派雍齿留守。十二月，雍齿叛变投魏。

雍齿叛变与周市有关。周市是最早追随陈胜起兵的将领之一。陈胜起兵后，为了分散秦军的力量，便派人到各地去发动起义，形成了“陈胜、吴广举陈，武臣、张耳举赵，项梁举吴，田儋举齐，景驹举郢，周市举魏，韩广举燕”《史记·平津侯主父列传》的局面。周市奉命前往魏地发动起义，到达魏地之后，发动魏地百姓举兵，迅速点燃了魏地的反秦之火。

周市平定了魏地，很多人都怂恿他自立为魏王。周市回答：“天下昏乱，忠臣乃见。今天下共畔秦，其义必立魏王后乃可。”《史记·魏豹彭越列传》齐、赵两国甚至派出车各五十乘，立周市为魏王，但他始终推辞不接受，反而打算将此时在陈胜手下的原战国时代魏王后裔魏咎接回来，立其为魏王。经过五次交涉，陈胜才勉强同意魏咎回魏地当魏王。可见，周市其实是一个忠于职守、安分守己的人。但是为了扩大新建魏国的地盘，周市兵发丰邑。

这时候，刘邦顺利拿下了胡陵（沛县北）、方与（丰邑北）两座城，而周市在拿下魏地之后，立即出兵攻打方

陈王使魏人周市徇魏地，魏地已下，欲相与立周市为魏王。周市曰：『天下昏乱，忠臣乃见。今天下共畔秦，其义必立魏王后乃可。』齐、赵使车各五十乘，立周市为魏王。市辞不受，迎魏咎于陈。五反，陈王乃遣立咎为魏王。——《史记·魏豹彭越列传》

与、丰邑，对刘邦形成不小的威胁。曹参为刘邦守住了方与，周市没有得逞，转而主攻丰邑。

周市对固守丰邑的雍齿说，丰邑本来是魏国辖地，如今魏地十几座城已经平定，你要是能降魏，我可以封你为侯；如果你坚守不降，我攻下后就要对丰邑屠城。雍齿虽然受刘邦重托据守丰邑，但他内心本不想归顺刘邦，现在周市来招降，雍齿立即投靠了魏国。

刘邦得到雍齿叛变的消息，气得牙痒痒，马上回兵攻打丰邑，未果。积劳成疾，气急攻心，刘邦生了一场大病，只好回沛县调养。病愈之后，他对雍齿和丰邑百姓的背叛痛恨不已，发誓有朝一日要夺回丰邑。从此，刘邦对雍齿和丰邑百姓的怨恨几乎贯穿了他的一生。

一攻丰邑失败之后，刘邦意识到自己的力量不足以夺回失地，需要借力。找谁呢？此时陈胜已死，楚国贵族后裔景驹被拥立为假王，驻守在留（今江苏沛县东南）。于是，刘邦直奔景驹而去，打算向他借点兵攻打丰邑。但秦军并没有给他留时间。章邯军团出关之后，立即将矛头对准了陈胜，同时派一员偏将北定楚地。刘邦不得不与景驹联手对付杀来的秦军，很快败退下来，回驻留。秦二世二年（前208）二月，刘邦再次出兵，总算拿下了砀郡，收编了败军五六千人，军团兵力达到九千人之众。刘邦率领这九千人二攻丰邑，仍遭失败。

项梁集团是此时南方最重要的反秦力量。刘邦听说后，前去投奔。这次加盟给刘邦带来了切实的好处：项梁赠他士兵、战将，刘邦得以第三次攻打丰邑，并且成功收复。

这个时期的刘邦才刚刚起兵，但是他已经表现出屡败屡战的韧性，这种韧性正源于他超强的自信。

当然，丰邑叛变对刘邦自信的打击也是相当大的。故乡百姓追随雍齿投魏，说明他刘邦还没有得到家乡父老的拥护。但是，刘邦并不气馁，三攻丰邑，最终如愿以偿。

第三，敢于称王。

刘邦攻入关中，子婴投降，秦朝灭亡。当时有人劝他称王关中，派兵守住函谷关，不许诸侯入关，再征关中兵力，以抵挡项羽入关。刘邦一听，好计！照办。结果这个昏招差点儿让刘、项之间的火并提前，最终诱发了鸿门宴事件。事后，刘邦懊悔不已。

其实细想一下，刘邦这件蠢事还干得挺有意思。刘邦并不傻，关中王他是一定要当的，对实际情况的误读也只能算是自信十足的表象，只不过有些幼稚罢了。

刘邦当时拥兵十万，项羽率军四十万，力量悬殊。没有军事实力，拿什么当关中王？刘邦可爱的地方就是有勇气、豪气、霸气，敢于守关称王。

历来的史学家都认为项羽是霸王，身上透着一股霸气，而刘邦的霸气却鲜为人所知。项羽的霸气写在脸上，刘邦的霸气却深藏在骨子里。

第四，短期灭楚。

楚汉战争，刘、项的第一次交手是彭城之战。这一仗刘邦败得很惨：五十六万大军败于项羽三万人马。刘邦一边向西拼命逃命，一边却在计划迅速翻盘。当时的天下大势乃是“诸侯见楚强汉败，还皆去汉复为楚”《史记·高祖本纪》。项羽分封的其他诸侯王，在刘邦得势时倒向刘邦，彭城一败后各路诸侯又倒向项羽。此时刘邦“西过梁地”，形势对他非常不利，于是派随何去策反九江王黥布。刘邦对随何说：“公能令布举兵叛楚，项羽必留击之。得留数月，吾取天下必矣。”好一个“得留数月，吾取天下必矣”！

汉王乃西过梁地，至虞。使谒者随何之九江王布所，曰：『公能令布举兵叛楚，项羽必留击之。得留数月，吾取天下必矣。』——《史记·高祖本纪》

刘邦对策反黥布有三点基本判断：一是黥布只要叛变，项羽定会留在楚地平叛；二是项羽一旦和黥布交上手，一定会折腾好几个月；三是只要争取到这“数月”的时间，他刘邦一定可以平定天下。

随何则有两大优势，一是智慧不凡，二是善于游说。他果然不负众望，诱使项羽手下最著名的悍将黥布叛楚归汉。但是，刘邦那三条判断是一条也没有实现，为什么没能实现呢？

一是项羽听说黥布降汉之后，并没有像刘邦所估计的那样亲征，而是“使项声、龙且攻淮南，项王留而攻下邑”《史记·黥布列传》。

二是既然项羽没有出征，自然谈不上与黥布交手。项声、龙且倒是折腾了“数月”才搞定了黥布。

数月，龙且击淮南，破布军。——《史记·黥布列传》

三是有“数月”的确是有了，可项羽没让刘邦闲着，怎可能在“数月”内平定天下。别说平定天下，只在荥阳一线就跟项羽僵持不下。

刘邦为什么判定自己数月之内可以平定天下？彭城之战时，项羽的主力陷于齐地，楚军留守都城（彭城）的部队非楚军主力，所以刘邦轻松拿下彭城。攻占彭城后，刘邦内心膨胀，自认为打败项羽了。其时，刘、项二人还未正式交手，刘邦对项羽的英勇善战还没有切身体会。彭城之战，刘邦一败涂地，应当说此时他该比较清醒了，至少会知道自己不可能在短时间内战胜项羽。但是，刘邦经此一战毫无改变，派自己的特使随何策反九江王黥布时竟扬言“得留数月，吾取天下必矣”。这话我们今天听起来十分可笑。但是，你不能不佩服刘邦在刚吃了大败仗，别人信心全失之时却能信心十足地盘算着“数月”之内平定天下。这种超人的自信非常人可比。至于这样的自信是否可取，倒可另议。

第五，建国立制。

西汉建国后施行的是郡国并行制：“郡”，指设立郡县；“国”，指封地为国。在这之前，刘邦其实一直都用的是这种制度，只不过这种制度还没有一个正式名分。

汉二年，刘邦从汉中杀回关中，塞王司马欣、翟王董翳、河南王申阳相继降汉，韩王昌不降，被灭。刘邦将刚刚占领的土地设置为陇西郡、北地郡、上郡、渭南郡、河上郡、中地郡、河南郡。三月，刘邦俘虏了殷王，增设了河内郡。

汉二年（前205）二月，刘邦下令废除秦帝国的社稷，“立汉社稷”，从祭祀制度上终结了秦帝国，确立了汉帝国的天下。

二月，令除秦社稷，更立汉社稷。——《史记·高祖本纪》

汉三年（前204），刘邦俘虏魏王豹，“定魏地，置三郡，曰河东、太原、上党”《史记·高祖本纪》。后来的西汉设郡就是在此基础之上的完善。

汉三年六月，刘邦立刘盈为汉太子，确立了父位子承的制度，且“令太子守栎阳”，关中地区的诸侯王之子“皆集栎阳为卫”。刘邦称帝后，汉太子为皇太子，延续了子承父业的制度。

败后乃独得孝惠，六月，立为太子，大赦罪人。令太子守栎阳，诸侯子在关中者皆集栎阳为卫。——《史记·高祖本纪》

刘邦设立郡县的时候，项羽尚雄据九郡，力量未见削弱，也就是说，刘邦距离统一天下那天还久远着呢。即使这样，刚刚杀回关中就在关中和关东设立郡县，真是“胆大包天”，不过这种行政建制为之后西汉的政权性质（帝国制）、行政设置（郡县制）等都奠定了很好的基础。

这些举措作何解释？恐怕只有一种说法：刘邦始终都确信自己终有一天能战胜项羽，创建帝国。

第六，屡败屡战。

刘邦并非百战不殆的战神，他打过很多胜仗，也打过很多败仗。彭城战败后，刘邦一下子跌进了人生的低谷，几乎屡战屡败。汉三年（前204）七月，刘邦被困荥阳，无奈之下狼狈出逃，付出了极大的代价：两千荥阳妇女被征用，以吸引楚军；纪信“乘王驾，诈为汉王”，最终被杀；守城的魏豹被周苛、枞公干掉；周苛、枞公战败后又被项羽所杀。刘邦“得与数十骑出西门遁”，“诸将卒不能从者，尽在城中”。

汉军绝食，乃夜出女子东门二千余人，被甲，楚因四面击之。将军纪信乃乘王驾，诈为汉王，诳楚，楚皆呼万岁，之城东观，以故汉王得与数十骑出西门遁。令御史大夫周苛、魏豹、枞公守荥阳。诸将卒不能从者，尽在城中。——《史记·高祖本纪》

刘邦带了几十名随从逃回关中，谋士袁生为他总结了一番这几年和项羽作战的经验教训：“汉与楚距荥阳数岁，汉常困。”《史记·高祖本纪》现实状况是汉兵败多胜少，然而刘邦似乎丝毫不把这些失败放在心上，休整过后南出武关再战。

这是刘邦第一次败逃荥阳，没想到第二次逃跑的时候更惨，他只带了太仆滕公一人从成皋北门逃出。不过，他飞奔至韩信军营后，夺了军权，又立马打了回来。

整个楚汉战争期间，刘邦为“屡战屡败、屡败屡战”这句话做了最好的诠释。四年来他始终坚韧不拔，直到最后诛灭项羽，刘邦非凡的毅力实在让人可敬可叹。

第七，平叛远见。

高祖十年（前197）九月，赵相国陈豨叛乱，刘邦亲征。“至邯郸”，刘邦高兴地说：“豨不南据邯郸而阻漳水，吾知其无能为也。”又听说陈豨手下的将领有很多商人，于是“多以金啖豨将”，重金收买那些人。

刘邦绝对不是楚汉战争时期卓越的军事家。此期一流的军事家只有两位，一位是项羽，一位是韩信。刘邦的军事才能在项羽、韩信在世之日丝毫未得显现，不过在平定陈豨叛乱时倒是小小地展示了一下。刘邦根据陈豨没有南据邯郸利用漳水设防，断定陈豨成不了气候。后来形势的发展证明了刘邦说得很正确，也显示

至邯郸，上喜曰：『豨不南据邯郸而阻漳水，吾知其无能为也。』闻豨将皆故贾人也，上曰：『吾知所以与之。』乃多以金啖豨将，豨将多降者。——《史记·高祖本纪》

出他对自己判断能力的信心。

综合来看，除了平定魏豹、陈豨叛乱这两次，刘邦的自信都没有建立在客观分析的基础上，反而带有相当严重的盲目性。

自信不是那么简单：气场与能力的结合

刘邦为什么会如此顽固地盲目自信？

首先，自命不凡。秦末大起义还没有开始，刘邦已经在沛县一带小有名气了，“刘季”这个名字的曝光率相当高。所以沛县起兵时，尽管刘邦数次推让，但是有资格的人都不愿意承担风险，刘邦最终还是当上了沛公。不仅仅是胆大，名气、人气、力量和自信等综合实力，共同成就了这个义军首领。

楚怀王熊心计划派人西入秦关，将领们都不敢领命，因为“当是时，秦兵强，常乘胜逐北”《史记·高祖本纪》，只有两个人除外：一个是刘邦，一个是项羽。项羽愿意西入秦关是“怨秦破项梁军”《史记·高祖本纪》，要替叔父项梁报仇；刘邦想西入秦关则源于他宏大的抱负和极为自负的心理。

彭城大败之后，刘邦在败逃路上就已经策划好了新的灭项计划：策反黥布！他对身边的人说：“如彼等者，无足与计天下事。”《史记·黥布列传》

这句话乍一听实在太刺耳了，也太看不起人了吧？转念一想，刘邦的抱负、眼光、自信都远超他人，这种伤人自尊的话从他口中蹦出来倒也不奇怪。尽管刘邦过于自命不凡，但能在逃亡路上谋划大事，的确不是一般人能做到的。

后来随何成功说降了黥布，让项羽折损了一员大将，不过刘邦企图速胜项羽的如意算盘还是落了空。

高祖十二年（前195），刘邦病危，吕后请来医生诊治。刘邦拒绝说：“吾以布衣提三尺剑取天下，此非天命乎？命乃在天，虽扁鹊何益！”《史记·高祖本纪》可见，刘邦自始至终都对自己夺取天下乃天命所赐深信不疑。

其次，认知大势。刘邦起兵之初，曾被沛县县令召来又被拒绝入城，刘邦不慌不忙，只书写了一封信射到城上，鼓动沛县父老说：“天下苦秦久矣！”《史记·高祖本纪》

在西入秦关的途中，郦食其求见，看到刘邦一边洗脚，一边接见自己，于是激问刘邦：你是为天下人攻秦呢，还是为秦灭天下义军呢？刘邦气得大骂道：“竖儒！夫天下同苦秦久矣，故诸侯相率而攻秦，何谓助秦攻诸侯乎？”情急骂人的刘邦又提到了“天下同苦秦久矣”。

刘邦两次提到“天下苦秦久矣”，这是他对秦末大起义的基本判断，也是对天下大势的正确认知。刘邦有时候确实会妄自尊大，但多数情况下，他的自信并不盲目，譬如刘邦对天下大势的认知就非常有水平。正因为准确地把握了天下大势，他才会对灭秦保持坚定的信念，才会对自己保持超强的自信。

据《史记》的记载，当时能说出这句话的仅有四个人：

第一人是陈胜。陈胜在鼓动九百戍卒首举义旗之时对他们说：“天下苦秦久矣。”《史记·陈涉世家》由于形势所逼，再加上陈胜所讲的天下大势得到戍卒们的认同，众人合力制造了震惊世人的大起义。

第二人是武臣。陈胜起兵之后，采取分头动员的战略，派武臣北略赵地。武臣到赵地之后对当地的豪杰们说："夫天下同心而苦秦久矣。"《史记·张耳陈馀列传》赵地的豪杰们表示认同和支持，随武臣举兵，点燃了赵地反秦起义的熊熊大火。

第三人便是刘邦。

第四人是武涉。汉四年（前203），项羽派武涉游说韩信，武涉也曾说："天下共苦秦久矣！相与戮力击秦。"《史记·淮阴侯列传》

"天下苦秦久矣"是当时诸多先知先觉者对天下大势的共同认知。基于这一认知，人们才自觉地组织起来对现状进行反抗。

陈胜和武臣具备相同的认知并不难理解，毕竟同属一个集团；而武涉说这句话的时候秦帝国早已被推翻，楚汉战争也已经进入尾声，所以他不能算是先知先觉。刘邦是独立获得这一认知的人，来之不易，这也是他强大内心的坚实基础。

秦帝国的暴政苛法已经逼得老百姓无法存活，反秦是大势所趋，人心所向。刘邦虽然读书不多，但长期的底层生活经验，让他对秦帝国的生存基础已经完全被毁这一点看得很清楚，因此它的认知完全符合社会现实，并建立在民心唯上的基础之上。

究其根本，刘邦非同寻常的自信，源于自命不凡的气场与审度大势的能力。从古至今，能抢先把握天下大势的人很少，因而他们必然是历史变迁过程中最大的受益者。

除了自信，刘邦成功的主观因素还有哪些呢？

请看：魅力四射。

魅力四射

四十五

刘邦，一个小小的泗水亭长，在秦末大起义中脱颖而出，成就后来布衣天子的传奇。其实，无论从哪个角度来讲，刘邦和其他起义军将领比起来，他都不具备优势，但是上天偏偏垂青于他。历史为什么会选择这个人？是什么因素成就了他？为什么在起事之初众人愿意追随他？他身上究竟有着怎样的人格魅力呢？

魅力尽显

刘邦原本只是秦帝国的一个基层小吏，他能在众多起义军将领中脱颖而出，的确引发了后人无限的思考。我们不得不承认，他确实是一个充满魅力的精神领袖。

刘邦手下有一位将领叫王陵，被刘邦钦定为大汉帝国第三任丞相。王陵和刘邦是同乡，秦末大起义之前王陵是沛县的豪强，地位很高，刘邦对王陵就像对待自己的兄长一样。刘邦当上沛公率兵进入咸阳，此时王陵自立门户，聚集起“数千人”驻守南阳，“不肯从沛公”。《史记·陈丞相世家》

王陵起兵前的地位远远高于刘邦，因此，他不屑于去追随刘邦。再者，王陵为人耿直，也不是趋炎附势之徒。直到楚汉战争爆发，王陵才率兵投靠了刘邦，而此时刘邦已经成为汉王。项羽因为王陵归汉，抓捕了王陵的母亲作为人质，想利用她招降王陵。王陵派使者到楚营探望，老人家对使者说：告诉我的儿子，“善事汉王。汉王长者”，千万不要因为我而愧对汉王，“妾以死送使者”。说完，老人家“伏剑而死”。《汉书·张陈王周传》项羽在盛怒之下，烹了已经自杀的王陵之母。王陵听说母亲用自杀的方式来坚定他的信念，悲愤欲绝，从此一心一意追随汉王刘邦平定天下，为汉家天下奉献了一生。

王陵母亲大无畏的举动可叹可敬，她看重刘邦什么呢？没错，就是汉王的“长者”形象！

汉三年（前204）五月，刘邦被困成皋，粮道为项羽所断，无力坚守。

眼看成皋朝不保夕，情况万分危急。将军纪信主动请缨，假扮汉王率兵出东门伪降，吸引楚军，刘邦才得以顺利从成皋西门逃走。这就是著名的纪信救主！

纪信看重刘邦什么呢？史料中并无交代，但可以肯定的是，如果刘邦只是平庸之辈，恐怕纪信也不会甘愿替他去送命！

王陵之母以决绝的姿态激励王陵忠于刘邦，纪信以视死如归的精神救刘邦于危难之中，这一切说明了什么？说明了刘邦一定有其独特的人格魅力。

敢于担当

敢于担当，这是任何历史变革时期的群众领袖最需要具备的素质之一，而刘邦在这一点上表现得尤为突出。

刘邦押解骊山徒去服役，一出发便出现大规模逃亡事件。刘邦见局面实在无法控制，索性将剩余的骊山徒全部开释，自己也走上了逃亡之路。谁料部分骊山徒被他的果敢感动，竟跟着他上了芒、砀山。

刘邦这一举动确实是胆大妄为！但在社会大动荡时期，他的这种敢于豁出去的精神又恰恰是最受人钦佩的。

沛县起兵，萧何、曹参等当时的沛县“高官”不愿领衔起事，于是刘邦挺身而出当了沛公。这是刘邦人生中得到的第一个“创业平台”，也是他敢于担当的第二个具体体现。

刘邦率先入关，立即封堵函谷关，这个举动虽然有失妥当，但从另外一个角度看，其敢于担当的精神着实可嘉。当时谁敢抗拒楚霸王项羽？唯有刘邦！

灭掉项羽后，刘邦没有重蹈项羽的覆辙，彻底放弃了做霸王的政治主张，而是大胆地开创了西汉帝国，继承了秦始皇的帝国制度。秦帝国的速亡使当时大多数人对帝国制度心存芥蒂，只有刘邦，勇敢地选择了如此高难度的挑战。这同样需要政治勇气和政治眼光！

共享成果

许多人跟随刘邦出生入死，反秦、灭项、平叛，义无反顾，无非期望最后能得到相应的功名、地位和财富。作为领导者，能让手下人得其所愿，才会有人愿意追随于你；反之，则会导致人才流失。

刘邦在这一点上就做得很到位。他用金千斤、邑万户悬赏项羽的人头，并最终兑现承诺，赐赏封侯。这是刘邦灭楚后做的第一件事，由此取信于臣民。

高祖六年（前201），刘邦封侯六十六人。高祖七年，刘邦封侯十二人。高祖八年，封侯十九人。高祖九年，封侯六人。高祖十一年，封侯二十人。高祖十二年，封侯二十人。直到刘邦下世，共封列侯一百四十三人。这些数据都出自《史记·高祖功臣侯者年表》，这个表的记载不一定翔实完备，可能刘邦实际所封的列侯要比一百四十三人还多。大功臣们都先后被封官晋爵，其他没有受封的人也得到了相应的回报。

能与他人共享胜利成果是领导艺术和人格魅力最重要的组成部分。刘邦在求封、分封的人生征途中逐渐认识到分享的重要性，所以，他也将分封作为自己和项羽争夺天下的最有力措施之一，而且获得了极大的成功。

容人雅量

刘邦手下文臣武将人才济济，来自五湖四海，每个人的情况、身份都不一样，但刘邦却能一一接纳，主要表现有四：不计前嫌，不计易主，不计言语冲撞，不计来自何方。

关于不计前嫌，刘邦做得最地道的莫过于善待雍齿。

雍齿是最早追随刘邦的将领之一。秦二世元年（前209）九月，刘邦在沛县刚刚起兵时，手下仅有三千士卒。秦二世二年十一月，刘邦出兵击秦，雍齿奉命留守丰邑。十二月，雍齿叛变投魏。丰邑是刘邦的故乡，也是根据地，被刘邦视为生命线，所以深“怨雍齿与丰子弟叛之”《史记·高祖本纪》。为了收回丰邑，刘邦先投奔楚王景驹，又投奔项梁，得到项梁的鼎力帮助，三攻丰邑，才得偿所愿。

雍齿背叛之时正好是刘邦集团发展最为困难的阶段，因此这段记忆在刘邦心里一直挥之不去。

后来机缘巧合之下，雍齿又吃回头草，继续追随刘邦，并且屡立战功，成为刘邦手下的功臣。虽然具体过程《史记》和《汉书》都没有记载，我们也不清楚雍齿缘何去而复返，但是刘邦不计前嫌接纳他实属不易。

上曰：『雍齿与我故，数尝窘辱我。我欲杀之，为其功多，故不忍。』——《史记·留侯世家》

高祖六年（前201），刘邦论功行赏，封了三十多位功臣。为了平息将领们的争功之乱，刘邦接受张良的建议，先封雍齿为侯，以安抚人心。朝臣们一见雍齿被封，“皆喜”，都说：“雍齿且侯，吾属亡患矣！”刘邦恼恨雍齿由来已久，但因为雍齿功多，不忍杀他。不因个人私恨而乱开杀戒，这一点还是值得称道的。当然，封雍齿为侯带有浓厚的权谋色彩，另当别论。

高祖十二年，刘邦平定黥布叛乱后，回到阔别多年的故乡，并下令：沛县作为刘邦个人的汤沐邑，免除全县百姓世代的赋税。

沛为朕汤沐邑，复其民，世世无有所与。——《史记·高祖本纪》

沛县百姓恳求刘邦：沛县有幸免除赋税，可丰邑百姓不能同享，恳请皇上哀怜丰邑，也赐他们免税。刘邦说：丰邑是我出生的地方，最不能忘。我之所以不免他们的赋税，是因为当年雍齿居然背叛我而投魏。不过，刘邦在沛县百姓的再三恳求下，最终妥协，也免除了丰邑世世代代的租税。

此时，距离雍齿封侯已经过去六年了，刘邦仍对雍齿背叛之事耿耿于怀，可见他对雍齿也一直怨恨在心啊！

刘邦是个凡人，也有七情六欲，所以他记仇，但同时他又肩负国家重责，凡事要从大局出发，他不得不克制己怨，于是也就赢得了人们的信任，获得了多数将领的认可。能够做好这一点，就意味着能够成就一番大作为。刘邦的不计前嫌往往被世人所忽略，而这恰恰是他性格魅力所在！

跟雍齿相关的事，还涉及王陵。王陵有两件事让刘邦很不爽。

第一件事，就是他对刘邦的蔑视。

这个王陵怎么蔑视刘邦了呢？

一是入伙极晚。刘邦在大起义中当上了沛公，沛县多数反秦志士都追随刘邦，萧何、曹参更成为刘邦的左膀右臂，王陵不愿在刘邦手下做事，自己拉起一支数千人的队伍驻扎在南阳，成为一支独立的反秦武装。直到刘邦率先进入咸阳，楚汉战争开始后，王陵才率兵加入刘邦集团。

二是被动入伙。王陵加入刘邦集团不但很晚，而且并不稳定。真正帮了刘邦大忙的是项羽。项羽得知王陵加入刘邦集团，抓捕了王陵的母亲，逼迫王陵倒戈。但是，王母很刚烈，以死激励王陵忠于刘邦。项羽的逼迫导致王母自杀，王陵这才铁了心追随刘邦。项羽的做法恰恰帮助了刘邦。

王陵为什么看不起刘邦，史书没有记载，但分析起来，无非因为身份、地位和个人性格：王陵是沛县出名的豪强，刘邦只是个小兄弟，大起义前也没有什么突出的表现。王陵的社会地位比刘邦高得多，为人又耿直，自然看不起刘邦。

王陵让刘邦不爽的第二件事就是他跟雍齿关系极好。

雍齿降魏，让刘邦吃了很多苦头，被刘邦记恨在心。对这件事，刘邦集团无人不知，无不有所忌讳，所以大家都不敢与雍齿交往，更不敢深交。然而王陵却毫不在乎，偏偏与雍齿走得很近，这让刘邦心里极不舒服，所以很晚才封王陵为侯。

以善雍齿，雍齿，高祖之仇，陵又本无从汉之意，以故后封陵，为安国侯。——《汉书·张陈王周传》

然而，刘邦临终遗言却尽释前嫌，钦定王陵在曹参之后任相国。王陵与雍齿交好得罪了刘邦，可在安排后事的时候，刘邦依然对王陵寄予厚望。这是为什么呢？因为刘邦看中了王陵的耿直可靠，这样的容人之量绝非一般人可比。

刘邦手下有两个人曾多次易主，一是陈平，二是叔孙通。陈平三易其主，他的前两任老板分别是魏王咎、项羽。叔孙通六易其主，前五任“老板”分别是秦始皇、秦二世、项梁、楚怀王熊心、项羽。

对这样的人，一般人都会认为他们“不忠诚”，可刘邦却很另类，对陈平委以重任。哪怕绛侯周勃和颍阴侯灌婴对陈平一再中伤，多次在刘邦面前说陈平不忠，刘邦也不动摇。周勃、灌婴并不知道陈平三易其主的真实原因，抓住这一点激烈攻击陈平。这是人生的悲剧：人的一生中真正关心你的人非常少，只看结果，不问原因的人太多太多；因此，不要指望会有人仔细认真地关心你，即使是非常欣赏你的人，他也会因为各种原因忽视你。在这一点上要学会理解，不要抱怨。陈平明明知道周勃、灌婴说了他很多坏话，但是，陈平不计较，他非常理智地处理了自己和周勃、灌婴的关系，最终与周勃、灌婴联手灭了诸吕。

刘邦开始时也曾产生过怀疑，但在陈平坦言三易其主的缘由后，刘邦反而开始信任他了。陈平很感激刘邦，所以竭尽其能为刘邦献计献策，六出奇谋，解燃眉之急，最终立功封侯。

叔孙通六易其主，更是饱受后人诟病。刘邦对他却是信任有加，连其一百多个弟子也悉数封官。张良虽然算是一出道就跟了刘邦，但中间也曾两次“出轨”，但好在之后一直坚定追随，成就人生大业。

我们深知明主择士的道理，但很少有人能理解良士择主也是人生的选择。陈平和叔孙通一生中不断地更换主人，这在一般人看来是大缺点，而事实上，正是由于人们的这种看法在无形之中放大了他们的缺点，掩盖了他们的长处。而刘邦恰恰不计较这些，所以他能看到他人的长处，并为自己所用，真正做到了，不拘一格广纳人才。这样的胸怀让他聚集起众多人才，成为魅力四射的集团领袖。

刘邦的魅力还在于他能不计较臣子的言语冲撞，当然这有一个前提——你是真心诚意在帮他。比如易储之时，周昌与刘邦发生过激烈的语言冲突，他在朝堂之上信誓旦旦地说：“臣期期知其不可……臣期期不奉诏。”《史记·张丞相列传》差点儿把刘邦顶翻。然而刘邦并没有因此迁怒于他，仍然予以重用。还是这个周昌，在刘邦死后，为了维护赵王而被吕后大骂：“尔不知我之怨戚氏乎？而不遣赵王，何？”《史记·张丞相列传》遇到蛮不讲理的吕后，周昌只好一言不发。他敢于顶撞刘邦是因为刘邦有容人之量，不惹恼吕后是因为吕后心胸狭窄，顶撞吕后就是自找倒霉。臣子态度再恶劣，刘邦也可以不计较，这种宽松的心境独具魅力。

郦食其初见刘邦时，劈头就问：足下欲助秦攻诸侯乎？且欲率诸侯破秦也？刘邦一听就急眼了，骂道："竖儒！夫天下同苦秦久矣，故诸侯相率而攻秦，何谓助秦攻诸侯乎？"《史记·郦生陆贾列传》郦食其不慌不忙，一番言辞讲得刘邦心服口服，又是让座又是道歉。若是换成他人，比如秦始皇、项羽什么的，臣子们敢这样与他说话吗？肯定不敢！

高人、高士、义士往往都有着极强的自尊心，若是你不尊重他，他岂能为你所用？"商山四皓"在回答刘邦问题时直言不讳："陛下轻士善骂，臣等义不受辱，故恐而亡匿。"《史记·留侯世家》一语道破刘邦延请不来"商山四皓"的真正原因。

刘邦的市井之气确实是引进高端人才的阻碍，但他的容人雅量又弥补了这一不足，使得天下英才纷纷归顺，终于成就了四百年的汉家江山。

任何集团聚集人才都是一个漫长而又艰难的过程，刘邦集团也是如此。起初虽有萧何、曹参、周勃、灌婴等人坐镇，但这些人的能力尚未得到真正释放，更多英才尚未汇集。

好在刘邦并不计较英雄出处，他把圈子画得很大很大，不仅有丰沛故人作为集团的核心力量，还吸纳五湖四海的人才为其所用，大将军韩信、智多星陈平更是来自死敌项羽集团。

当然，刘邦的容人雅量具有浓厚的政治色彩，而这样的气量也只有政治家才具备。那么，这位布衣天子到底有多大的政治才华呢？

请看：政坛高手。

政坛高手

四十六

三年反秦，四年灭项，刘邦取得了政治和军事上的双重成功。事实上，一个只会打仗不懂政治的人，是做不了皇帝的。刘邦不但会打仗，还是一个了不起的政治家，虽然一身市井之气，却无法掩盖他的光芒，后世的史学家们对此都有共识。那么，刘邦的政治才能都表现在哪些地方？他的政治才能从何而来？

善度大势

“天下苦秦久矣”是刘邦对当时天下大势的一个基本判断。政治家想在政治舞台绽放光芒，必须认清并迎合时代大势，这一点我们在“自信人生”一章中已经详加讲述。尤其是刘邦这样布衣出身的政治家，更需要审时度势量力而行。当社会发展到一个转型期，整个社会的权力格局、财富分配将会面临大调整，谁最先觉察到、把握到，谁就能在大变革中成为最大受益者。

千百万农民揭竿而起，群起响应陈胜、吴广的大泽乡起义，历史给了刘邦“七年夺得天下”的机遇。也正是借助这股时代巨潮，刘邦才推翻了强大的秦帝国，建立起西汉政权。可见，善度大势是这位政坛高手最突出、最重要的政治才能。

除此之外，作为杰出的政治家，刘邦还特别重视舆论宣传、重视建立统一战线、重视激励机制、注重形象树立。对于学习，刘邦更是看重，生怕一不努力就被其他人超越。

善举大旗

刘邦非常注重政治舆论宣传。楚汉之争中，刘邦一直打着楚怀王这张政治牌，前期宣扬“怀王之约”，后期渲染“义帝之死”。

“怀王之约”是当年项梁战死后，楚怀工作为刘邦和项羽的共主，定下的“先入定关中者王之”的基调。其实这样的约定打一开始就厚此薄彼：楚怀王特许刘邦西行入关，却要求项羽作为副将北上救赵，对明里暗里争夺“关中王”的刘、项二人来说，在起跑线上就有了很大的差距。取得巨鹿之战的决定性胜利后，项羽企图让楚怀王更正之前的不公正待遇，无奈，楚怀王轻描淡写的“如约”二字，把项羽内心的最后一丝希望无情地砸碎了。此后，项羽和楚怀王反目成仇。

鹬蚌相争，渔翁得利。刘邦乐得坐山观虎斗，充分利用“怀王之约”的效力，在率先入关后，召集秦地百姓公开宣称：“吾与诸侯约，先入关者王之，吾当王关中。”《史记·高祖本纪》“吾当王关中”是刘邦从舆论上打击项羽的撒手锏，所以他屡屡强调以突出自己当关中王的合法性。刘邦的鸿门说辞也委婉而明确地告诫项羽：“然不自意能先入关破秦，得复见将军于此。”《史记·项羽本纪》这话听起来是恭维，实际上是绵里藏针，潜台词是在警告：我先入关，我应当做关中王。樊哙闯帷时也再次重申：“怀王与诸将约曰‘先破秦入咸阳者王之’。”《史记·项羽本纪》

项羽在政治舆论上陷入了十分被动的境地，不得不将怀王尊为“义帝”，再行暗杀。这一招虽然解了燃眉之急，却留下了后遗症，成为刘邦第二波舆论战的话题焦点。

义帝被杀的时间有三说：《史记》的《项羽本纪》《高祖本纪》记载为汉元年（前206）四月；《史记》的《黥布列传》记载为汉元年八月；《史记》的《秦楚之际月表》和《汉书》《资治通鉴》记载为汉二年十月。

汉元年八月，刘邦杀回关中。汉二年，刘邦东出函谷关，三月到达新城，遇见“三老董公”。“三老董公”向刘邦哭诉了义帝惨遭杀害的事情。刘邦灵机一动，立即“袒而大哭”，为义帝发丧。

我们前文说过，义帝之死当在汉二年（前205）三月之前。无论怎样，都先于刘邦哭祭。也就是说，刘邦出关前理应知道义帝被杀的事情，之前没有哭祭，是因为还没有悟出这是一张可用之牌。

公开打出为义帝复仇的旗号，乃是刘邦为自己征伐项羽立下的道义根据。在声讨项羽的“十罪”中，第一条就是“负约”，违背“怀王之约”；第九条是“杀义帝”；第十条是“为人臣而弑其主”和“主约不信”《史记·高祖本纪》。十罪之中有三罪提到了楚怀王熊心，可见刘邦的确是有计划地在利用义帝把争夺天下的楚汉战争包装成吊民伐罪的正义之战。

相对于刘邦的大肆宣扬，项羽在社会舆论方面简直无所作为。分封十八诸侯王的时候，将刘邦封到巴蜀，无奈做出声明：“巴、蜀亦关中地也。”《史记·项羽本纪》这句话有多大分量？这说明项羽迫于舆论压力，不得不表面上承认“怀王之约”，可见刘邦在舆论上获得了极大的主动权。

同样，杀义帝一事，项羽也没有做任何舆论准备，甚至面对刘邦对此事的大肆宣传，竟然毫无应对。项羽的不回应只能使人们认为他是理屈词穷。

战争历来都是政治的延续，宣传和舆论从来都是最重要的政治手段。任何时候，两军交战，战场内外有诸多因素皆能决定成败。一个真正的政治家，不仅能在战场上做文章，在战场之外也要会做文章。民心向背关乎天下的归属，要得到民心，不仅要有正确的方针政策，也得有强大周密的舆论向导。刘邦就是如此。他既拼武力，又比智慧，搞得项羽在舆论上很被动。

善结联盟

刘邦非常注重建立统一战线，特别是在楚汉战争期间，彭城大败令刘邦冷静下来，认真琢磨打败项羽的战略方针，最终提出了“捐关以东”的主张。

这个主张的提出，基于对三个关键问题的理解分析：谁是刘邦夺取天下最大的敌人？怎样改变楚强汉弱的局面？联合谁可以打败项羽？

认识不到谁是最大的敌人，无法提出这种战略；没有宏大的气魄，无法提出这种战略；没有远大的目标，无法提出这种战略；没有对现实状况的深刻认识，也无法提出这种战略。

作为一个优秀的政治家，刘邦首先认识到项羽是他夺取天下最大的敌人。这一认识是他人启发刘邦封堵函谷关获得的，彭城大败让他彻底明白仅凭自己无法战胜项羽，必须广结同盟才能夺取天下。

与刘邦相比，项羽则糊涂透顶。刘邦入关灭秦后，项羽认识不到刘、项两家的关系发生了根本性的变化，由并肩作战的战友转变为争夺天下的两大对立集团。因此，在鸿门宴上他才轻纵对手。

刘邦屈封汉王后，接受张良的建议，烧毁了栈道，迷惑项羽。还定三秦后，又让张良给项羽寄去两封信：一封是告诉项羽，汉王“失职”，只想回到关中，并无争夺天下之意。一封是告发田荣、赵歇怂恿自己联合反项，言下之意，搅乱天下的是田荣，不是我刘邦。这一招障眼法让项羽更迷糊了。结果，项羽不顾章邯在关中坚守十个月等待他的有利条件，放弃出兵关中，将第一把火烧到了齐王田荣的头上。此后，项羽深陷齐地，错过了集中兵力在关中打击刘邦的良机。等到刘邦攻占彭城，项羽再从齐地回兵，刘邦已经做大做强，想一举歼灭再无可能。

刘邦提出“捐关以东”的策略，以大片土地、官位厚待盟友，重用了韩信，策反了黥布，利用了彭越，结成反项灭楚的统一战线。楚强汉弱的局面终于被打破，亡楚灭项成为可能。

善立机制

每一个政治集团的成功都离不开良好的机制。借助有效的机制可以调动集团成员的积极性和主观能动性，自觉自愿地为集团奋斗。而这样的机制主要由两大因素构成：信念与制度。

刘邦把这个道理想得很明白，适时地在集团内部制定了论功封赏的制度。至于实际效果如何，我们可以看几个例子。

第一例，项羽自刎后，吕马童、王翳等五人因得到项羽的遗体而受封为侯。之前为了争夺项羽的遗体，刘邦集团的追兵们自相残杀，死了数十人。自相残杀是为了争功，争功又是为了封侯，可见论功封侯的诱惑力不容小觑。

第二例，刘邦称帝后向大臣们提问：我为什么能够战胜项羽？日后成为汉家第三任相国的王陵说：“陛下使人攻城略地，所降下者，因以予之，与天下同利也。”《史记·高祖本纪》显然刘邦并不认同这种看法，但王陵的观点又极具代表性。重臣们几乎都认为“与天下同利”是刘邦成功的诀窍。什么叫“与天下同利”？说白了，就是分封，不论尊卑，就算是最普通的士兵，也同样拥有成为功臣的机会。

刘邦之所以对分封有如此深刻的认识，是因为他也曾是一位热衷于当关中王的普通战将。

善树形象

刘邦处处都表现出一个成熟政治家应有的基本素质，这也是其他起义将领不具备的，或者说是他们还不成熟的地方。正由于具备这样的素质，他才能逐渐走向成功。然而，在刘邦身上还有一个重要的政治才能是别人无法比肩的，那就是善于树立良好的形象。

政治家的形象就是公权力的符号。一旦形象被毁，政治家的政治生命也就终结了。古今中外，没有哪一位政治家不注意自己的公众形象。刘邦则是秦亡汉兴之际，最注重而且最懂得维护个人形象的政治家。

“长者”的形象。

刘邦树立的第一个形象是“长者”。项梁战死后，楚怀王熊心和身边的“诸老将”都认为：项羽为人残暴，而刘邦是“宽大长者”，因此派刘邦西行入关。

刘邦对“长者”的形象非常重视。他率先进入咸阳后，秦王子婴降汉。刘邦手下的众多将领都建议杀掉子婴，刘邦却说：当初楚怀王派我西行入关，看中的就是我的“宽容”，再说“人已服降，又杀之，不祥”。刘邦没有杀子婴，只是将子婴关押拘禁。项羽入关后，一刀斩了子婴，倒是被刘邦抓到了把柄，成为他“十罪项王”的罪证。

入关之前和入关之后，天下形势发生了巨大的变化。秦帝国的覆亡，让刘邦产生了更高的政治追求。他对“长者”形象的认识与关注，也和以前大不相同。譬如，“约法三章”虽然不完全具备可操作性，但对获得关中父老对自己“长者”形象的认同意义非凡。

“受害者”的形象。

项羽入关后企图否定“怀王之约”，刘邦却誓死不从，将自己“受害者”的角色演绎到了极致。他在鸿门第一次面见项羽时就委婉地表示：“然不自意能先入关破秦，得复见将军于此。”暗示项羽，自己第一个入关，应封关中王。后来项羽无奈宣称“巴、蜀亦关中地也”，就是担心背负“负约”的恶名。

此后，刘邦一直宣扬自己王巴蜀是“失职”，被封汉王是不公。韩信在汉中对策时说：“大王失职入汉中，秦民无不恨者。”《史记·淮阴侯列传》可见，刘邦对自己“受害者”形象的宣传很到位。

刘邦兵出三秦时，还派张良给犹豫不决的项羽写了一封信：“汉王失职，欲得关中。如约，即止，不敢东。”《史记·高祖本纪》这封信中，刘邦仍然将自己装扮成一名大分封的受害者，并表示自己只想得到关中，“不敢东”向挑战项羽。正是因为这封信和转送的“齐、梁反书”，将项羽的怒火引向了齐国，让刚刚入关的刘邦得到了宝贵的喘息机会。

"正义者"的形象。

汉二年（前205），刘邦东出函谷关，新城"三老董公"向刘邦哭诉义帝之死。刘邦立即哭祭义帝，以"正义者"自居，将与项羽争夺天下偷换概念为"击楚之杀义帝者"《史记·高祖本纪》。为义帝报仇成了他讨伐项羽的一面正义大旗，刘邦俨然成为吊民伐罪的一位"正义者"。

在以后的军事行动中，刘邦小心翼翼地维护着自己"正义者"的形象，公开指出项羽背信弃义的行径，以激起将士们的共鸣。汉四年（前203），楚汉双方在广武山对峙，项羽提出与刘邦单挑，刘邦却从当时的社会伦理道德出发，指责项羽的十桩大罪，将项羽推到社会公义的对立面。

"胸怀博大者"的形象。

刘邦是个凡人，他也像凡人一样记仇，只不过他不得不以"胸怀博大者"自居。

雍齿在刘邦起兵之初率兵降魏，刘邦恨得咬牙切齿。雍齿后来又投奔刘邦，虽然刘邦心中十分怨恨雍齿，为了表现自己博大的胸怀，他没有杀雍齿，反而收留了他。后来，雍齿屡立战功，刘邦尽管旧恨未解，但不得不重用雍齿。高祖六年（前201），刘邦称帝，大封列侯，受张良点拨，封雍齿为列侯。这一切都是为了成全自己"胸怀博大"的政治家形象。

刘邦初当皇帝时，曾下令追杀项羽旧将季布，原因是季布曾经多次把自己打得落花流水，惨不忍睹。滕公受朱家之托，晓之以理，动之以情，告诉刘邦不可以徇私。刘邦立即领悟，自己胜利后如果继续挥舞屠刀，的确不利于自己的形象建设，于是下令：赦免季布。

自古以来的帝王都深谙形象工程的重要性，也定然会把自己树立为长者、受害者、胸怀博大者，甚至是天命圣君之人。可刘邦出身布衣，他的这些政治才能从何而来呢？

善于学习

刘邦非常善于学习，不仅向实践学习，同时也向书本学习。

向实践学习，比较好理解。每当遇到麻烦之时，总有人为刘邦指点迷津。而刘邦也不负众望，靠“三老董公”的点拨，树立起“正义者”的形象，靠着滕公的指点，又树立了胸怀博大者的形象。

刘邦向书本学习，鲜为人知。一直以来，刘邦给世人的印象就是一个不读书的人。一个不读书的人怎么可能从书中学习呢？

其实，刘邦是读过书的。他和卢绾居同里、生同日、学同师，确实是上过学、读过书的人。人们为什么会对一个读过书的刘邦有不读书的看法呢？

一是市井之气。哪个读书人会有刘邦这样一身浓厚的市井之气呢？

二是文化影响。唐人章碣《焚书坑》诗：

竹帛烟销帝业虚，关河空锁祖龙居。
坑灰未冷山东乱，刘项原来不读书。

这首传唱千古的诗歌对刘邦形象的影响巨大。

三是鄙视儒生。刘邦不喜欢儒生的服装，甚至不愿见到儒生。一个读书人会这样做吗？

四是不爱《诗》《书》。据《史记·郦生陆贾列传》记载：“陆生时时前说称《诗》《书》。高帝骂之曰：‘乃公居马上而得之，安事《诗》《书》’！”

有了上述四条耳熟能详的记载，人们自然会认为刘邦是个不读书的人。可是，气势磅礴的《大风歌》又岂是腹无经纶之人可以写得出来的！真实的刘邦到底对读书持怎样的态度呢？

今传《古文苑》中记录了刘邦给太子刘盈的几封书信，其中两封《手敕太子》讲述了自己对读书的认识：

“吾遭乱世，当秦禁学，自喜，谓读书无益。洎践祚以来，时方省书，乃使人知作者之意。追思昔所行，多不是。”

“吾生不学书，但读书问字而遂知耳。以此，故不大工，然亦足自辞解。今视汝书，犹不如吾。汝可勤学习，每上疏，宜自书，勿使人也。”**章樵《古文苑》卷十（《四部丛刊》景宋本）**

这段话的意思是：我早年遭逢乱世，赶上秦始皇的焚书令，心里暗暗高兴，自认为“读书无益”，就不好好学习，所以文章写得不好，勉强能传情达意。称帝之后，懂得了读书的重要，理解了古人的意思。现在回头看看，过去有不少事做得并不好。如今看你写的文章，还不如我。你应当勤奋学习，每次上疏，应当自己写作，不要找人代笔。

刘邦流传下来的家书极少，仅存于世的家书有一大特点：实话实说。因为是写给亲人看的，就免去了不必要的官话、假话、大话。言辞中可以看出，刘邦当了皇帝以后非常注重学习。

刘邦是从什么时候开始读书的？据《史记 · 郦生陆贾列传》记载，陆贾奉高祖刘邦之命，撰写秦帝国为什么失天下，刘邦为什么得天下，以及古代诸朝成败兴亡的原因。陆贾遵照刘邦的旨令撰写了十二篇："每奏一篇，高帝未尝不称善，左右呼万岁，号其书曰'新语'。"可见，刘邦此时已经主动自觉地读书了。正是这种与时俱进的学习让刘邦有了长足的进步，懂得了自己过去的种种不足。我们应该看到刘邦的这样一种转变，既不要美化，也不要丑化，要实事求是。

刘邦读书还有一个特点，善于独立思考。他对尧舜禹的禅让制有着一套自己的观点。刘邦认为，尧舜禹的禅让是迫不得已，因为儿子不成器，无法胜任。刘邦以己推人，断定禅让是不得已而为之的事情。对不对我们不妄作评判，但至少可以看出他独立思考的能力。

刘邦确实是一位杰出的政治家，不过，正像他自己所说，天下是"居马上而得之"。守天下用政治，打天下是要用军事的，那么，刘邦又具备怎样的军事才能呢？

请看：兵家奇才。

兵家奇才

作为大汉王朝的开国君主，刘邦是地地道道的马上皇帝，然而世人在评价他时似乎更承认其政治才华，而对其军事才能颇有微词。楚汉战争期间，刘邦经常被项羽打得落荒而逃，这更成了他在军事上乏善可陈的有力证据。在众人眼中，辉煌的军事成就似乎与刘邦毫不相干，而应归功于军事天才韩信等人。作为征战四方的一代枭雄，刘邦为什么会给世人留下这种印象？他的军事才华究竟怎样？他在军事指挥上到底有没有独到之处？又是什么原因将他的军事才华掩埋在了历史深处呢？

刘邦自称是马背上得天下的开国皇帝，但事实上很少有人认同他会打仗，这是因为他的对手太会打仗，比如项羽；刘邦的手下呢，更能打仗，比如韩信。由于项羽和韩信的存在，外加一大批英雄豪杰，着实把刘邦的光芒给掩盖了不少。

事实上，身经百战的刘邦在军事上也颇有作为，可谓兵家奇才，具体表现在哪些方面呢？

一是懂得战争特点。

二是懂得“庙算”的重要性。

三是懂得指挥艺术。

懂得战争特点

刘邦很能打，最重要的一个原因是他懂得分析战争的特点，他一生经历了三种性质的战争：反秦、灭楚、平叛。

反秦之战是天下反秦武装和秦帝国双方的战争。秦帝国派出的是能征惯战的大将章邯，率领的是训练有素的帝国精兵。天下义军中极少具有军事指挥才能的战将，士兵则是被逼起义的农民，这本来是一场不对称的战争。义军的胜利靠的是天下群起响应的反秦大势。这个大势是强大的秦帝国无法抗拒的，也是历史上任何一个帝国都无法抗拒的。任何强大的帝国面对全民大起义，只能土崩瓦解，注定灭亡。不过，摧毁秦帝国主力军的是项羽，刘邦在反秦之战中并没有显示出太多的军事才华，而在平叛的时候，刘邦已经是游刃有余，所以真正能够展示刘邦军事才华的是楚汉战争。

刘邦在楚汉战争中表现出了卓越的军事才华，其中最突出的一点是他对这场战争特点的深刻认识。

每一场战争都有自己的特点，认识和把握一场战争的特点是克敌制胜的最大胜算。那么，楚汉战争有什么特点呢？

首先，楚汉之争是一场世纪大混战。

楚汉战争从字面上看，貌似是楚汉两家、两个集团的生死对决，而事实上，这场大战把天下所有诸侯都卷了进来，各方势力不断分化，面临重新洗牌。因此，楚汉战争不仅仅是一场军事对决，还是一场政治、经济的综合对决。谁善于利用矛盾，谁能在复杂的政治格局中争取多数，谁就能壮大自己。只有同时进行政治、军事、经济三方面的战争，才能最终打赢这场战争。刘邦是一位政坛高手，卓越的政治才能极大地帮助了他。

这场混战是怎么开始的呢？

刘邦从汉中先杀回关中，关中的三个诸侯王——雍王章邯、塞王董翳、翟王司马欣想躲也躲不了。他们三个人只有两种选择，要么降，要么打。章邯选择打，最后兵败自杀；司马欣和董翳选择投降，很快就解决了。

刘邦出兵函谷关后，河南王和西魏王被卷进混战。河南国是以今天的洛阳为都城，国君为河南王申阳；西魏国就是今天山西地区，国君西魏王魏豹。两人都选择了投降。其后，殷王司马印、代王陈馀、赵王歇、齐王田广相继被杀，燕王臧荼投降，九江王黥布被刘邦策反。天下几乎没有一个诸侯王可以躲过楚汉战争，而能独善其身。

楚汉战争的这一特点决定了打这场战争必须放眼整个天下。

项羽始终认识不到楚汉战争的这一特点。在整个楚汉战争中，我们很少看到项羽对其他诸侯王的争取、团结，而是听之任之，实在忍不下去的，才派兵去打。九江王黥布就是因为项羽的这种态度才成为刘邦的策反对象的。刘邦联合黥布、彭越，利用韩信，合围项羽，项羽对此却毫无反制措施。项羽分封的诸侯王就这样被刘邦或击灭，或策反，或拉拢，或威胁，一个一个被刘邦击破，最终项羽成了孤家寡人，兵败于刘邦。

其次，楚汉战争是正面战场和侧面战场相互配合的立体战。

楚汉战争的正面战场在今天郑州以西的荥阳，这里恰好是个分界线——往西是绵延不绝的山峦和丘陵，往东是一马平川的豫东平原。场地实在不够宽裕，只能容纳下刘、项两家在此火并。而侧面战场那就广大多了，光是北方就包括魏、代、赵、燕、齐五个诸侯国的地盘，再加上南方的部分区域。若是能把侧面战场收拾好了，最后在正面战场决战也就十拿九稳了。刘、项两家在荥阳相持了二十八个月，打到最后刘邦只剩二十万人马，项羽只剩十万人马，谁也吞不了谁。刘邦在正面战场苦苦煎熬，侧面战场却捷报频传，韩信平定了整个北方战场，黥布搞定了整个南方战场，最终对项羽形成南、北、西三面夹击之势。

功夫不负有心人，虽然赢得不容易，但刘邦终究还是灭掉了多年的死对头。话说回来，对楚汉之争的精准分析，刘邦是如何做到的呢？其实他自己原本不甚了解，是韩信找到刘邦说：你给我三万精兵，我负责北伐灭燕赵，东征灭齐，再把楚军的粮道给断了。这实际上就是占领侧面战场的意思。刘邦悟性极高，立马心领神会，采纳了韩信的建议。

信使人请兵三万人，愿以北举燕赵，东击齐，南绝楚粮道。汉王与之。——《汉书·高帝纪》

虽然三面夹击的战略部署是在军事天才韩信的提醒下完成的，但通过战略部署的果断实施和结果来看，此时的刘邦已经对楚汉战争的形势了然于胸。作为一方统帅，刘邦在军事上的领悟力、决断力和大局观绝非常人可比。他对影响战争走势的各种因素的变化，具有超乎寻常的敏锐嗅觉和判断力。

那么，没有第二个人能看出这个特点吗？有，这第二个人就是赵国的败将李左车。我们讲过韩信灭赵，打井陉之战，以几万人对赵国的二十万人，凭借背水列阵取胜。当时韩信活捉了李左车，李左车对韩信说："燕齐相持而不下，则刘项之权未有所分也。"《史记·淮阴侯列传》意思是说，燕国和齐国你拿不下来，刘、项两家就分不出胜负。这时候韩信已经拿下魏国、代国和赵国，但李左车强调拿下燕、齐两国的决定性意义。换句话说，李左车也知道，只要侧面战场打赢，正面战场也就赢了。可见李左车也是个了不起的战略家，但他很不幸，赵王不信任他，陈馀不重用他，最后终于兵败。《史记》在这以后也未再提到他，这位著名的战略家慢慢被历史忽略掉了，这是非常可惜的。

最后，楚汉战争是经济实力、后勤保障的大比拼。

这场历时四年的战争归根结底是烧钱之战。谁能在兵员、武器、军粮上得到及时补充，谁就是这场战争的最后赢家。特别是兵员与军粮，是这场战争最为关键的要素。要有源源不断的兵员、物资补充，就必须有稳固的后方。谁有稳固的后方，谁就能最终拖垮对方，获得胜利。

刘邦的有利条件是据守荥阳，背靠关中。荥阳有秦帝国的大粮仓，巴、蜀是天府之国，萧何又是最善于经营的职业经理。刘邦打了四年，越打越强，原因在于他有关中的粮，他有关中的兵员，还能从韩信手下直接抢兵员，而且一抢就是二十万的精兵。这样，刘邦打起仗来底气十足。老子怕什么？要粮有粮，要枪有枪，要人有人。项羽呢？项羽的大后方在彭城，也就是今天的江苏徐州。正面战场在河南郑州以西的荥阳，后方在今江苏徐州。这么长的补给线，又面临北部彭越的威胁。项羽是防不胜防，最终因为彭越、韩信两人合力断了项羽的粮道，项羽不得不同意鸿沟议和。之后，项羽在刘邦集团的正面、侧面三路大军的合围之下灰飞烟灭。

认识楚汉战争的特点，正确把握住楚汉战争的特点，这是刘邦军事才能的集中表现。我们不要只看谁的武功高强，谁的蛮力大，谁会谈兵法。即使在冷兵器时代，真正决定战争胜负的也不是主将个人的武功，而是对战争特点的准确认识和精到把握。谁做到了这一点，谁就会成为战争的最大赢家！

说白了，任何一场战争都需要从政治、军事、经济三个方面同步协调进行。没有单纯的军事战争，所有的战争都是政治、军事、经济的综合战。“汉初三杰”恰恰是政治、经济、军事三个方面的杰出人才，刘邦重视“三杰”在战胜项羽过程中的巨大作用，恰恰说明刘邦懂得楚汉战争的特点。

懂得“庙算”成败

“庙算”是什么？这个词最早出现在《孙子兵法·始计第一》中：“夫未战而庙算胜者，得算多也；未战而庙算不胜者，得算少也。”它是指战争之前，众人聚在一块儿商议和分析战争形势、特点、策略等的战前会议。刘邦打仗是特别重视庙算的。我们来看两个例子。

刘邦称帝后，封韩信为齐王，后徙封为楚王。有人告韩信谋反，刘邦便想借机解决韩信的问题，但是，他并没有擅自决定，而是召集众将和群臣开会，商议对策。那些平时对韩信毕恭毕敬的大臣，一听说韩信谋反了，全部都亢奋了起来，一个个摩拳擦掌，喊着：“亟发兵坑竖子耳。”《史记·陈丞相世家》意思就是赶快出兵，把这家伙给灭了。可是刘邦心知这帮人声高手软，没一个是韩信的对手。最后问计陈平，用了伪游云梦之计，诱捕韩信。

出兵平定黥布叛乱之前，刘邦也召开了军事会议。滕公引荐的薛公为刘邦分析了对手的情况，并且断定黥布不会有所作为，因为他只是一个骊山刑徒，没什么眼光。平叛的结果果然不出所料，刘邦完胜。这样集思广益、认真分析敌我形势的“庙算”，可以说场外成败事关场内功夫。

懂得指挥艺术

所谓刘邦懂得指挥艺术，直白一点儿就是说他作战不择手段，光明的、阴险的、高尚的、卑鄙的，只要能获胜就行了。正如我们前文所讲，刘邦追求的是高明，而非光明。

刘邦的高明之处在于，他非常清楚地意识到，决定战争成败的因素绝不仅仅局限于军事对垒。高手过招，贵在出奇制胜，以最小的代价获得胜利是刘邦军事指挥的不二法则。在这方面，刘邦可以说鲜招频出，屡试不爽。

首先，政治攻心，先礼后兵。平定西魏王魏豹叛乱之时，刘邦先是派顶级说客郦食其去劝降，劝不动，才派韩信动武。灭齐之时，又是先派郦食其一个人过去，到那儿把齐国田广说降了。但是后来很不幸，说降了之后，韩信搞了个突然袭击，把郦食其也给害惨了。但起码刘邦知道，如果能不战而屈人之兵，当然再好不过了，政治攻心、政治争取是最好的办法。

其次，控制战略要地。刘邦在楚汉战争中充分注意到了战略要地的重要作用，充分利用了战略要地荥阳和成皋。这里是关东通往关中的必经之路，又是豫西丘陵和豫东平原的分界线，地理位置非常重要。平定三秦之后，刘邦打败了项羽分封在这一地区的诸侯王，把这一地区改成自己直接管辖的河南郡和河内郡。彭城大败后，刘邦与项羽在这一带周旋了二十八个月，挡住了项羽西入关中的通道，确保了关中和汉中成为稳固的后方根据地。这为刘邦最终战胜项羽提供了极大的便利。

我们再来看一个例子。汉帝国建立后，异姓诸侯王中韩王信的封地离刘邦的首都洛阳太近，东面又有兵家要地淮阳，让刘邦很没有安全感。于是刘邦借口防御匈奴，把韩王信迁封到了和匈奴交界的今山西一带的代地，当了代王。这次迁封导致了韩王信后来的叛乱。虽然平叛需要劳师动众，但刘邦不让异姓诸侯王在战略要地称王的信念是不曾动摇的。

再次，建立巩固的后方根据地。楚汉战争既然是一场拼财力、拼物力的消耗战，必然要有巩固的后方。刘邦从还定三秦开始，一直把巴、蜀、汉中、关中作为自己的根据地。刘邦最终战胜项羽，后方强有力的支持功不可没。

最后，攻敌软肋。一个集团有一个集团的软肋，一个人有一个人的软肋。比如说项羽集团，它的软肋在什么地方呢？就在后勤补给线太长。西楚国国都彭城在今江苏徐州，而前线却远在荥阳，补给线跨越了今天的江苏、安徽、河南三个省。打蛇打七寸，刘邦就专攻项羽的后勤补给线，断了他的粮道。在彭越的骚扰下，项羽不得不屡次回兵打通粮道。还有一次，刘邦见项羽命大司马曹咎守城，他知道曹咎这个人的软肋就是脾气急，受不得气，耐不住辱。于是刘邦找了一帮人在城下辱骂，骂一天、骂两天，终于骂到第五天，曹咎把项羽交代的守十五天不出兵应战的事儿抛到九霄云外，硬是带兵冲了出去，最后兵败自杀。刘邦得以顺利夺回成皋和敖仓。

想拿住别人的软肋，还得有看穿人心的本事，刘邦在这方面道行颇深。平定陈豨叛乱的时候，刘邦获知陈豨的部将多是商人出身，便用金钱战术，收买了陈豨的很多部将。随后，刘邦又利用自己兵多将广的优势，对陈豨叛军采取各个击破的方略。最终韩王信被诛，王黄和曼丘臣被部下活捉交给汉军，陈豨逃亡匈奴，赵、代两地完全平定。

不仅用金钱收买人心，刘邦还抓住项羽猜忌心重的软肋，用重金支持陈平使用反间计，迷惑项羽，逼走了范增，搞垮了钟离眛。

除此之外，刘邦还懂得集中优势兵力为己所用的重要性。楚汉战争的定鼎之战是垓下之战。这一仗项羽只剩下十万军队，刘邦却集结了自己亲率的二十万大军，韩信三十万精兵，南方黥布、北方彭越的数万军队，总数应当在六十万左右。所以，垓下一战，项羽必定败亡。

平定韩王信叛乱之时，刘邦带兵三十二万，韩王信只有几万人。其实刘邦丝毫没有把韩王信看在眼里，但他仍然集中了几乎十倍于韩王信的军队平叛，以保证万无一失。可以说，刘邦的每次平叛几乎都是集中了大量优势兵力来打的。

应当说，刘邦指挥作战的宗旨只有一个：只求目的，不计手段。尽管如此，我们不得不承认，这个人是懂得战争特点，懂得“庙算”的重要性，懂得指挥艺术的。所谓指挥艺术，就是看什么对象，打什么仗。对方是商人就收买，对方多疑就反间，对方后勤补给线长，就打你后勤补给，什么方法都会，所以最终刘邦平定天下还是有他的道理的。

当然，刘邦最终能够称霸天下，韩信等一大批具有卓越军事才华的将领功不可没，一时的锋芒甚至盖过了刘邦。但统观全局，刘邦在军事指挥上手段之丰富、考虑之细致还是无人能及的。仅仅是一介亭长出身，能有如此卓越的军事才能实在不易，他究竟是从哪里学来的呢？

懂得边打边学

其实，刘邦的才能是边学边打，边打边学，彻底从实践中磨炼出来的。我们可以来看看以下四个方面：

一是悟性极高。这话从何说起？你看，张良经常拿《太公兵法》跟人探讨，他说给刘邦听，刘邦立马就能明白，说给别人听，别人都云里雾里。这么说的话，刘邦比一般人悟性高多了。

二是身边高手云集。韩信、张良、陈平、彭越、黥布，个个都堪称著名军事家或谋略家，他整天和手下这帮会打仗、懂谋略的人切磋，就像打麻将一样，搓的时间长了，熟了，能和牌的机会就多了。

三是见多识广。见的多了，经验也就多了。刘邦晚年平定黥布叛乱时，一眼就认出黥布摆的军阵和当年项羽摆的军阵非常相似，心里非常厌恶。之所以如此，是因为刘邦和项羽打了四年仗，对项羽的军阵非常熟悉。这就叫见多识广。

四是长期实践。从反秦到开创西汉帝国，再到马不停蹄地平叛，刘邦打了一辈子仗，从四十八岁一直打到六十二岁，经过长期的战争实践，不会打仗的人也会打了。

汉三年（前204）平定魏王豹叛乱的时候，刘邦先派郦食其去劝降。郦食其失败归来，刘邦问道：魏国大将是谁？郦食其回答：柏直。刘邦说：乳臭未干的小子，挡不住我的韩信。接着又问：骑兵将领是谁？郦食其答：冯敬。刘邦说：他是秦将冯无择的儿子，是个贤才，但是挡不住我的灌婴。步兵统帅呢？项它。刘邦说：他挡不住我的曹参。刘邦松了口气："吾无患矣。"《汉书·高帝纪》我没什么可担心的了。

果然，韩信带着曹参、灌婴横扫西魏，战争结果完全印证了刘邦的话。这就是军事家的预见能力。

我们不深究刘邦的仁义，也不说他的痞性，这里展现给大家的是一个政坛高手，一个兵家奇才。不过，他之所以能成为著名的政治家、军事家，最根本的原因是手下有人——打政治仗有张良，打军事仗有韩信，打经济仗有萧何，打口水仗有郦食其——打什么仗有什么人，安能辨其手中牌？那么，刘邦手里面怎么会有那么多牌呢？

请看：用人有道。

用人有道

四十八

在秦亡汉兴的历史剧变中，雄霸一方的诸侯王比比皆是，却只有刘邦活了下来，成为最后的赢家。在后人看来，刘邦之所以能够成就此番霸业，最重要的还在于他卓越的用人之道。刘邦征讨天下的过程中，才华出众的贤能之士不断地加入他的队伍之中，文有萧何、张良、陈平等人，武有韩信、彭越、黥布等人。凭借这些人的卓越表现，刘邦最终灭秦、灭项，建立起雄霸天下的大汉王朝。那么，在其他竞争对手不断流失人才的情况下，为何会有如此多的天才人物投奔刘邦，成为他手下的谋臣战将呢？刘邦在识人用人上究竟有着哪些独到之处呢？

在政治方面和军事方面，刘邦都表现出了杰出的才能，这一切都跟他的知人善用密切相关。说起这用人之道，刘邦可谓骨灰级专家，很值得我们分析一番。

在我看来，刘邦的知人善用有几个大前提：一是有一双好眼睛；二是有一对好耳朵；三是有一副好头脑；四是有一支好队伍；五是有一个好心态。

一双好眼睛

有一双好眼睛，能慧眼识珠。这一点说起来容易，其实做起来相当困难。

在汉初三杰中，刘邦最先发现了萧何的才华和忠诚，在相处一段时间后慢慢发掘出张良的才干，在萧何的引荐下寻到了韩信这匹“千里马”。所以，刘邦作为一个集团的领袖，一位杰出的政治家，拥有一双慧眼。

军事奇才韩信当初投奔项梁，项梁不认他；改投项羽，项羽不认他；转会到刘邦那儿，刘邦也不认他。他最终能得到刘邦的重用，是因为萧何的举荐，而刘邦又信任萧何的忠诚、才华与眼力。在萧何的鼎力推荐之下，刘邦任命韩信做了大将军，登坛拜将结束后找他谈话，这才确信萧何没有看走眼。

刘邦不仅看人独到，他还专门制定了一个人才信用评级制度，出了问题就把等级降低，有好的业绩就晋升。那么，他是按什么标准来评判级别的呢？一是才干，二是忠诚。

关于才干，这个比较容易判断，有大才，有中才，有小才，有专才，相对应地，大才大用，中才中用，小才小用，专才专用。那么，忠诚又该如何考量呢？刘邦自有办法，虽然司马迁没有告诉我们，但有一点可以肯定，在刘邦看来，一个人是否忠诚可靠与他的威胁性直接相关。这个人如果威胁到我，那就不可靠；如果极大地威胁到我，那就很不可靠；如果完全没有威胁到我，那就可靠啦！听起来或许太过儿戏，事实上却是高招，现实中刘邦也是这样干的。

韩信大才，战功卓著，无人可比，刘邦对他大用大疑。和韩信同病相怜的还有彭越、黥布等，都是才华出众，但都被刘邦视为极具威胁的一方诸侯。

萧何有才也有权，把后方根据地经营得很到位，即便他毫无二心，但刘邦还是对他有过三次猜疑。总的来说，刘邦对萧何还是很了解的，所以是大用小疑。

张良大才，肯定要大用。张良只是一位谋士，没有任何军权、政权，既不同韩信有军权，又不像萧何有政权，在刘邦看来没有任何威胁，所以一直大用不疑。

周勃、灌婴、夏侯婴，这些人是中才，手中的权力都不足以对刘邦构成实质性威胁，所以刘邦对他们是重用不疑。

疑和信都取决于刘邦自己的认定，认定又取决于判断，判断又取决于大臣们的表现和能耐。每个人都有特长，在基本评级完成之后，就需要用其所长。譬如，张良点子多就担任身边的谋士，萧何会治国理财就负责管理后勤，韩信会领兵打仗就派去第一线，郦食其巧言善辩就做个说客，陆贾能说会写就尽其所长，或为说客，或著书立说……

这就是我们所说的“有一双好眼睛”所带来的好效果。刘邦知道怎么判断一个人，并用其所长。当然，他偶尔也有看走眼的时候。他老婆吕雉，他就始终没看明白。吕后曾经为刘邦建立帝业、铲除异姓诸侯王做了不少事，深得刘邦信任。然而，就在刘邦下世不久，工于心计的吕后就想尽诛功臣，差一点酿成国家大乱。当然，刘邦对吕后的误判只是个案，他的眼力依然是常人远不能及的。

一对好耳朵

刘邦不仅有一双好眼睛，还有一对好耳朵，为什么这样说呢？

一是善听下级意见；二是善听不同意见；三是能听出谁的意见正确。这三条都不容易做到。

先来看善听下级意见。娄敬作为普通新兵求见刘邦，直言不讳地说：洛阳不适合做都城，应当建都长安。刘邦将信将疑，经过张良的论证，证明娄敬所言极是，刘邦当天就迁了都。通常情况，一个士兵是见不到皇上的，更何况意见还被皇上采纳，这是相当不易的。

娄敬不是一个特例。刘邦在攻打南阳之前，听取了南阳郡守门客陈恢的建议，用“约降”的办法和平解放了南阳。一个门客给他提建议，他照样能听进去，的的确确是善听下级意见。

再来看善听不同意见。不同意见是很刺耳的，毕竟忠言逆耳。刘邦进入咸阳，原本想住进秦宫，好在听了人劝，最后依依不舍地离开。再比如，刘邦曾说过，儒生最没用，能带兵打仗才是硬道理。

随何站出来质问他：当年您派兵五万，加上五千骑兵，能把九江王黥布打下来吗？刘邦说：不能。随何说：你五万步兵、五千骑兵都搞不定一个九江王黥布，而我一个人带上二十个随从，到那儿一游说，九江王黥布就归降于您，您为什么说儒生没有用呢？刘邦听后立马放下身段："吾方图子之功。"刘邦虽然说他正在考虑随何的功劳，实际上他早给忘了，现在人家一提，他便想起来。当年随何的确立了大功，于是任命随何为护军中尉。刘邦能认账，能听取不同意见，的确不易。

上折随何之功，谓何为腐儒，为天下安用腐儒。随何跪曰：『夫陛下引兵攻彭城，楚王未去齐也，陛下发步卒五万人，骑五千，能以取淮南乎？』上曰：『不能。』随何曰：『陛下使何与二十人使淮南，至，如陛下之意，是何之功贤于步卒五万人骑五千也。然而陛下谓何腐儒，「为天下安用腐儒」，何也？』上曰：『吾方图子之功。』乃以随何为护军中尉。——《史记·黥布列传》

最后来讲，能听出谁的意见正确。当领导并不是言听计从就是好的，还需要辨别是非，做出正确判断。韩信被人告发谋反之时，刘邦手下所有将领都说："亟发兵坑竖子耳。"《史记·陈丞相世家》赶快发兵把他灭掉。尽管众人意见完全一致，可刘邦一听就知道这个意见绝不正确，这些叫得响的没有一个是韩信的对手，所以当即予以否定，然后找到陈平商量，用陈平的计谋把问题解决了。

一副好头脑

除了要眼观六路耳听八方，拥有聪明的头脑也很重要。这意味着什么呢？意味着能做到收放自如，该放权的时候要放，该收权的时候要收。

众所周知，楚汉战争的时候，刘邦放手叫韩信去打，但中间也先后收了两次军权。第一次是荥阳大败后，第二次是垓下大败项羽后。对韩王信也是如此，楚汉战争时放任他折腾，战争一结束就赶紧把他迁到太原北边。刘邦在这方面头脑极为清醒，虽然谈不上光明正大，但实际效果很不错。

一支好队伍

拥有一支忠诚可靠的队伍是很重要的。在刘邦的队伍中，有一大批才智卓越、勇冠三军的能人，有韩信、黥布、彭越、周勃、夏侯婴、樊哙、灌婴等军事家，有张良、陈平这样的谋略家，有管理家萧何，还有理论家陆贾，他们大都来自五湖四海，有老家丰沛起兵带来的老班底，有半路加入的，有来自敌方阵营的。在吸纳人才方面，刘邦具有海纳百川的气度和胸怀。然而在对这些人才的使用上，刘邦并非等而视之，其中有一个核心阶层他最为倚重，这是一个什么团队？它又反映了刘邦怎样的用人策略呢？

这个核心阶层我们叫它丰沛故人团队，顾名思义，就是来自丰邑、沛县的老乡故友们。这是个什么概念？鲁西南、皖东北和苏北是刘邦起义之初的活动地点，来自这几个区域的人员因为入伙早，立的功劳也较大，逐渐就形成了刘邦集团的核心阶层，并在刘邦集团中起到了凝聚人心、稳定队伍的功效。因此刘邦大军无论胜败，无论遭遇什么样的挫折，有多少人叛逃，有多少人阵亡，都始终打不垮。

这种在血与火的斗争中建立起来的关系，使丰沛故人团队在刘邦心目中地位很高。汉帝国建立后，刘邦当了皇帝，这个团队中的功臣得到了丰厚的回报。张良曾对刘邦说：陛下“所封者皆萧、曹故人所亲爱，而所诛者皆生平所仇怨”《史记·留侯世家》。

在此，我们不妨一起来看看相国、太尉、御史大夫这三个最为重要的职位的情况。

相国之位先后由谁担任呢？萧何、曹参、王陵、陈平，然后是张苍。从西汉第一任相国，一直到汉文帝的丞相陈平、张苍，只有最后的陈平和张苍不属于丰沛故人团队，可见刘邦把最重要的行政权力都交给了他的核心阶层成员。

再来看太尉。太尉是最高的军职，不轻设。先后担任太尉的卢绾、周勃、灌婴全是丰沛故人团队成员。

御史大夫又被称为副相国或副丞相。第一任御史大夫是周苛，在荥阳保卫战中战死后，他的堂弟周昌继任。周昌之后先后为赵尧、任敖、曹参的儿子曹窋，以及张苍。周苛、周昌，是沛人，曾为泗水卒史，是刘邦的老部下。任敖也是沛人，“少为狱吏”，“素善高祖”。曹窋是曹参之子。赵尧的籍贯不明，但他是周昌的属吏，和丰沛故人团队关系应当很近。

> 任敖，沛人也，少为狱吏。高祖尝避吏，吏系吕后，遇之不谨。任敖素善高祖，怒，击伤主吕后吏。——《汉书·张周赵任申屠传》

汉帝国成立后，刘邦把战争中与丰沛故人团队唇齿相依的亲密关系移植到政权建设中，使他们成为政权结构的主体，他们在后来平定异姓诸侯王叛乱中发挥了巨大作用。

刘邦在楚汉战争中根据形势的发展，封了七个异姓诸侯王：韩王信、赵王张耳、燕王臧荼、齐王韩信（后为楚王）、梁王彭越、淮南王黥布、长沙王吴芮。刘邦所封诸侯王大多数不是出于本心，而是为了壮大自身力量，孤立项羽，组建政治同盟。

楚汉战争中，异姓诸侯王的作用巨大，他们为西汉帝国的建立做出了重大贡献，也成为西汉政权下的一股强大势力。

这股势力对西汉帝国来说是有利还是有害呢？刘邦怎么看待势力强大的异姓诸侯王呢？

赵王张耳、长沙王吴芮、燕王臧荼三个诸侯王的实力弱，当年他们有较大的号召力，刘邦封他们为诸侯王，主要是不想让他们投靠项羽，增强项羽的力量。

张耳是刘邦的旧友，才能平庸，但是深得刘邦信任，还将女儿鲁元公主嫁给其子张敖。

长沙王吴芮远离权力斗争中心，国小势弱，不可能对中央政权构成威胁。吴氏父子一直努力迎合刘邦，深得刘邦好感，因此，长沙王得以传国。

燕王臧荼处于楚汉相争的边缘地带，在整个楚汉战争中他没有发挥过任何实际作用，韩信灭赵后他就归顺了刘邦。刘邦任命臧荼为王，只是一种政治手段。

韩信、彭越、黥布三位诸侯王，每个人都有很强的军事实力，他们是影响楚汉战争胜负的关键人物。韩信曾经处于助楚楚胜、助汉汉赢的重要地位。彭越的倾向直接关系到楚汉兴亡，黥布是当时诸侯王中的名将。

他们三个人的地位和作用比其他诸侯王大得多。刘邦对他们，起初是重在利用，兼有防备，后来发展到以铲除为主。

在这个过程中，朝廷中身居要职的丰沛故人封侯者们始终坚定地支持刘邦，参与平定诸侯王叛乱。从某种意义上说，刘邦是利用丰沛故人团队铲除了异姓诸侯王。

一个好心态

刘邦的识人策略有很多独到之处，但最关键的还是他的心态。正如我们常说的，心态决定一切。那么，刘邦到底有着怎样的好心态呢？

第一，愿意向臣子认错。

犯错容易认错难。身居高位，面子很重要。要皇帝认错，难；要皇帝向大臣认错，难上加难。然而刘邦却能做到。

白登之围，刘敬曾阻止刘邦跟匈奴决战，刘邦不听，认为他的话有损军威，还把刘敬关了起来，准备打完仗回来再收拾他。结果刘邦被匈奴包围了七天七夜。刘邦回来以后，立即向刘敬道歉，封其为建信侯。

类似的情况还曾发生在萧何身上。刘邦平定黥布叛乱回京后，萧何建议他开放皇家园林，允许百姓耕种。刘邦想歪了，认为萧何此举是在讨好百姓，勃然大怒，将萧何关进了大牢。后来经一位王姓卫队长的劝解，才把事情搞清楚。刘邦释放了萧何，并且主动向萧何表达了歉意。

第二，敢于承认自己判断有误。

这一点我们在此不作详述。前面讲了，白登之围，刘邦最后向刘敬道歉，实际上就是承认自己判断有误。

第三，敢于承认自己能力有限。

韩信和刘邦有一场精彩的对话。韩信被刘邦诱捕后，居住在京城。一次，刘邦问韩信：我能带多少兵。韩信实话实说："陛下不过能将十万。"刘邦再问：你能带多少兵？韩信毫不迟疑地回答："臣多多而益善耳。"刘邦虽然反问韩信，你能带兵为什么被我所抓，但是总体上承认自己的军事能力不如韩信。

在刘邦提出"三杰"之说时也说过："连百万之众，战必胜，攻必取，吾不如韩信。"对张良、萧何，刘邦也说过"吾不如子房""吾不如萧何"。堂堂皇帝

上曰：『公知其一，未知其二。夫运筹帷幄之中，决胜千里之外，吾不如子房；填国家，抚百姓，给饷馈，不绝粮道，吾不如萧何；连百万之众，战必胜，攻必取，吾不如韩信。三者皆人杰，吾能用之，此吾所以取天下者也。项羽有一范增而不能用，此所以为我禽也。』——《汉书·高帝纪》

敢于承认自己的能力不如臣下，了不起啊！

鸿门宴前夜，张良问刘邦："料大王士卒足以当项王乎？""沛公默然，曰：'固不如也。'"韩信汉中对策时问刘邦："大王自料勇悍仁强孰与项王？"刘邦"默然良久"，说："不如也。"《史记·淮阴侯列传》张良、韩信的问题都让刘邦很没面子，但是，刘邦心态极好，尽管"默然""默然良久"，但最终还是坦承自己"不如也""固不如也"。

刘邦的成功是时代的选择，也是个人努力的结果。

刘邦是中华民族的时势英雄，也是大汉帝国的缔造者。

刘邦的一生就是一首《大风歌》。

望华车市井夺未央，尘沙起鸿门巧对王，纳贤良无畏得天下，三章法垓下定汉疆，大风起兮云飞扬，威加海内兮归故乡，安得猛士兮守四方，大风起兮云飞扬，威加海内兮归故乡，安得猛士兮守四方，守四方。

司馬遷像

司馬遷字子長論六家要義徧歷江淮上會稽探禹穴窺九疑浮沅湘北涉汶泗講業齊魯鄉射鄒嶧過梁楚以歸太初中爲太史令因論李陵下宮刑發憤修史實錄有良史才

图书在版编目（CIP）数据

布衣天子：汉高祖刘邦 / 王立群著. — 北京：东方出版社，2024.3

ISBN 978-7-5207-3502-5

Ⅰ. ①布… Ⅱ. ①王… Ⅲ. ①汉高祖（前256-前195）—传记 Ⅳ. ①K827=341

中国国家版本馆CIP数据核字（2023）第111593号

布衣天子：汉高祖刘邦

（BUYI TIANZI:HANGAOZU LIUBANG）

作　　者： 王立群
策 划 人： 王莉莉
责任编辑： 李　森
产品经理： 李　森
书籍设计： 潘振宇
出　　版： 东方出版社
发　　行： 人民东方出版传媒有限公司
地　　址： 北京市东城区朝阳门内大街166号
邮政编码： 100010
印　　刷： 北京汇瑞嘉合文化发展有限公司
版　　次： 2024年3月第1版
印　　次： 2024年5月第2次印刷
印　　数： 10001—60000套
开　　本： 880毫米×1230毫米　1/32
印　　张： 21
字　　数： 450千字
书　　号： ISBN 978-7-5207-3502-5
定　　价： 98.00元（全两册）
发行电话： (010)85924663　85924644　85924641

图书在版编目（CIP）数据

布衣天子：汉高祖刘邦 / 王立群著. — 北京：东方出版社，2024.3

ISBN 978-7-5207-3502-5

Ⅰ. ①布… Ⅱ. ①王… Ⅲ. ①汉高祖（前256-前195）—传记 Ⅳ. ①K827=341

中国国家版本馆CIP数据核字（2023）第111593号

布衣天子：汉高祖刘邦

（BUYI TIANZI:HANGAOZU LIUBANG）

作　　者： 王立群
策 划 人： 王莉莉
责任编辑： 李　森
产品经理： 李　森
书籍设计： 潘振宇
出　　版： 东方出版社
发　　行： 人民东方出版传媒有限公司
地　　址： 北京市东城区朝阳门内大街166号
邮政编码： 100010
印　　刷： 北京汇瑞嘉合文化发展有限公司
版　　次： 2024年3月第1版
印　　次： 2024年5月第2次印刷
印　　数： 10001—60000套
开　　本： 880毫米×1230毫米　1/32
印　　张： 21
字　　数： 450千字
书　　号： ISBN 978-7-5207-3502-5
定　　价： 98.00元（全两册）
发行电话： (010)85924663　85924644　85924641